中华人民共和国交通部部标准

公路桥涵标准图

(1973～1993年)常用结构标准图汇编

第三部分(下册)　钢筋混凝土、预应力混凝土板

1　JT/GQB　001-93　装配式预应力混凝土斜空心板桥上部构造

2　JT/GQB　002-93　装配式钢筋混凝土斜空心板桥上部构造

U0400496

人民交通出版社股份有限公司
China Communications Press Co.,Ltd.

图书在版编目(CIP)数据

公路桥涵标准图(1973～1993年)常用结构标准图汇编. 第三部分(下册),钢筋混凝土、预应力混凝土板/人民交通出版社股份有限公司汇编. —北京:人民交通出版社股份有限公司, 2014.11
(中华人民共和国交通部部标准)
ISBN 978-7-114-11866-1

Ⅰ.①公… Ⅱ.①人… Ⅲ.①公路桥-桥涵工程-标准图-汇编-中国 ②公路桥-钢筋混凝土桥-标准图-汇编-中国 ③公路桥-预应力混凝土桥-标准图-汇编-中国 Ⅳ.①U448.142.5

中国版本图书馆CIP数据核字(2014)第268809号

书　　名:	公路桥涵标准图(1973～1993年)常用结构标准图汇编 第三部分(下册)钢筋混凝土、预应力混凝土板
著 作 者:	人民交通出版社股份有限公司
责任编辑:	张征宇　赵瑞琴
出版发行:	人民交通出版社股份有限公司
地　　址:	(100011)北京市朝阳区安定门外外馆斜街3号
网　　址:	http://www.ccpress.com.cn
销售电话:	(010)59757973
总 经 销:	人民交通出版社股份有限公司发行部
经　　销:	各地新华书店
印　　刷:	北京市密东印刷有限公司
开　　本:	787×1092　1/8
印　　张:	21
版　　次:	2014年11月　第1版
印　　次:	2014年11月　第1次印刷
书　　号:	ISBN 978-7-114-11866-1
定　　价:	300.00元

(有印刷、装订质量问题的图书由本公司负责调换)

前　言

改革开放以来,我国桥梁建设得到了快速发展,至2013年底,公路桥梁数量已达73.5万座,其中危桥8.6万座。在这批危桥中,相当一部分桥梁是在20世纪70年代至90年代建设的,桥梁结构形式大都采用中小跨径标准图设计,限于当时经济、技术等方面的制约,设计荷载偏低,加之交通量日益增大,超重、超载车辆屡禁不绝,桥梁已不堪重负,急需进行安全隐患排查和桥梁加固改造。

目前,各省市部分公路桥梁养护管理单位危旧桥梁基础资料严重缺失,给桥梁养护管理带来很大困难。为配合交通运输部做好危旧桥梁安全隐患改造,满足公路桥梁养护管理单位以及桥梁检测、评定、加固、维修和改造等单位的迫切需求,人民交通出版社股份有限公司将20世纪70年代至90年代交通部部标准公路桥涵标准图中常规结构的石拱桥、钢筋混凝土、预应力混凝土T形梁,钢筋混凝土、预应力混凝土板和预应力混凝土I形组合梁等16本标准图汇编成册再版,为危旧桥梁养护管理工作的开展和技术档案真实完整,以及进行桥梁检测、评定、加固、维护和改造提供依据和技术支持。

交通部部标准公路桥涵标准图(1973~1993年)常规结构标准图见附表。

交通部部标准公路桥涵标准图(1973~1993年)常用结构标准图汇编

部 分		编 号	图 名	跨 径(m)	斜交角度	荷 载	净 宽(m)
第一部分 石拱桥	1	JT/GQB 017-73	石拱桥	6、8、10、13、16、20	/	汽车-15级 挂车-80	净7
	2	JT/GQB 018-73	石拱桥	6、8、10、13、16、20	/	汽车-20级 挂车-100	净7
	3	JT/GQB 046-84	石拱桥	25、30、40、50、60	/	汽车-20级 挂车-100	净7
第二部分 钢筋混凝土、预应力混凝土T形梁桥	1	JT/GQB 011-73	装配式钢筋混凝土T形梁桥(Ⅱ级钢筋)	10、13、16、20	/	汽车-20级 挂车-100	净7 净9
	2	JT/GQB 013-73	装配式钢筋混凝土T形梁桥(Ⅲ级钢筋)	10、13、16、20	/	汽车-20级 挂车-100	净7 净9
	3	JT/GQS 025-84	装配式钢筋混凝土T形梁	10、13、16、20	/	汽车-15级 挂车-80 汽车-20级 挂车-100 汽车-超20级 挂车-120	2×净7.5 2×净7 净9 净7
	4	JT/GQB 025-75	装配式后张法预应力混凝土简支梁	25、30、35、40	/	汽车-15级 挂车-80	净7 净9
	5	JT/GQB 026-75	装配式后张法预应力混凝土简支梁	25、30、35、40	/	汽车-20级 挂车-100	净7 净9
	6	JT/GQS 024-83	装配式预应力混凝土简支梁	25、30、35、40	/	汽车-20级 挂车-100 汽车-超20级 挂车-120	2×净7.5 2×净7 净9 净7
第三部分(上册) 钢筋混凝土、预应力混凝土板	1	JT/GQB 001-73	装配式预应力混凝土空心板	8、10、13、16	/	汽车-15级 挂车-80	净7 净9
	2	JT/GQB 004-73	装配式钢筋混凝土矩形板式桥涵上部构造	1.5、2.0、2.5、3.0、4.0、5.0、6.0、8.0	/	汽车-20级 挂车-100	净7 净9
	3	JT/GGQS 011-84	装配式钢筋、预应力混凝土板	5、6、8、10、13、16	0°、15°、30°、45°	汽车-超20级 挂车-120	2×净11
第三部分(下册) 钢筋混凝土、预应力混凝土板	1	JT/GQB 001-93	装配式预应力混凝土斜空心板桥上部构造	10、13、16、20	10°、20°、30°、40°	汽车-20级 挂车-100 汽车-超20级 挂车-120	2×净11 2×净9.75 净9 净7
	2	JT/GQB 002-93	装配式钢筋混凝土空心板桥上部构造	6、8、10、13	10°、20°、30°、40°	汽车-20级 挂车-100 汽车-超20级 挂车-120	2×净11.5 2×净9.75 净9 净7
第四部分 预应力混凝土I形组合梁斜桥	1	JT/GQB 006-93	装配式后张法预应力混凝土I形组合梁斜桥	30	0°、15°、30°、45°	汽车-20级 挂车-100 汽车-超20级 挂车-120	净11.5 净9.75 净9 净7
	2	JT/GQB 007-93	装配式后张法预应力混凝土I形组合梁斜桥	40	0°、15°、30°、45°	汽车-20级 挂车-100 汽车-超20级 挂车-120	净11.5 净9.75 净9 净7

总 目 录

1　JT/GQB 001-93　装配式预应力混凝土斜空心板桥上部构造 …………………………………………………………………（ 1 ）

2　JT/GQB 002-93　装配式钢筋混凝土斜空心板桥上部构造 ……………………………………………………………………（ 99 ）

中华人民共和国交通行业标准

公路桥涵标准图

装配式预应力混凝土斜空心板桥上部构造

（后张法钢绞线）

编　　号：　JT/GQB 001-93
跨　　径：　10、13、16、20 m
斜 交 角：　10°、20°、30°、40°
荷　　载：　汽车－20级、挂车－100
　　　　　　汽车－超20级、挂车－120
净　　空：　2×净－11 m
　　　　　　2×净－9.75 m
　　　　　　净－9+2×1.50 m
　　　　　　净－9+2×1.00 m
　　　　　　净－7+2×1.00 m

人民交通出版社

目 录

图号	图纸内容	页数
	说明	1
	设计内力及应力表	2
	装配式预应力混凝土斜空心板桥立体图	3
1	一孔预制空心板材料数量总表	4
2	一孔桥面铺装材料总表	5
3	预应力混凝土斜空心板桥装配图	6
4	横向一般布置图	7
5	中板一般构造图	8
6	边板一般构造图	9
7	预应力钢筋构造图（$l=10m$）	10
8	板端部钢筋构造图（$l=10m$）	11
9	中板普通钢筋构造图（一）（$l=10m$、$\phi=40°$）	12
10	中板普通钢筋构造图（二）（$l=10m$、$\phi=30°$）	13
11	中板普通钢筋构造图（三）（$l=10m$、$\phi=20°$）	14
12	中板普通钢筋构造图（四）（$l=10m$、$\phi=10°$）	15
13	一块中板工程数量表（$l=10m$）	16
14	边板（Ⅰ）普通钢筋构造图（一）（$l=10m$、$\phi=40°$）	17
15	边板（Ⅰ）普通钢筋构造图（二）（$l=10m$、$\phi=30°$）	18
16	边板（Ⅰ）普通钢筋构造图（三）（$l=10m$、$\phi=20°$）	19
17	边板（Ⅰ）普通钢筋构造图（四）（$l=10m$、$\phi=10°$）	20
18	一块边板（Ⅰ）工程数量表（$l=10m$）	21
19	边板（Ⅱ）普通钢筋构造图（一）（$l=10m$、$\phi=40°$）	22
20	边板（Ⅱ）普通钢筋构造图（二）（$l=10m$、$\phi=30°$）	23
21	边板（Ⅱ）普通钢筋构造图（三）（$l=10m$、$\phi=20°$）	24

图号	图纸内容	页数
22	边板（Ⅱ）普通钢筋构造图（四）（$l=10m$、$\phi=10°$）	25
23	一块边板（Ⅱ）工程数量表（$l=10m$）	26
24	预应力钢筋构造图（$l=13m$）	27
25	板端部钢筋构造图（$l=13m$）	28
26	中板普通钢筋构造图（一）（$l=13m$、$\phi=40°$）	29
27	中板普通钢筋构造图（二）（$l=13m$、$\phi=30°$）	30
28	中板普通钢筋构造图（三）（$l=13m$、$\phi=20°$）	31
29	中板普通钢筋构造图（四）（$l=13m$、$\phi=10°$）	32
30	一块中板工程数量表（$l=13m$）	33
31	边板（Ⅰ）普通钢筋构造图（一）（$l=13m$、$\phi=40°$）	34
32	边板（Ⅰ）普通钢筋构造图（二）（$l=13m$、$\phi=30°$）	35
33	边板（Ⅰ）普通钢筋构造图（三）（$l=13m$、$\phi=20°$）	36
34	边板（Ⅰ）普通钢筋构造图（四）（$l=13m$、$\phi=10°$）	37
35	一块边板（Ⅰ）工程数量表（$l=13m$）	38
36	边板（Ⅱ）普通钢筋构造图（一）（$l=13m$、$\phi=40°$）	39
37	边板（Ⅱ）普通钢筋构造图（二）（$l=13m$、$\phi=30°$）	40
38	边板（Ⅱ）普通钢筋构造图（三）（$l=13m$、$\phi=20°$）	41
39	边板（Ⅱ）普通钢筋构造图（四）（$l=13m$、$\phi=10°$）	42
40	一块边板（Ⅱ）工程数量表（$l=13m$）	43
41	预应力钢筋构造图（$l=16m$）	44
42	板端部钢筋构造图（$l=16m$）	45
43	中板普通钢筋构造图（一）（$l=16m$、$\phi=40°$）	46
44	中板普通钢筋构造图（二）（$l=16m$、$\phi=30°$）	47
45	中板普通钢筋构造图（三）（$l=16m$、$\phi=20°$）	48

目 录

图号	图 纸 内 容	页数
46	中板普通钢筋构造图㈣（l=16m、φ=10°）	49
47	一块中板工程数量表（l=16m）	50
48	边板（Ⅰ）普通钢筋构造图㈠（l=16m、φ=40°）	51
49	边板（Ⅰ）普通钢筋构造图㈡（l=16m、φ=30°）	52
50	边板（Ⅰ）普通钢筋构造图㈢（l=16m、φ=20°）	53
51	边板（Ⅰ）普通钢筋构造图㈣（l=16m、φ=10°）	54
52	一块边板（Ⅰ）工程数量表（l=16m）	55
53	边板（Ⅱ）普通钢筋构造图㈠（l=16m、φ=40°）	56
54	边板（Ⅱ）普通钢筋构造图㈡（l=16m、φ=30°）	57
55	边板（Ⅱ）普通钢筋构造图㈢（l=16m、φ=20°）	58
56	边板（Ⅱ）普通钢筋构造图㈣（l=16m、φ=10°）	59
57	一块边板（Ⅱ）工程数量表（l=16m）	60
58	预应力钢筋构造图（l=20m）	61
59	板端部钢筋构造图（l=20m）	62
60	中板普通钢筋构造图㈠（l=20m、φ=40°）	63
61	中板普通钢筋构造图㈡（l=20m、φ=30°）	64
62	中板普通钢筋构造图㈢（l=20m、φ=20°）	65
63	中板普通钢筋构造图㈣（l=20m、φ=10°）	66
64	一块中板工程数量表（l=20m）	67
65	边板（Ⅰ）普通钢筋构造图㈠（l=20m、φ=40°）	68
66	边板（Ⅰ）普通钢筋构造图㈡（l=20m、φ=30°）	69
67	边板（Ⅰ）普通钢筋构造图㈢（l=20m、φ=20°）	70
68	边板（Ⅰ）普通钢筋构造图㈣（l=20m、φ=10°）	71
69	一块边板（Ⅰ）工程数量表（l=20m）	72

图号	图 纸 内 容	页数
70	边板（Ⅱ）普通钢筋构造图㈠（l=20m、φ=40°）	73
71	边板（Ⅱ）普通钢筋构造图㈡（l=20m、φ=30°）	74
72	边板（Ⅱ）普通钢筋构造图㈢（l=20m、φ=20°）	75
73	边板（Ⅱ）普通钢筋构造图㈣（l=20m、φ=10°）	76
74	一块边板（Ⅱ）工程数量表（l=20m）	77
75	附加钢筋构造	78
76	桥面连续构造图	79
77	一道桥面连续材料数量表	80
78	桥面铺装构造图	81
79	一孔桥面铺装材料数量表	82
80	1.00米人行道板构造㈠	83
81	1.00米人行道板构造㈡	84
82	1.50米人行道板构造㈠	85
83	1.50米人行道板构造㈡	86
84	外侧护栏构造㈠	87
85	外侧护栏构造㈡	88
86	内侧护栏构造㈠	89
87	内侧护栏构造㈡	90
88	普通栏杆构造图	91
89	桥台处板式橡胶伸缩缝构造	92
90	抗震锚栓、排水系统构造	93
91	橡胶支座构造图	94

说 明

一、技术标准与设计规范

本图编制主要依据：

1、中华人民共和国交通部标准《公路工程技术标准》（JTJ01—88）；

2、中华人民共和国交通部标准《公路桥涵设计通用规范》（JTJ021—89）；

3、中华人民共和国交通部标准《公路钢筋混凝土及预应力混凝土桥涵设计规范》（JTJ023—85）。

二、技术指标

净空布置	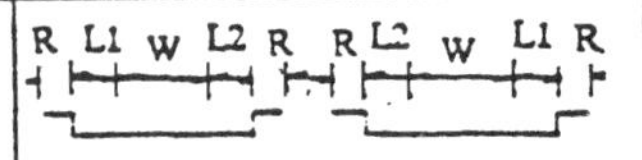 R L1 W L2 R	R L2 W L1 R	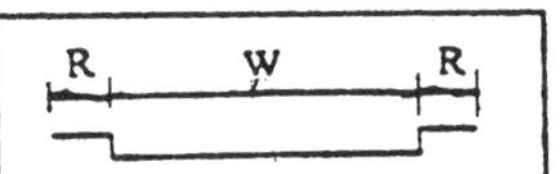 R W R	R W R
车行道W（m）	7.00	7.00	9.00	9.00
硬路肩L（m）	2.50(L1) 1.00(L2)	2.00(L1) 0.75(L2)	/	/
土路肩、安全带或人行道R（m）	0.75	0.50	1.50 1.00	1.00
荷载等级	汽车—超20、挂车—120 汽车—20、挂车—100		汽车—20、挂车—100	
跨径（m）	10、13、16、20			
斜交角（°）	40°、30°、20°、10°			

注：斜交角为行车方向的法线与水流方向的夹角

三、主要材料

1、混凝土标号：预制板采用40号，现浇混凝土及铰缝均采用40号，人行道、护栏底座、栏杆均采用20号。

2、预应力钢筋及普通钢筋，预应力钢筋采用φ′15（7φ′5）钢绞线；普通钢筋直径φ≥12时，采用Ⅱ级钢；φ<12时，采用Ⅰ级钢。

3、支座：采用圆形橡胶支座。伸缩缝采用橡胶伸缩缝，技术条件均要求符合JT3132·2—88规定。

四、设计要点

1、预制板计算采用"斜交铰接简支梁(板)公路桥梁通用程序"由电子计算机完成，并计入8厘米桥面铺装共同受力。

2、在斜空心板两端头部分设置抗震锚栓，对基本烈度在9度以上的地区抗震设施须专门设计，对基本烈度在6度以下的地区，可取消抗震锚栓的设置，但要采用相应措施防止斜板体的爬行。

3、XM锚及锚下垫板等设置参照中原预应力工艺设备厂提供的资料设计。锚下垫板与喇叭管亦可采用整体铸铁加工，但工程数量不列入有关表内。

五、施工要点

1、为使桥面铺装与预制空心板紧密地结合为整体，预制空心板顶板顶面必须拉毛，且用水冲洗干净后方可浇桥面混凝土。

2、预应力筋的张拉在预制板混凝土强度达90%时方可进行，张拉工序为：

$$0 \to 初始应力(0.1\sigma_K) \to 105\% \sigma_K \xrightarrow{持荷5分钟} \sigma_K$$

3、浇筑铰缝砼前，必须清除结合面上的浮皮，并用水冲洗净后方可浇筑铰缝内砼及水泥砂浆，铰缝砼及砂浆必须振捣密实。

4、桥面排水横坡由墩(台)帽上设置梯形台阶形成，支座安放必须水平。

5、空心板吊装采用钢丝绳捆绑吊装的办法，但不得利用锚栓孔捆绑吊装。若用吊钩，必须进行补充设计。吊点位置在支座中心线附近。

6、对于人行道板、栏杆座等与预制板间连接的钢筋，在预制空心板时应注意相应的位置，并要求预先埋入预制板内。

六、本图主持单位：交通部公路规划设计院
编制单位：浙江省交通设计院

设计内力及应力表

	跨　　径	m	10								13							
	板　　高	cm	50/58								60/68							
	荷　　载	汽车—	汽车—20级（挂车—100）				汽车—超20级（挂车—120）				汽车—20级（挂车—100）				汽车—超20级（挂车—120）			
	斜 交 角	°	10	20	30	40	10	20	30	40	10	20	30	40	10	20	30	40
预应力钢筋	配　　筋		4×4φj15	4×4φj15	4×4φj15	4×4φj15	4×4φj15	4×4φj15	4×4φj15	4×4φj15	4×5φj15	4×5φj15	4×5φj15	4×5φj15	4×5φj15	4×5φj15	4×5φj15	4×5φj15
	跨 中 弯 矩	KN·m	535.74	525.15	500.78	466.70	588.04	571.71	544.26	505.10	877.51	866.19	834.18	796.28	931.35	911.06	879.53	840.58
	钢 筋 应 力	MPa	966.93	966.35	965.00	963.21	969.72	968.83	967.35	965.26	952.69	952.23	990.99	949.51	954.73	953.94	952.71	951.19
混凝土	法向压应力	MPa	7.00	6.75	6.59	6.11	7.76	7.52	7.28	6.76	7.94	7.70	7.37	7.13	8.44	8.25	7.97	7.65
	法向拉应力	MPa	−0.30	−0.03	0.02	0.66	−1.13	−0.86	−0.60	−0.04	−0.82	−0.57	−0.22	0.02	−1.34	−1.13	−0.85	−0.52
	支 点 剪 力	KN	326.99	324.05	333.20	348.69	374.12	374.12	367.56	375.84	400.56	398.41	399.19	411.16	452.35	449.48	450.25	462.38
	剪　应　力	MPa	0.95	0.97	1.05	1.13	1.10	1.11	1.23	1.27	0.74	0.75	0.82	0.91	0.94	0.95	1.03	1.44
	主 拉 应 力	MPa	−2.04	−0.25	−0.29	−0.33	−0.31	−0.32	−0.36	−0.41	−0.14	−0.14	−0.17	−0.21	−0.22	−0.23	−0.27	−0.33

	跨　　径	m	16								20							
	板　　高	cm	75/83								90/98							
	荷　　载	汽车—	汽车—20级（挂车—100）				汽车—超20级（挂车—120）				汽车—20级（挂车—100）				汽车—超20级（挂车—120）			
	斜 交 角	°	10	20	30	40	10	20	30	40	10	20	30	40	10	20	30	40
预应力钢筋	配　　筋		4×6φj15	4×6φj15	4×6φj15	4×6φj15	4×6φj15	4×6φj15	4×6φj15	4×6φj15	4×7φj15	4×7φj15	4×7φj15	4×7φj15	4×7φj15	4×7φj15	4×7φj15	4×7φj15
	跨 中 弯 矩	KN·m	1338.28	1317.32	1285.50	1232.16	1382.11	1359.94	1339.66	1282.76	2024.97	2000.02	1959.53	1894.67	2099.94	2071.37	2067.57	1987.61
	钢 筋 应 力	MPa	940.02	939.43	938.54	937.05	941.20	940.58	940.00	938.42	926.53	926.00	925.14	923.76	932.97	932.37	932.25	930.62
混凝土	法向压应力	MPa	7.69	7.51	7.22	6.91	8.16	7.91	7.63	7.29	8.18	8.03	7.79	7.44	8.88	8.51	8.40	7.92
	法向拉应力	MPa	−0.20	−0.02	0.28	0.59	−0.67	−0.42	−0.14	−0.20	−0.58	−0.42	−0.19	0.17	−1.20	−0.83	−0.72	−0.24
	支 点 剪 力	KN	476.40	475.93	477.76	486.71	536.51	535.43	537.18	541.34	561.03	566.43	570.75	574.93	618.91	624.64	629.00	650.29
	剪　应　力	MPa	0.64	0.67	0.73	0.79	0.86	0.87	0.92	0.98	0.66	0.68	0.69	0.74	0.85	0.87	0.94	1.03
	主 拉 应 力	MPa	−0.11	−0.12	−0.14	−0.16	−0.19	−0.19	−0.21	−0.24	−0.11	−0.12	−0.12	−0.14	−0.17	−0.18	−0.21	−0.25

注：1、表中内应值(弯矩及剪力)是按JTJ023－85规范第4·1·2条组合后采用的最大值。
　　2、计算板高为预制板高加8厘米现浇砼铺装。

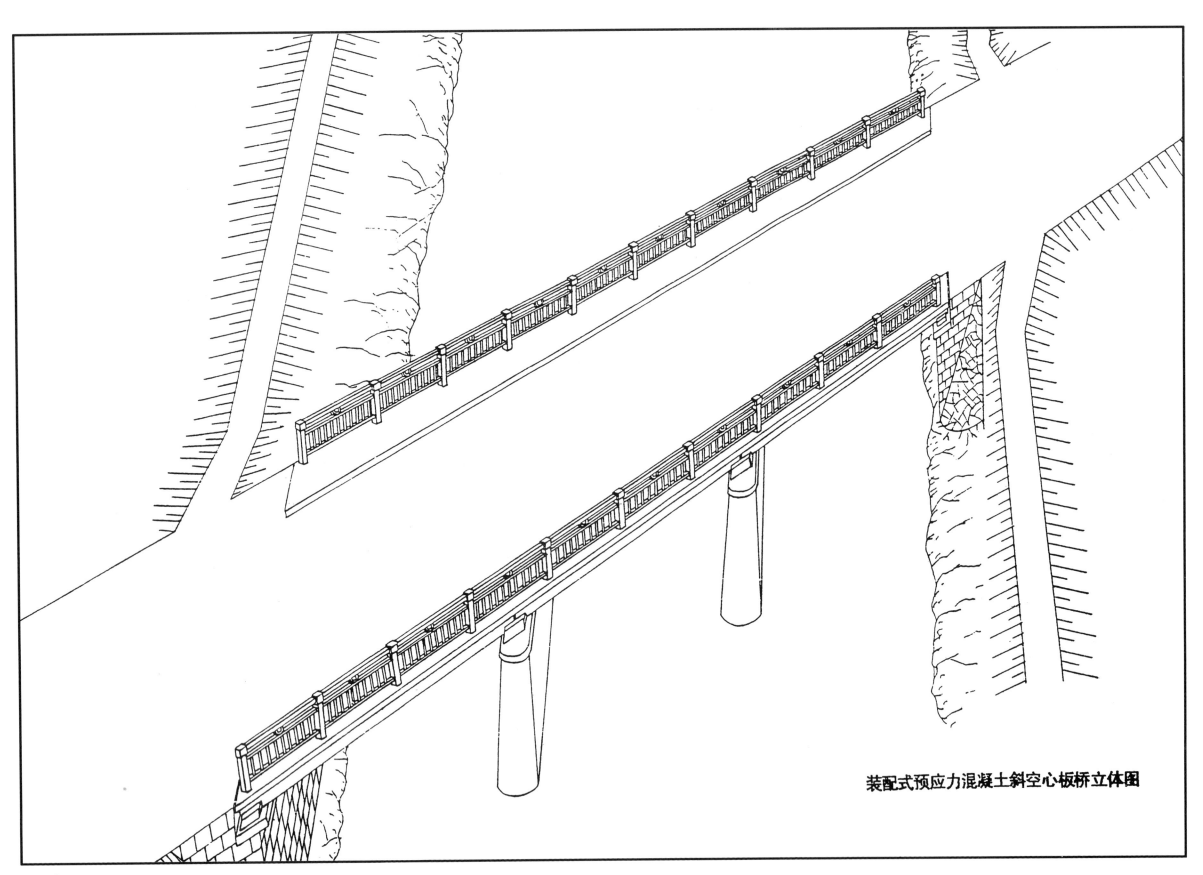

装配式预应力混凝土斜空心板桥立体图

一孔预制空心板材料数量汇总表

跨径(m)	斜交角(°)	2×净—11米						2×净—9.75米						净—9+2×1.50米					
		中板块数	边板块数	钢筋(kg)			40号混凝土(m^3)	中板块数	边板块数	钢筋(kg)			40号混凝土(m^3)	中板块数	边板块数	钢筋(kg)			40号混凝土(m^3)
				ϕ^j15钢绞线	I级钢	II级钢				ϕ^j15钢绞线	I级钢	II级钢				ϕ^j15钢绞线	I级钢	II级钢	
10	40	16	4	3944.0	5374.4	1750.8	75.2	12	4	3155.2	4309.2	1469.6	62.0	7	2	1774.8	2424.9	822.4	34.7
	30			3944.0	5286.4	1563.6				3155.2	4246.0	1333.2				1774.8	2389.4	746.0	
	20			3944.0	5218.0	1517.2				3155.2	4185.2	1265.6				1774.8	2355.5	708.0	
	10			3944.0	5156.4	1471.2				3155.2	4136.0	1226.8				1774.8	2327.8	686.4	
13	40	16	4	6230.0	7032.4	2141.2	121.2	12	4	4984.0	5636.0	1776.8	99.2	7	2	2803.5	3173.1	994.7	55.6
	30			6230.0	6922.0	2073.6				4984.0	5546.4	1723.6				2803.5	3122.8	964.6	
	20			6230.0	6930.0	1903.6				4984.0	5554.4	1587.6				2803.5	3127.2	888.1	
	10			6230.0	6598.8	1839.6				4984.0	5490.0	1581.6				2803.5	3091.0	885.9	
16	40	16	4	9042.0	9114.0	2581.6	203.6	12	4	7233.6	7301.6	2126.4	165.6	7	2	4068.9	4110.2	1191.3	92.9
	30			9042.0	9020.0	2439.6				7233.6	7156.4	2033.6				4068.9	4033.4	1137.8	
	20			9042.0	8880.0	2287.6				7233.6	7146.4	1906.0				4068.9	4020.9	1066.3	
	10			9042.0	8821.2	2203.2				7233.6	7096.4	1838.0				4068.9	3993.4	1028.2	
20	40	16	4	13000.0	11864.8	3048.8	258.0	12	4	10400.0	9496.8	2532.0	208.8	7	2	5850.0	5348.4	1417.2	117.2
	30			13000.0	11867.2	3018.4				10400.0	9497.6	2507.7				5850.0	5348.9	1403.5	
	20			13000.0	10948.8	2678.4				10400.0	8793.6	2243.6				5850.0	5003.4	1252.9	
	10			13000.0	11439.2	2684.8				10400.0	9154.8	2241.2				5850.0	5156.1	1253.6	

跨径(m)	斜交角(°)	净—9+2×1.00米						净—7+2×1.00米					
		中板块数	边板块数	ϕ^j15钢绞线	I级钢	II级钢	40号混凝土(m^3)	中板块数	边板块数	ϕ^j15钢绞线	I级钢	II级钢	40号混凝土(m^3)
10	40	7	2	1774.8	2416.9	787.8	33.9	5	2	1380.4	1884.3	647.2	27.3
	30			1774.8	2376.8	702.4				1380.4	1856.6	587.2	
	20			1774.8	2346.1	683.4				1380.4	1829.7	557.6	
	10			1774.8	2318.4	662.6				1380.4	1808.2	540.4	
13	40	7	2	2803.5	3161.1	964.3	54.6	5	2	2180.5	2462.9	782.1	43.6
	30			2803.5	3111.4	934.0				2180.5	2423.6	759.0	
	20			2803.5	3115.0	857.5				2180.5	2427.2	699.5	
	10			2803.5	3079.6	828.6				2180.5	2399.0	676.2	
16	40	7	2	4068.9	4097.6	1162.7	91.7	5	2	3164.7	3191.4	935.1	72.7
	30			4068.9	4054.8	1098.8				3164.7	3123.0	895.8	
	20			4068.9	3992.3	1030.5				3164.7	3125.5	839.7	
	10			4068.9	3965.4	992.4				3164.7	3103.0	809.8	
20	40	7	2	5850.0	5332.4	1373.2	116.2	5	2	4550.0	4148.4	1114.8	91.6
	30			5850.0	5333.5	1359.5				4550.0	4148.7	1104.1	
	20			5850.0	4927.8	1208.1				4550.0	3850.2	990.7	
	10			5850.0	5140.9	1209.4				4550.0	3998.7	987.6	

附注：

1、2×净—9.75、净9+2×1.5m、净—7+2×1.00m边板为边板(II)型，2×净—11、净—9+2×1.00m边板为边板(I)型。

2、本表未计入绑扎铁丝用量，绑扎铁丝数量可按I、II级钢筋重量的0.5%计及。

3、锚具及锚下垫板材料数量未计入本表。

装配式预应力砼斜空心板桥上部构造 跨径：10,13,16,20米 斜交角：10°、20°、30°、40°	汽车—超20级.挂车—120 汽车—20级、挂车—100	
	2×净—11、2×净—9.75 净—7、净—9	
一孔预制空心板材料数量总表	图号	01

一孔桥面铺装材料总表

跨径 (m)	斜交角 (°)	2×净-11m 钢筋(kg) I级钢	2×净-11m 钢筋(kg) II级钢	2×净-11m 40号现浇砼 (m³)	2×净-11m 40号水泥砂浆 (m³)	2×净-11m 沥青砼 (m³)	2×净-9.75m 钢筋(kg) I级钢	2×净-9.75m 钢筋(kg) II级钢	2×净-9.75m 40号现浇砼 (m³)	2×净-9.75m 40号水泥砂浆 (m³)	2×净-9.75m 沥青砼 (m³)	净-9+2×1.50m 钢筋(kg) I级钢	净-9+2×1.50m 钢筋(kg) II级钢	净-9+2×1.50m 40号现浇砼 (m³)	净-9+2×1.50m 40号水泥砂浆 (m³)	净-9+2×1.50m 沥青砼 (m³)
10	40	1755.3	349.8	33.7	0.12	13.2	1455.4	296.5	27.7	0.10	11.7	816.7	161.6	15.6	0.06	4.5
10	30	1587.3	328.6				1315.0	275.3				739.9	151.0			
10	20	1488.7	313.0				1232.8	259.7				691.9	124.9			
10	10	1434.9	239.8				1188.0	186.5				665.9	106.6			
13	40	2278.3	421.8	44.1	0.20	17.2	1890.0	352.5	36.3	0.15	15.1	1060.2	193.6	20.3	0.09	5.9
13	30	2060.1	400.6				1707.0	331.3				960.3	183.0			
13	20	1931.9	385.0				1600.2	315.7				897.9	175.2			
13	10	1862.1	311.8				1541.8	242.5				864.2	138.6			
16	40	2801.4	612.4	54.8	0.29	21.1	2324.1	527.1	45.1	0.22	18.7	1303.6	284.9	25.4	0.13	7.2
16	30	2532.8	568.0				2098.9	482.7				1180.7	262.7			
16	20	2375.0	532.0				1967.3	450.7				1113.9	246.7			
16	10	2289.2	383.6				1895.7	298.3				1062.3	170.5			
20	40	3501.7	708.3	69.3	0.40	26.4	2905.0	601.8	57.0	0.31	23.4	1629.4	327.5	32.1	0.18	9.0
20	30	3165.9	663.9				2712.2	557.4				1475.8	305.3			
20	20	2968.7	631.9				2459.0	525.4				1379.9	289.3			
20	10	2861.3	479.5				2369.4	373.0				1327.9	213.1			

跨径 (m)	斜交角 (°)	净-9+2×1.00m 钢筋(kg) I级钢	净-9+2×1.00m 钢筋(kg) II级钢	净-9+2×1.00m 40号现浇砼 (m³)	净-9+2×1.00m 40号水泥砂浆 (m³)	净-9+2×1.00m 沥青砼 (m³)	净-7+2×1.00m 钢筋(kg) I级钢	净-7+2×1.00m 钢筋(kg) II级钢	净-7+2×1.00m 40号现浇砼 (m³)	净-7+2×1.00m 40号水泥砂浆 (m³)	净-7+2×1.00m 沥青砼 (m³)
10	40	788.9	161.6	15.1	0.06	4.5	639.3	134.9	12.1	0.04	3.5
10	30	713.6	151.0				577.3	124.3			
10	20	669.0	124.9				640.6	116.5			
10	10	553.9	106.6				520.0	79.9			
13	40	1024.1	193.6	19.8	0.09	5.9	829.9	158.9	15.9	0.07	4.6
13	30	926.2	183.0				749.3	148.3			
13	20	868.2	175.2				699.4	140.5			
13	10	835.0	138.6				674.8	103.9			
16	40	1259.2	284.9	24.6	0.13	7.2	1020.6	242.3	19.7	0.10	5.6
16	30	1138.7	262.7				921.4	220.1			
16	20	1067.3	246.7				860.0	204.1			
16	10	1026.4	170.5				829.7	127.9			
20	40	1573.9	327.5	31.1	0.18	9.0	1275.5	274.2	24.9	0.13	7.0
20	30	1423.4	305.3				1151.6	252.0			
20	20	1334.1	289.3				1074.8	236.0			
20	10	1284.0	213.1				1037.1	159.8			

注：本表包括附加钢筋，桥面铺装及铰缝工程数量。

装配式预应力砼斜空心板桥上部构造
跨径：10、13、16、20米
斜交角：10°、20°、30°、40°

汽车—超20级，挂车—120
汽车—20级、挂车—100

2×净—11、2×净—9.75
净—7、净—9

一孔桥面铺装材料总表   图号 02

装配式预应力砼斜空心板桥上部构造 跨　径：10,13,16,20米 斜交角：10°、20°、30°、40°	汽车—超20级、挂车—120 汽车—20级、挂车—100	
	2×净—11、2×净—9.75 净—7、净—9	
预应力混凝土斜空心板拼装配图	图　号	03

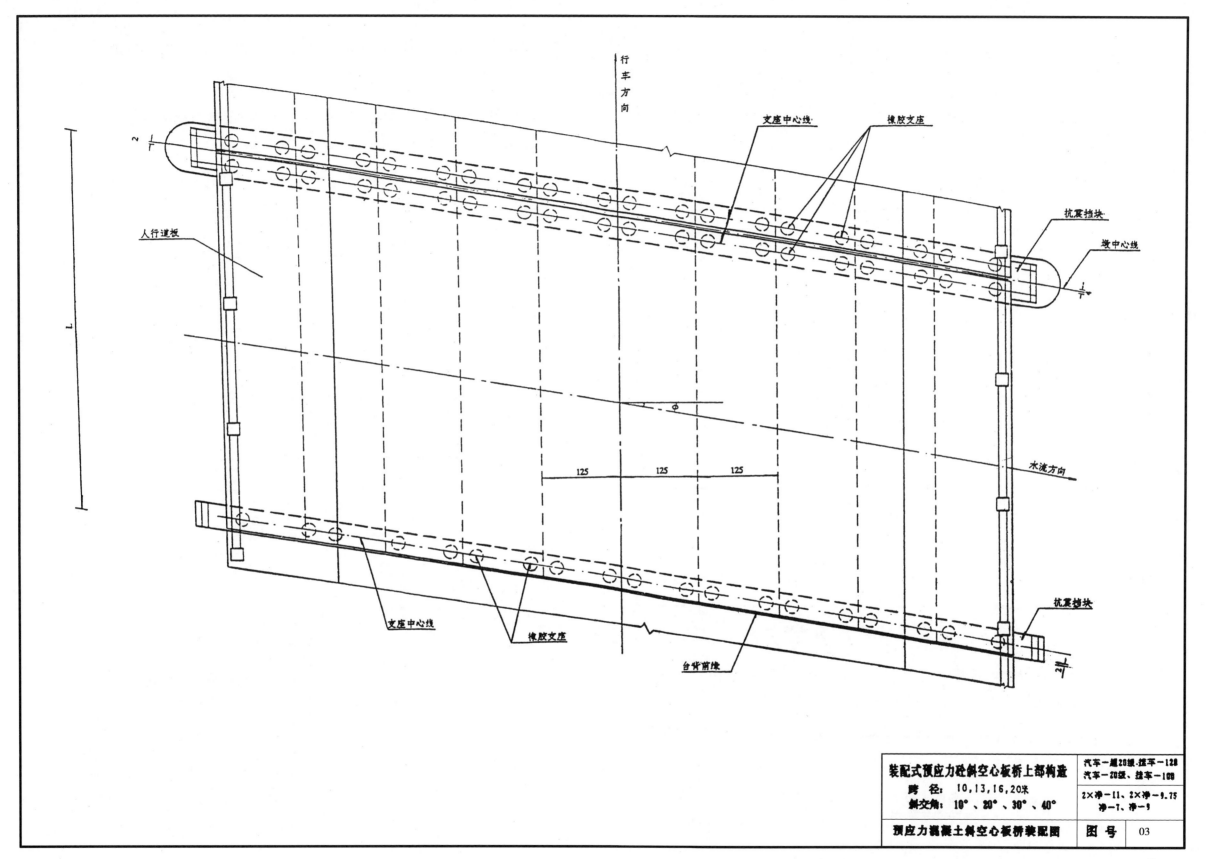

2x净-11.0

净9+2x1.00米人行道

2x净-9.75

净7+2x1.00米人行道

净9+2x1.50米人行道

附注：

1、本图尺寸均以厘米计。

2、桥面横坡2%由墩(台)顶面设置三角垫层而生成。

3、桥面排水系统及泄水管构造见图90。

4、桥面铺装中混凝土标号为40号。

装配式预应力砼斜空心板桥上部构造 跨径：10,13,16,20米 斜交角：10°、20°、30°、40°	汽车—超20级 挂车—120 汽车—20级、挂车—100 2×净—11、2×净—9.75 净—7、净—9	
横向一般布置图	图号	04

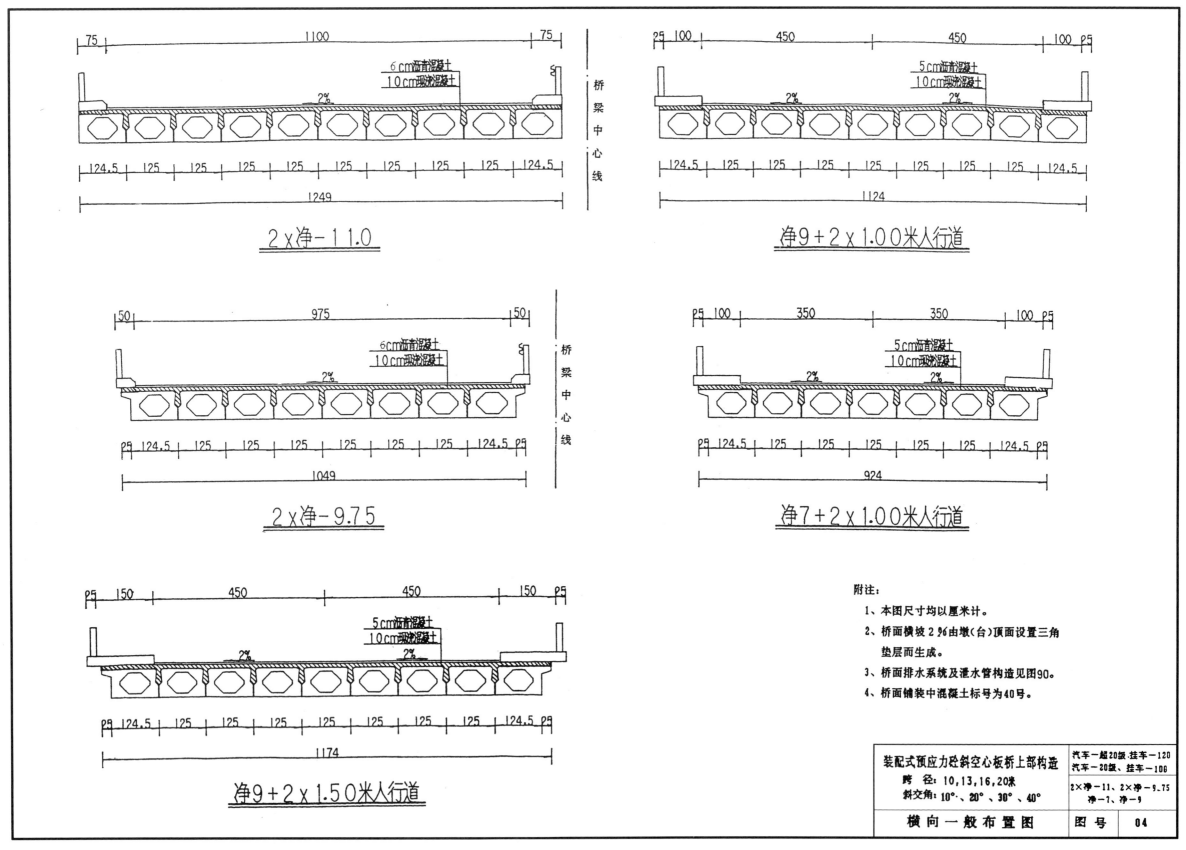

立面

跨中

支点

平面

几何尺寸表

Lb	Lj	A	B	C	D	E	F	H
996	950	7	24	8	60	14	23	50
1296	1240	17	23	18	42	4	28	60
1596	1530	32	23	23	32	9	33	75
1996	1930	47	23	23	32	24	33	90

附注

1. 本图尺寸除钢筋直径以毫米计外，余均以厘米计.
2. 空心板封头部分构造参见图号08.25.42.59。
3. 抗震锚栓构造图详见图号90。
4. 为了保证铰缝浇筑质量，铰缝端部分(H+F)范围内采用40号水泥砂浆填筑，其余部分采用40号砼.
5. 铰缝内钢筋仅布置在跨中左右各一定长度内，施工中先形成骨架后整体放入铰内，并与预制板N9钢筋绑扎在一起.
6. Ni钢筋的间距为20厘米.
7. 无抗震设计要求时，抗震锚栓孔可取消.

铰缝构造

一道铰缝材数量表

跨径(m)	钢筋编号	钢筋直径(mm)	每根长度(cm)	根数	重量(kg)	共重(kg)	40号砼(m^3)	40号水泥砂浆(m^3)
10	1	φ8	113	38	16.96	30.28	0.482	0.007
	2	φ12	750	2	13.32			
13	1	φ8	113	49	21.87	39.19	0.649	0.011
	2	φ12	975	2	17.32			
16	1	φ8	113	60	26.78	48.09	0.823	0.016
	2	φ12	1200	2	21.31			
20	1	φ8	113	75	33.47	60.11	1.073	0.022
	2	φ12	1500	2	26.64			

装配式预应力砼斜空心板桥上部构造 跨　径：10,13,16,20米 斜交角：10°、20°、30°、40°		汽车—超20级.挂车—120 汽车—20级、挂车—100	
		2×净—11、2×净—9.75 净—7、净—9	
中板一般构造图		图号	05

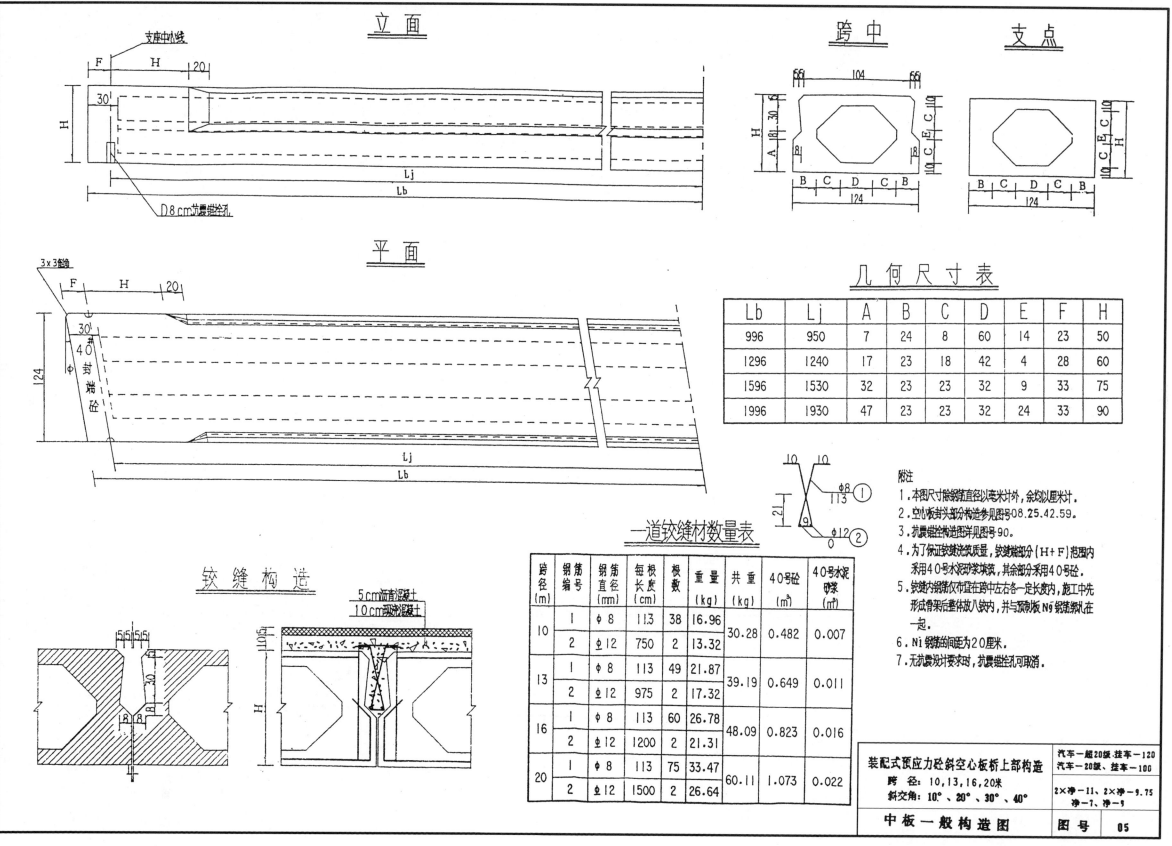

立 面

边板（Ⅰ）平面

边板（Ⅱ）平面

跨中　　支点

边板（Ⅰ）

边板（Ⅱ）

几何尺寸表

Lb	Lj	A	B	C	D	E	F	H
996	950	7	24	8	60	14	23	50
1296	1240	17	23	18	42	4	28	60
1596	1530	32	23	23	32	9	33	75
1996	1930	47	23	23	32	24	33	90

附注

1. 本图尺寸均以厘米计。
2. 无抗震设计要求时，抗震锚栓孔可取消。

装配式预应力砼斜空心板桥上部构造 跨　径：10，13，16，20米 斜交角：10°、20°、30°、40°	汽车—超20级 挂车—120 汽车—20级、挂车—100 2×净—11、2×净—9.75 净—7、净—9	
边板一般构造图	图号	06

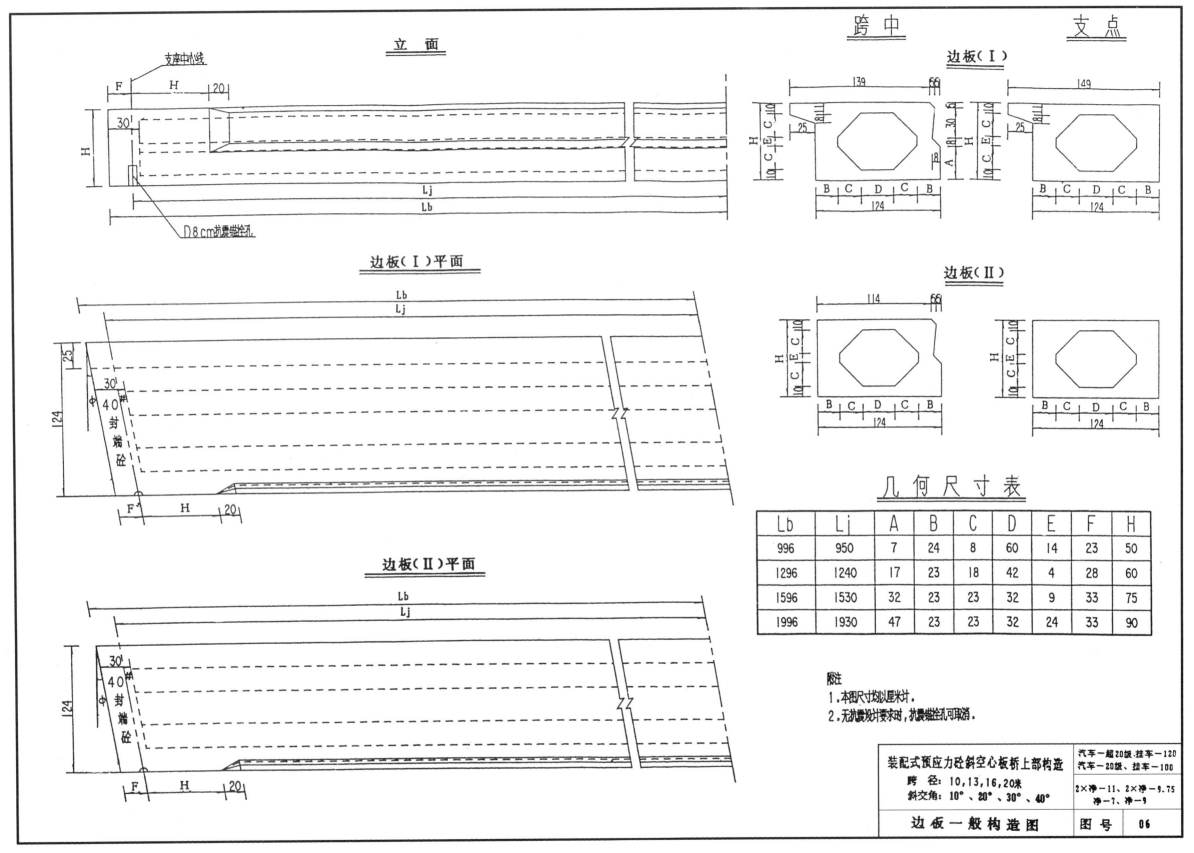

预应力钢束曲线座标

钢束号	水平座标x / 竖直座标	0 跨中截面	50	100	150	200	250	300	350	400	450	482 锚固截面
1	y	8.5	8.5	8.5	8.5	8.5	8.5	8.5	9.1	10.5	12.6	14.0
2	y	19.5	19.5	19.5	19.5	19.5	19.5	20.3	22.6	26.6	32.1	36.0

一块板钢绞线材料数量表

钢绞线编号	直径(mm)	钢束长度(cm)	根数	共长(m)	单位重(kg/m)	共重(kg)
1	ϕ15	1132.1	8	90.57	1.088	197.2
2	ϕ15	1133.5	8	90.68		

附注

1. 本图尺寸以厘米计，钢绞线直径以毫米计。
2. 预应力钢束曲线竖向座标值为钢束重心至梁底距离。
3. 钢绞线孔道直径为50毫米。

装配式预应力砼斜空心板桥上部构造 跨径：10米 斜交角：10°、20°、30°、40°	汽车－超20级、挂车－120 汽车－20级、挂车－100 2×净－11、2×净－9.75 净－7、净－9	
预应力钢筋构造图	图号	07

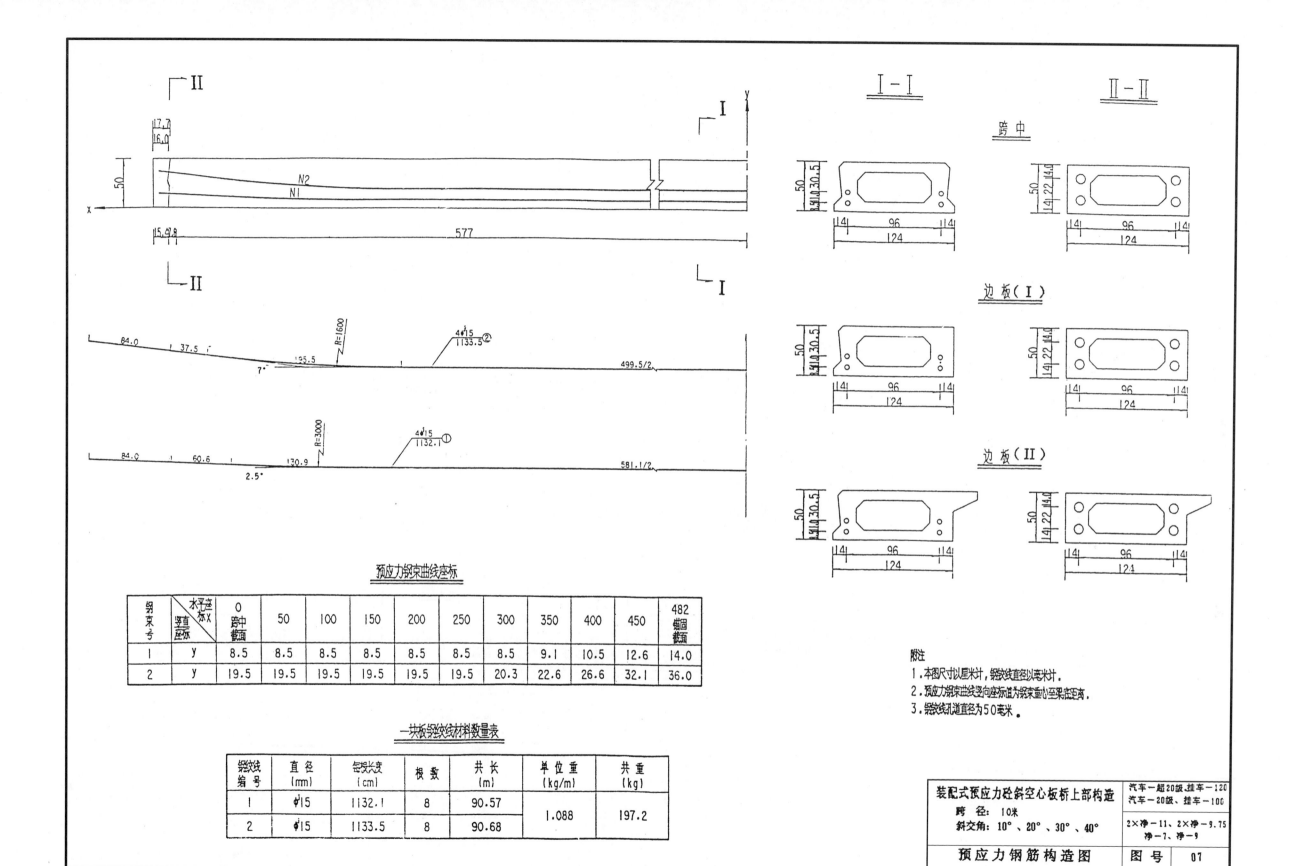

I — I

II — II

III — III

IV — IV

钢 筋 明 细 表

钢筋编号	规格及尺寸 (mm)	40°			30°			20°			10°		
		长度 (cm)	根(块)数	共长 (m)	长度 (cm)	根(块)数	共长 (m)	长度 (cm)	根(块)数	共长 (m)	长度 (cm)	根(块)数	共长 (m)
1	Φ8	140.2	16	22.43	140.2	16	22.43	140.2	16	22.43	140.2	16	22.43
2	Φ8	22.0	16	3.52	22.0	16	3.52	22.0	16	3.52	22.0	16	3.52
3	Φ8	50.0	8	4.00	50.0	8	4.00	50.0	8	4.00	50.0	8	4.00
4	Φ8	190.1	8	15.21	190.1	8	15.21	190.1	8	15.21	190.1	8	15.21
5	Φ8	34.0	4	1.36	30.0	4	1.20	28.0	4	1.12	26.0	4	1.04
6	Φ8	46.0	12	5.52	46.0	12	5.52	46.0	12	5.52	46.0	12	5.52
7	Φ8	72.9	2	1.46	71.0	2	1.42	70.1	2	1.40	70.1	2	1.40
7A	Φ8	71.4	2	1.43	68.0	2	1.36	67.1	2	1.34	67.1	2	1.34
7B	Φ8	79.5	2	1.59	75.6	2	1.51	73.1	2	1.46	71.5	2	1.43
7C	Φ8	76.5	2	1.53	72.6	2	1.45	70.1	2	1.40	68.5	2	1.37
8	Φ10	26.0	32	8.32	26.0	32	8.32	26.0	32	8.32	26.0	32	8.32
9	200×200×25		8			8			8			8	

N_7、N_{7A}、N_{7B}、N_{7C}钢筋尺寸表

钢筋编号	直径 (mm)	符号	40°	30°	20°	10°
N7	Φ8	A	21.5	19.1	17.1	15.3
		B	0.0	4.3	7.8	10.8
		C	33.4	29.6	27.2	26.0
N7A	Φ8	A	20.0	17.6	15.6	13.8
		B	0.0	2.8	6.3	9.3
		C	33.4	29.6	27.2	26.0
N7B	Φ8	A	24.8	21.4	18.6	16.0
		B	3.3	6.6	9.3	11.5
		C	33.4	29.6	27.2	26.0
N7C	Φ8	A	23.3	19.9	17.1	14.5
		B	1.8	5.1	7.8	10.0
		C	33.4	29.6	27.2	26.0

钢 材 数 量 表

规格及尺寸 (mm)	40°		30°		20°		10°	
	共长 (m)	共重 (Kg)	共长 (m)	共重 (Kg)	共长 (m)	共重 (Kg)	共长 (m)	共重 (Kg)
Φ8	58.05	23.9	57.62	22.8	57.40	22.7	57.26	22.6
Φ10	8.32	5.1	8.32	5.1	8.32	5.1	8.32	5.1
200×200×25		55.9		55.9		55.9		55.9
合计		83.9		83.8		83.7		83.6

附注：1．7号钢筋与9号钢垫板采用双面焊缝，焊缝长度不小于4厘米。
2．带悬臂边板端部开口长度与中板相同。
3．钢筋直径、钢板尺寸以毫米为单位，余均以厘米为单位。

装配式预应力砼斜空心板桥上部构造 跨径：10米 斜交角：10°、20°、30°、40°	汽车—超20级、挂车—120 汽车—20级、挂车—100	
	2×净—11、2×净—9.75 净—7、净—9	
板端部钢筋构造图	图号	08

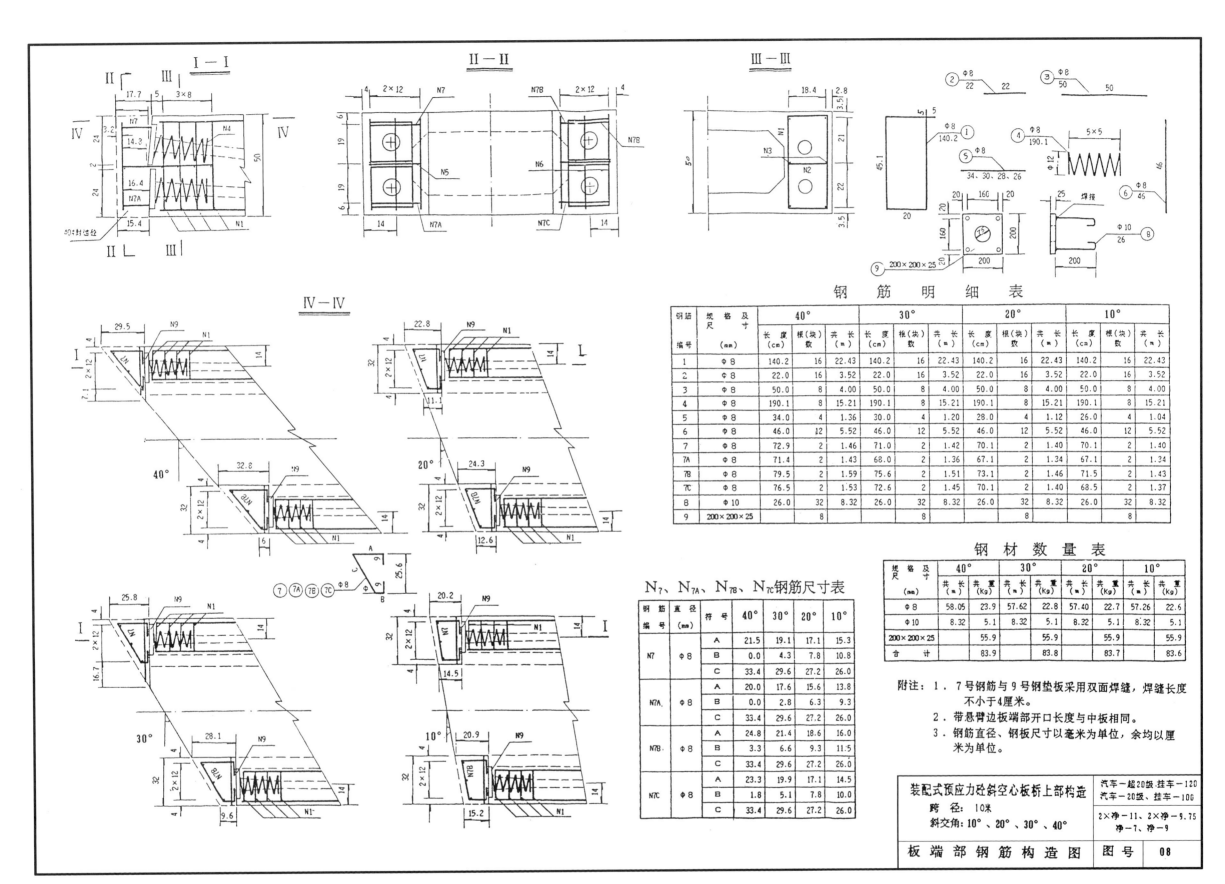

附注：

1、本图尺寸除钢筋直径以毫米计外，余均以厘米计。
2、钢筋明细表及工程数量表见图号13。
3、预应力钢筋构造及数量见图号07。
4、板端部钢筋构造及数量见图号08。

装配式预应力砼斜空心板桥上部构造 跨　径：10 米 斜交角：40°	汽车—超20级.挂车—120 汽车—20级、挂车—100	
	2×净—11、2×净—9.75 净—7、净—9	
中板普通钢筋构造图(一)	图　号	09

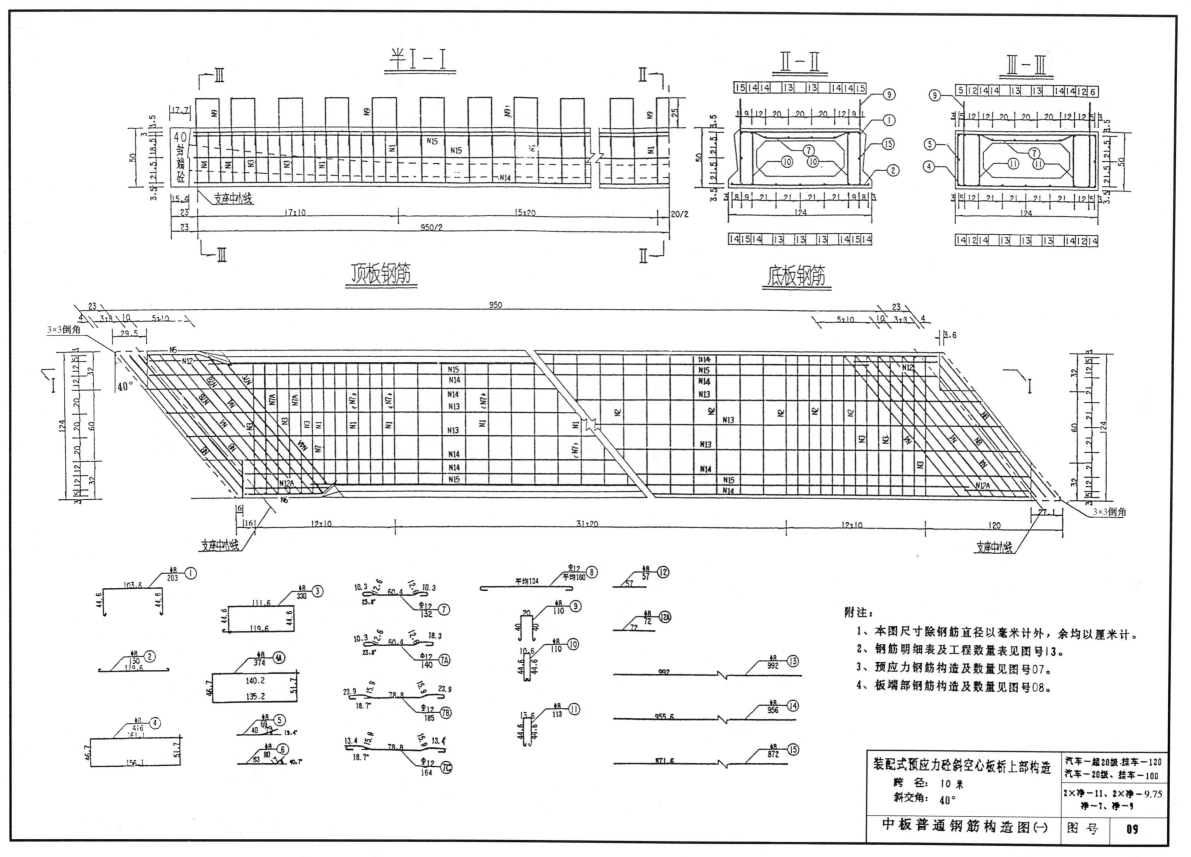

附注：

1、本图尺寸除钢筋直径以毫米计外，余均以厘米计。
2、钢筋明细表及工程数量表见图号13。
3、预应力钢筋构造及数量见图号07。
4、板端部钢筋构造及数量见图号08。

装配式预应力砼斜空心板桥上部构造 跨　径：10 米 斜交角：30°	汽车—超20级、挂车—120 汽车—20级、挂车—100 2×净—11、2×净—9.75 净—7、净—9	
中板普通钢筋构造图(二)	图　号	10

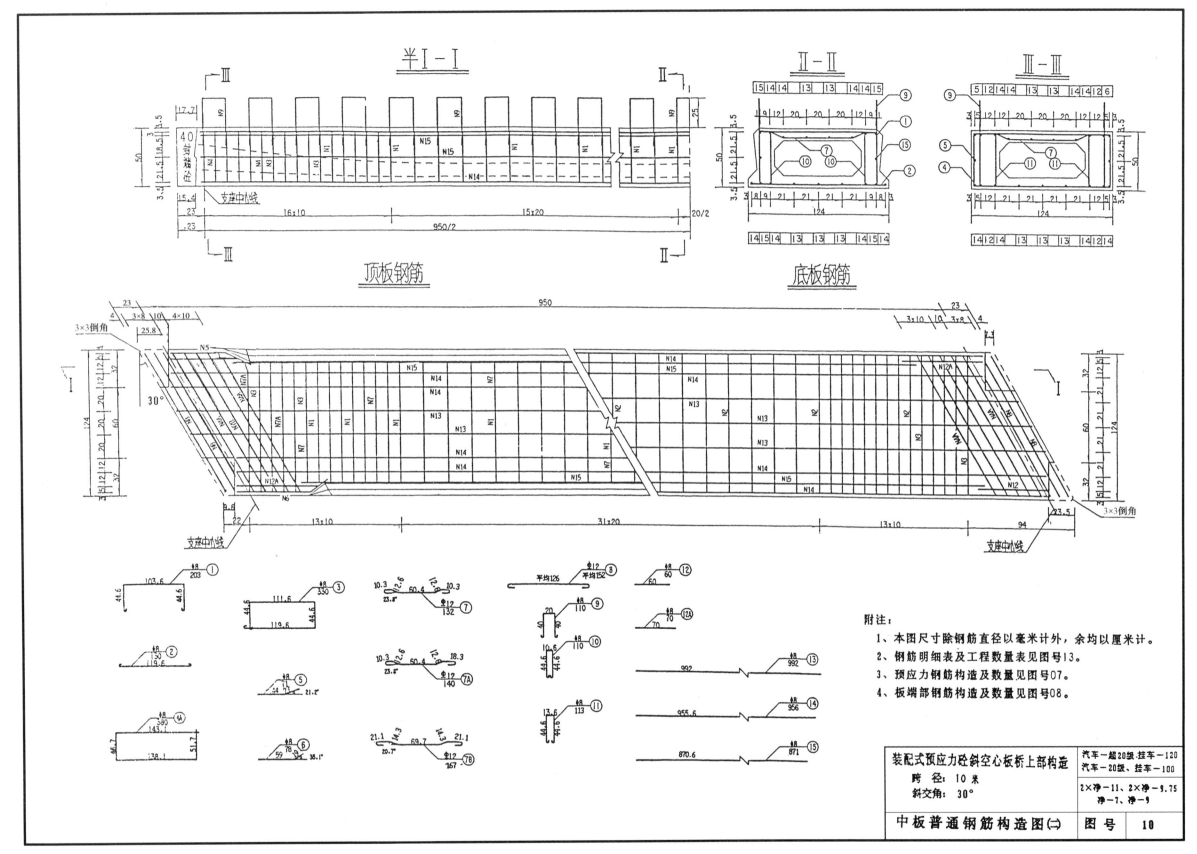

附注：

1、本图尺寸除钢筋直径以毫米计外，余均以厘米计。
2、钢筋明细表及工程数量表见图号13。
3、预应力钢筋构造及数量见图号07。
4、板端部钢筋构造及数量见图号08。

装配式预应力砼斜空心板桥上部构造 跨径：10米 斜交角：20°	汽车—超20级、挂车—120 汽车—20级、挂车—100 2×净—11、2×净—9.75 净—7、净—9	
中板普通钢筋构造图(三)	图号	11

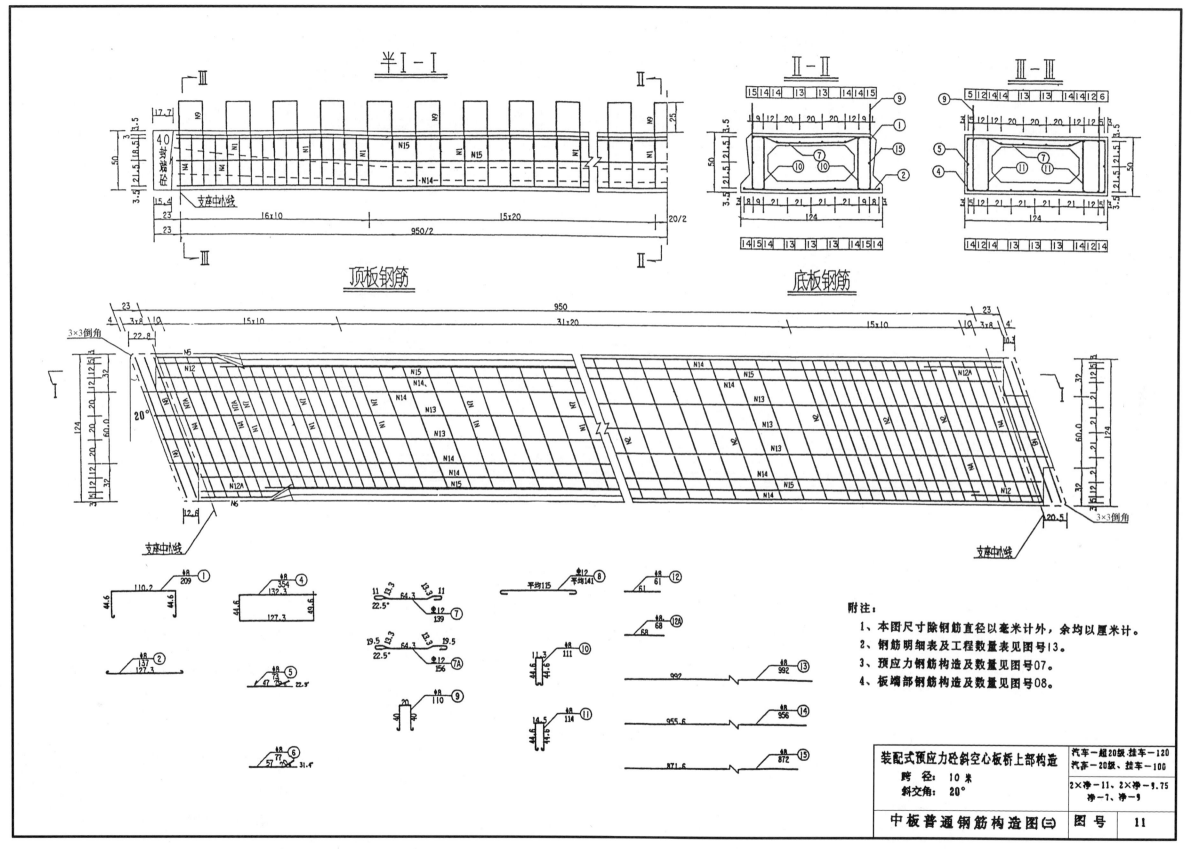

附注：

1、本图尺寸除钢筋直径以毫米计外，余均以厘米计。
2、钢筋明细表及工程数量表见图号13。
3、预应力钢筋构造及数量见图号07。
4、板端部钢筋构造及数量见图号08。

装配式预应力砼斜空心板桥上部构造 跨径：10米 斜交角：10°	汽车一超20级.挂车一120 汽车一20级、挂车一100 2×净一11、2×净一9.75 净一7、净一9	
中板普通钢筋构造图(四)	图号	12

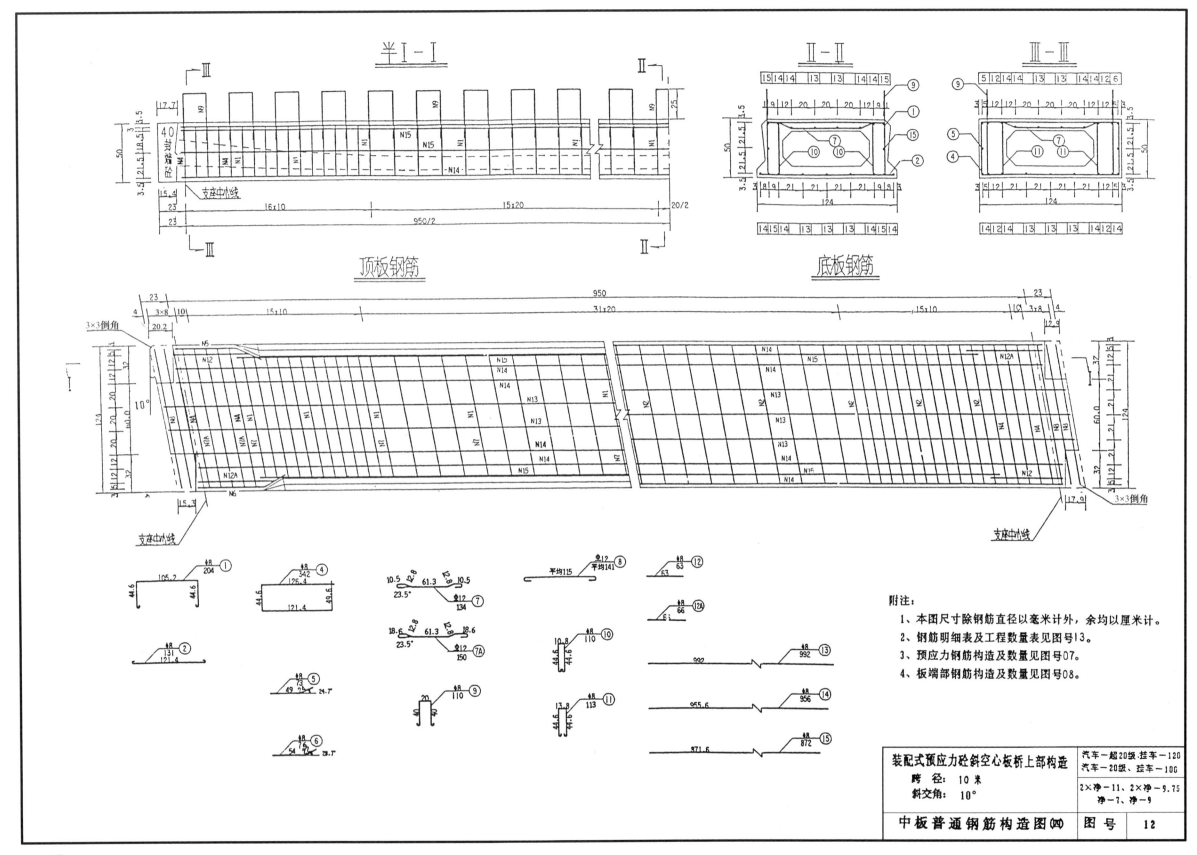

一块中板钢筋明细表及工程数量表

钢筋编号	钢筋直径(mm)	40°				30°				20°				10°			
		单根长(cm)	根数	共长(m)	共重(kg)	单根长(cm)	根数	共长(m)	共重(kg)	单根长(cm)	根数	共长(m)	共重(kg)	单根长(cm)	根数	共长(m)	共重(kg)
1	φ8	203	44	89.3		203	48	97.3		209	54	112.9		204	54	110.2	
2	φ8	130	44	57.2		130	48	62.4		137	54	74.0		131	54	70.7	
3	φ8	330	12	39.6		330	10	33.0		—	—	—		—	—	—	
4	φ8	416	10	41.6	95.3	380	10	38.0	93.5	354	10	35.4	90.2	342	10	34.2	87.3
4A	φ8	374	2	7.5		—	—	—		—	—	—		—	—	—	
4B	φ8	—	—	—		—	—	—		—	—	—		—	—	—	
5	φ8	69	4	2.8		71	4	2.8		73	4	2.9		73	4	2.9	
6	φ8	80	4	3.2		78	4	3.1		77	4	3.1		76	4	3.0	
7	Φ12	132	38	50.2		132	40	52.8		139	42	58.4		134	42	56.3	
7A	Φ12	140	6	8.4		140	6	8.4		156	6	9.4		150	6	9.0	
7B	Φ12	185	6	31.1		167	6	10.0		—	—	—		—	—	—	
7C	Φ12	164	2	3.3	87.6	—	—	—	79.4	—	—	—	75.2	—	—	—	73.0
7D	Φ12	—	—	—		—	—	—		—	—	—		—	—	—	
7E	Φ12	—	—	—		—	—	—		—	—	—		—	—	—	
8	Φ12	180	16	25.6		152	12	18.2		141	12	16.9		141	12	16.9	
9	φ8	110	48	52.8		110	48	52.8		110	48	52.8		110	48	52.8	
10	φ8	110	44	48.4		110	44	48.4		110	44	48.4		110	44	48.4	
11	φ8	113	8	9.0		113	8	9.0		113	8	9.0		113	8	9.0	
12	φ8	57	6	3.4		60	6	3.6		61	6	3.7		63	6	3.8	
12A	φ8	72	6	4.3	117.0	70	6	4.2	117.1	63	6	4.1	117.1	66	6	4.0	117.1
13	φ8	992	5	49.6		992	5	49.6		992	5	49.6		992	5	49.6	
14	φ8	956	8	76.5		956	8	76.4		956	8	76.5		956	8	76.5	
14A	φ8	—	—	—		—	—	—		—	—	—		—	—	—	
15	φ8	872	6	52.3		871	6	52.3		872	6	52.3		872	6	52.3	
40号砼 (m³)		3.7				3.7				3.7				3.7			

注：

1、本表只列入预制板普通钢筋数量，板端构造钢筋见图号 08 。预应力钢筋见图号 07 。

2、40号砼数量已包括封锚及封端部分数量。

3、N7(N7A、N7B、N7C、N7D、N7E)钢筋间距为20cm；N10(N11)钢筋间距为40cm。

装配式预应力砼斜空心板桥上部构造 跨径：10米 斜交角：10°、20°、30°、40°	汽车—超20级、挂车—120 汽车—20级、挂车—100 2×净—11、2×净—9.75 净—7、净—9	
一块中板工程数量表	图号	13

附注：

1、本图尺寸除钢筋直径以毫米计外，余均以厘米计。
2、钢筋明细表及工程数量表见图号18。
3、预应力钢筋构造及数量见图号07。
4、板端部钢筋构造及数量见图号08。

装配式预应力砼斜空心板桥上部构造 跨 径：10 米 斜交角：40°	汽车—超20级.挂车—120 汽车—20级、挂车—100 2×净—11、2×净—9.75 净—7、净—9
边板（I）普通钢筋构造图(一)	图 号 14

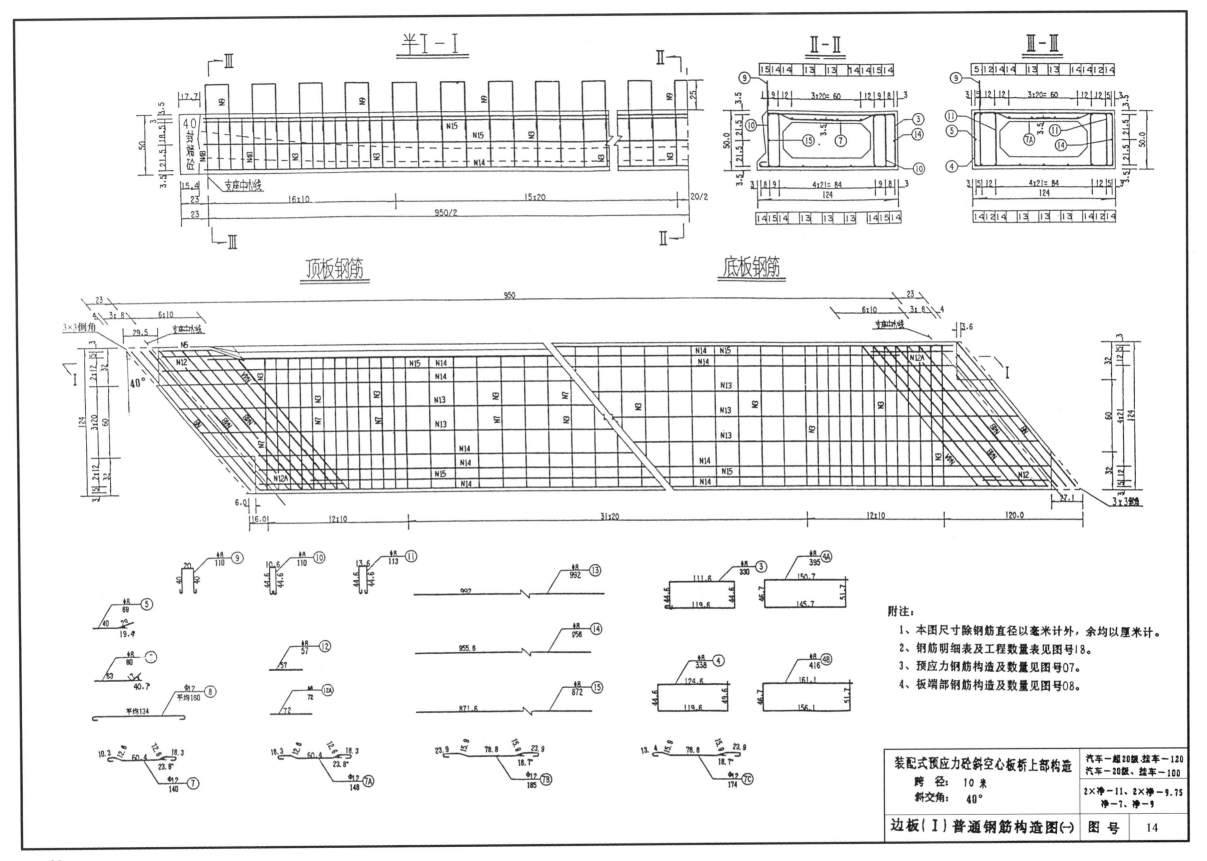

附注：

1、本图尺寸除钢筋直径以毫米计外，余均以厘米计。
2、钢筋明细表及工程数量表见图号18。
3、预应力钢筋构造及数量见图号07。
4、板端部钢筋构造及数量见图号08。

装配式预应力砼斜空心板桥上部构造 跨径：10米 斜交角：30°	汽车—超20级、挂车—120 汽车—20级、挂车—100 2×净—11、2×净—9.75 净—7、净—9	
边板(Ⅰ)普通钢筋构造图(二)	图号	15

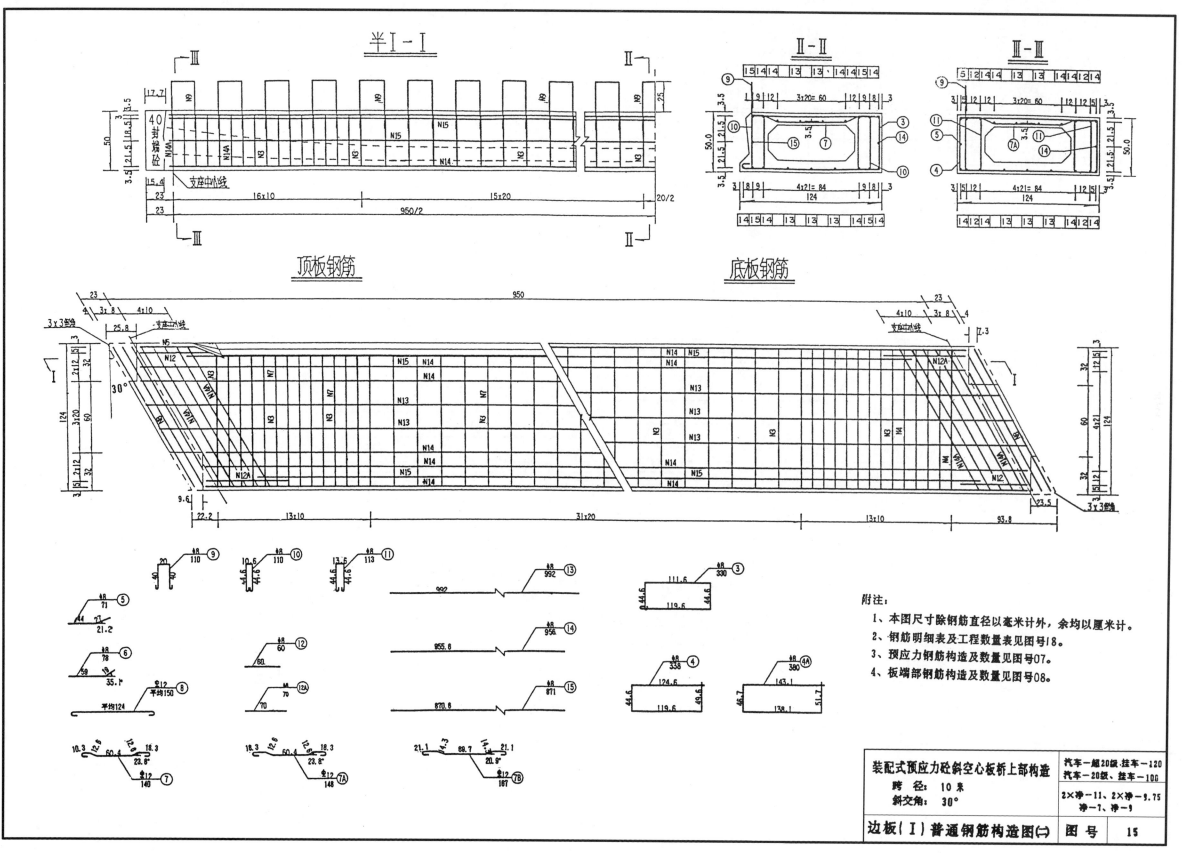

附注:

1、本图尺寸除钢筋直径以毫米计外，余均以厘米计。
2、钢筋明细表及工程数量表见图号18。
3、预应力钢筋构造及数量见图号07。
4、板端部钢筋构造及数量见图号08。

装配式预应力砼斜空心板桥上部构造 跨 径: 10 米 斜交角: 20°	汽车—超20级.挂车—120 汽车—20级、挂车—100	
	×净—11、2×净—9.75 净—7、净—9	
边板(Ⅰ)普通钢筋构造图(三)	图 号	16

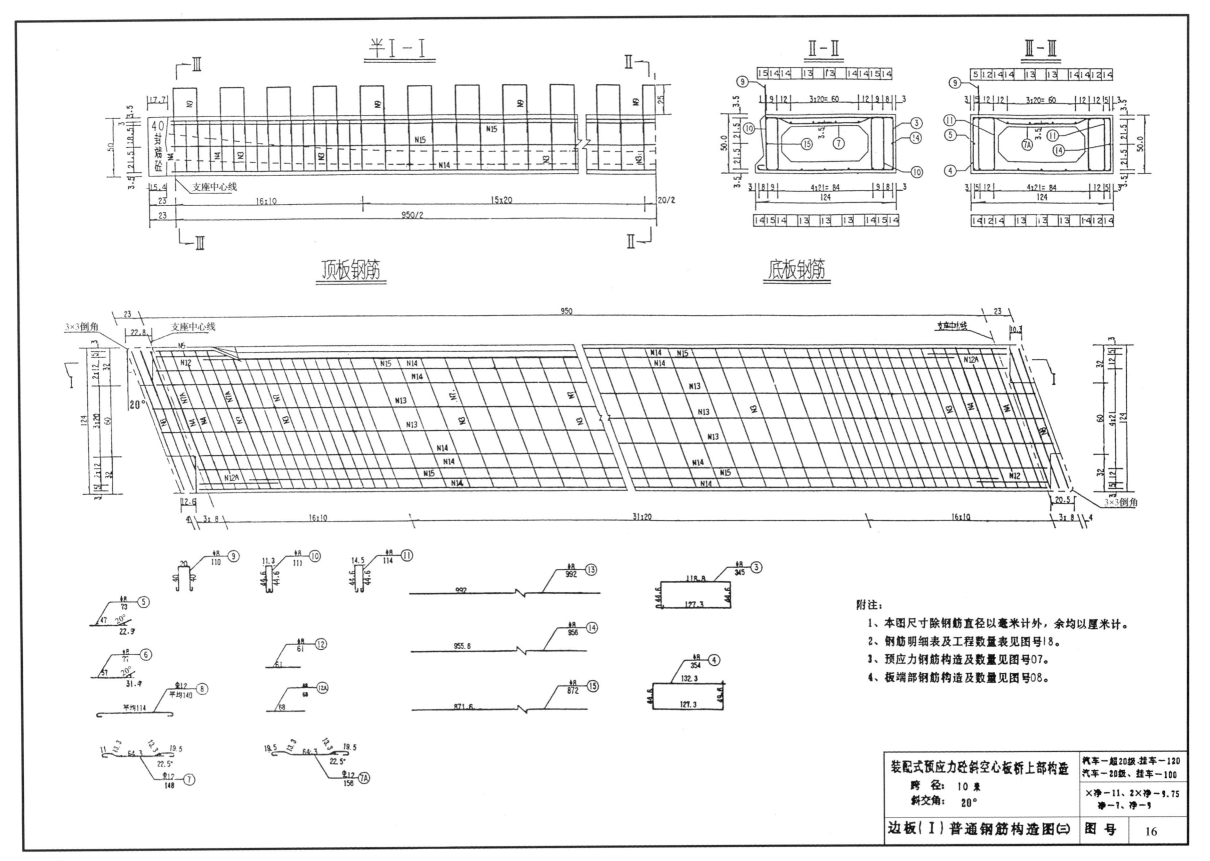

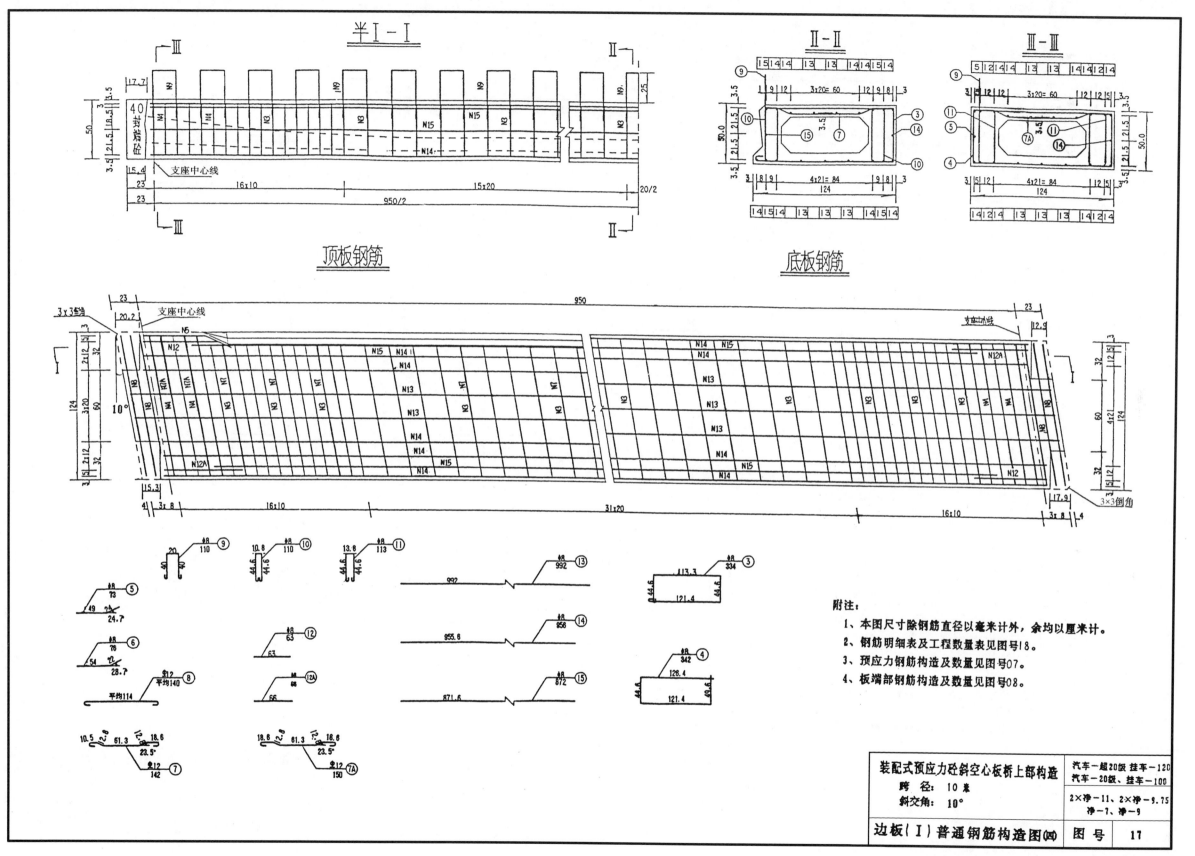

一块边板(Ⅰ)钢筋明细表及工程数量表

钢筋编号	钢筋直径(mm)	40° 单根长(cm)	40° 根数	40° 共长(m)	40° 共重(kg)	30° 单根长(cm)	30° 根数	30° 共长(m)	30° 共重(kg)	20° 单根长(cm)	20° 根数	20° 共长(m)	20° 共重(kg)	10° 单根长(cm)	10° 根数	10° 共长(m)	10° 共重(kg)
1	φ8	—		—	95.0	—	—	—	92.0	—	—	—	88.8	—	—	—	86.0
2	φ8	—	—	—		—	—	—		—	—	—		—	—	—	
3	φ8	330	52	171.6		330	53	174.9		345	54	186.3		334	54	180.4	
4	φ8	330	5	16.9		338	5	16.9		354	10	35.4		342	10	34.2	
4A	φ8	395	4	15.8		300	10	30.0		—	—	—		—	—	—	
4B	φ8	416	8	33.3		—	—	—		—	—	—		—	—	—	
5	φ8	69	2	1.4		71	2	1.4		73	2	1.5		73	2	1.5	
6	φ8	80	2	1.6		70	2	1.6		77	2	1.5		76	2	1.5	
7	Φ12	140	41	57.4	87.3	140	43	60.2	73.3	140	42	62.2	70.5	142	42	59.6	75.0
7A	Φ12	140	3	4.4		148	3	4.4		156	6	9.4		150	6	9.0	
7B	Φ12	185	4	7.4		167	6	10.0		—	—	—		—	—	—	
7C	Φ12	174	2	3.5		—	—	—		—	—	—		—	—	—	
7D	Φ12	—	—	—		—	—	—		—	—	—		—	—	—	
7E	Φ12	—	—	—		—	—	—		—	—	—		—	—	—	
8	Φ12	160	16	25.6		150	12	18.0		140	12	16.8		140	12	16.0	
9	φ8	110	24	26.4	109.4	110	24	26.4	108.2	110	24	26.4	108.5	110	24	26.4	108.5
10	φ8	110	24	46.2		110	42	46.2		110	44	48.4		110	44	48.4	
11	φ8	113	8	9.0		113	8	9.0		114	4	4.6		113	4	4.5	
12	φ8	57	5	2.9		60	5	3.0		61	5	3.1		63	5	3.2	
12A	φ8	72	5	3.6		70	5	3.5		68	5	3.4		66	5	3.3	
13	φ8	992	5	49.6		992	5	49.6		992	5	49.6		992	5	49.6	
14	φ8	956	10	95.6		956	10	95.6		956	10	95.6		956	10	95.6	
14A	φ8	—	—	—		—	—	—		—	—	—		—	—		
15	φ8	872	5	43.6		872	5	43.6		872	5	43.6		872	5	43.6	
40号砼 (m^3)		4.0				4.0				4.0				4.0			

注：

1、本表只列入预制板普通钢筋数量，板端构造钢筋见图号08　。预应力钢筋见图号07　。

2、40号砼数量已包括封锚及封端部分数量。

3、N7(N7A、N7B、N7C、N7D、N7E)钢筋间距为20cm；N10(N11)钢筋间距为40cm。

装配式预应力砼斜空心板桥上部构造 跨径：10米 斜交角：10°、20°、30°、40°	汽车—超20级、挂车—120 汽车—20级、挂车—100 2×净—11、2×净—9.75 净—7、净—9
一块边板(Ⅰ)工程数量表	图号 18

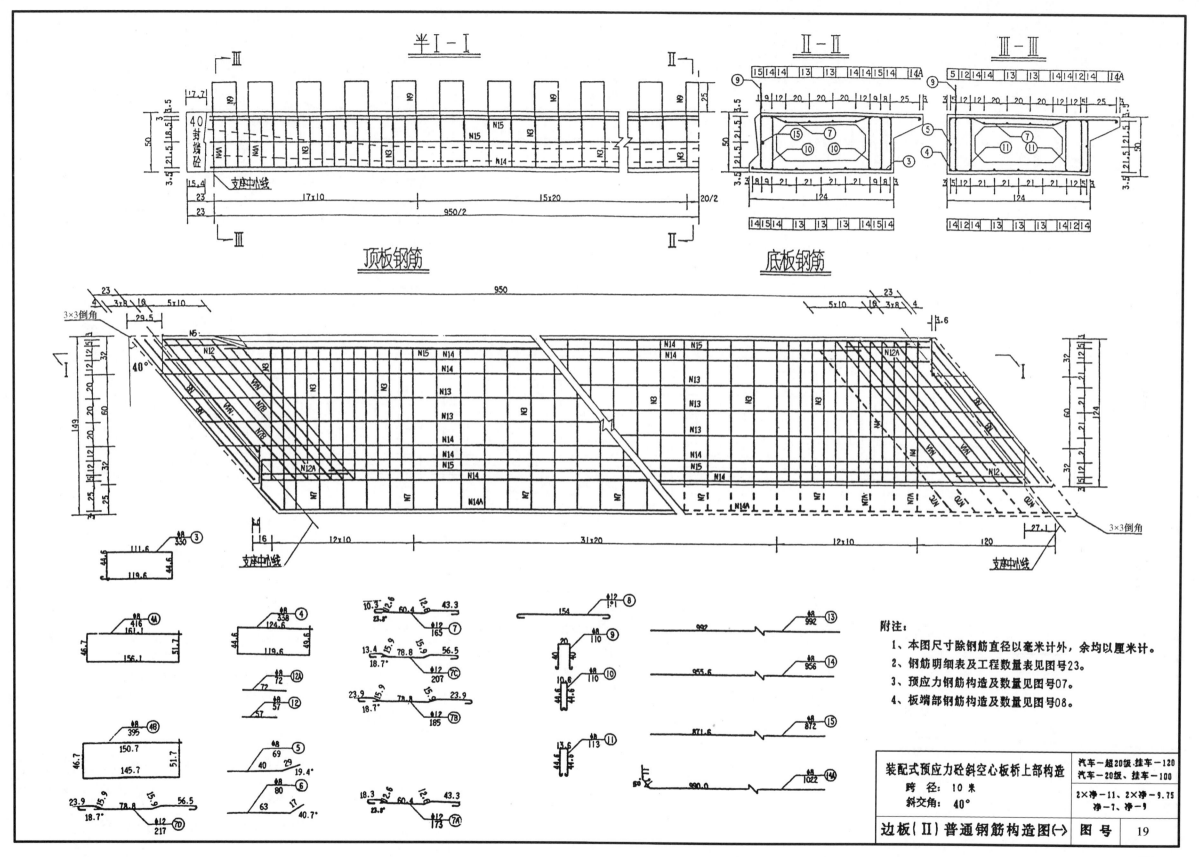

附注：

1、本图尺寸除钢筋直径以毫米计外，余均以厘米计。
2、钢筋明细表及工程数量表见图号23。
3、预应力钢筋构造及数量见图号07。
4、板端部钢筋构造及数量见图号08。

装配式预应力砼斜空心板桥上部构造 跨　径：10 米 斜交角：30°	汽车－超20级.挂车－120 汽车－20级、挂车－100	
	2×净－11、2×净－9.75 净－7、净－9	
边板（II）普通钢筋构造图㈡	图　号	20

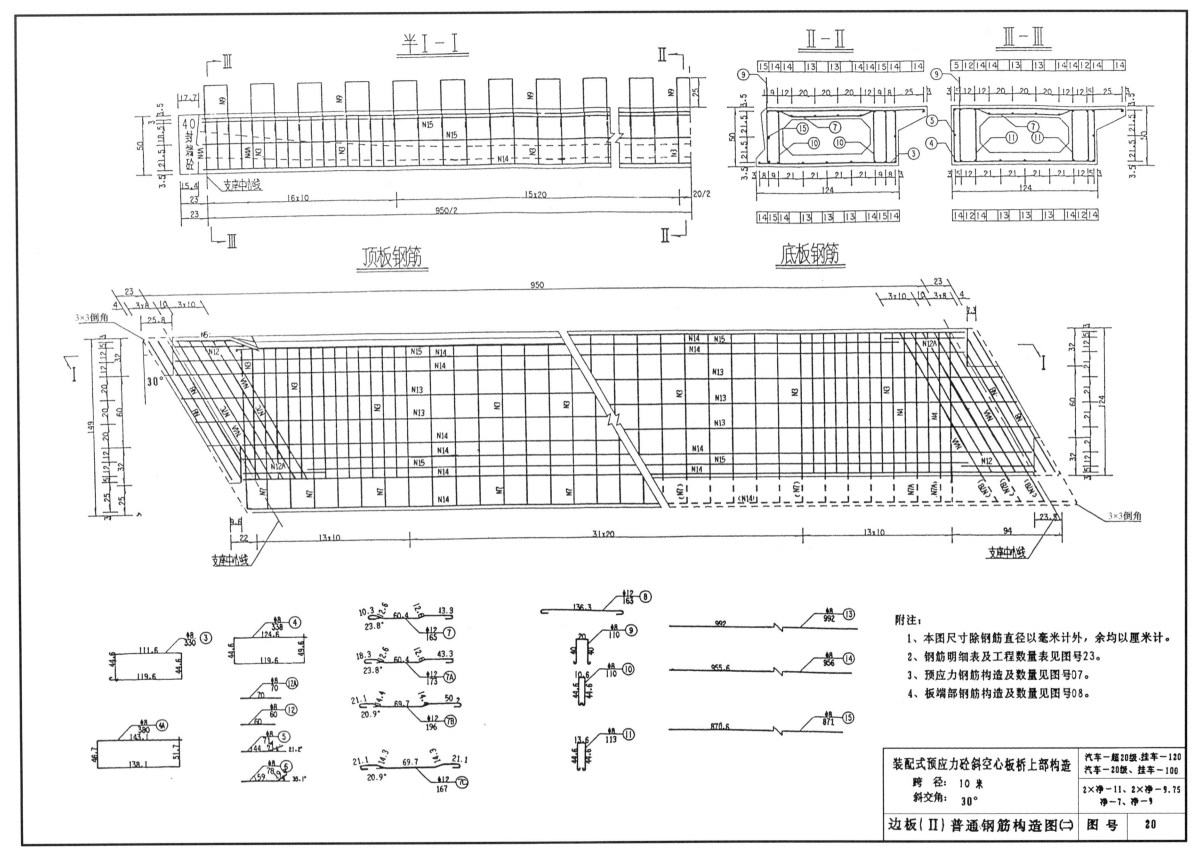

附注：

1、本图尺寸除钢筋直径以毫米计外，余均以厘米计。
2、钢筋明细表及工程数量表见图号23。
3、预应力钢筋构造及数量见图号07。
4、板端部钢筋构造及数量见图号08。

装配式预应力砼斜空心板桥上部构造 跨 径：10 米 斜交角：20°	汽车－超20级、挂车－120 汽车－20级、挂车－100 2×净－11、2×净－9.75 净－7、净－9	
边板（II）普通钢筋构造图(三)	图 号	21

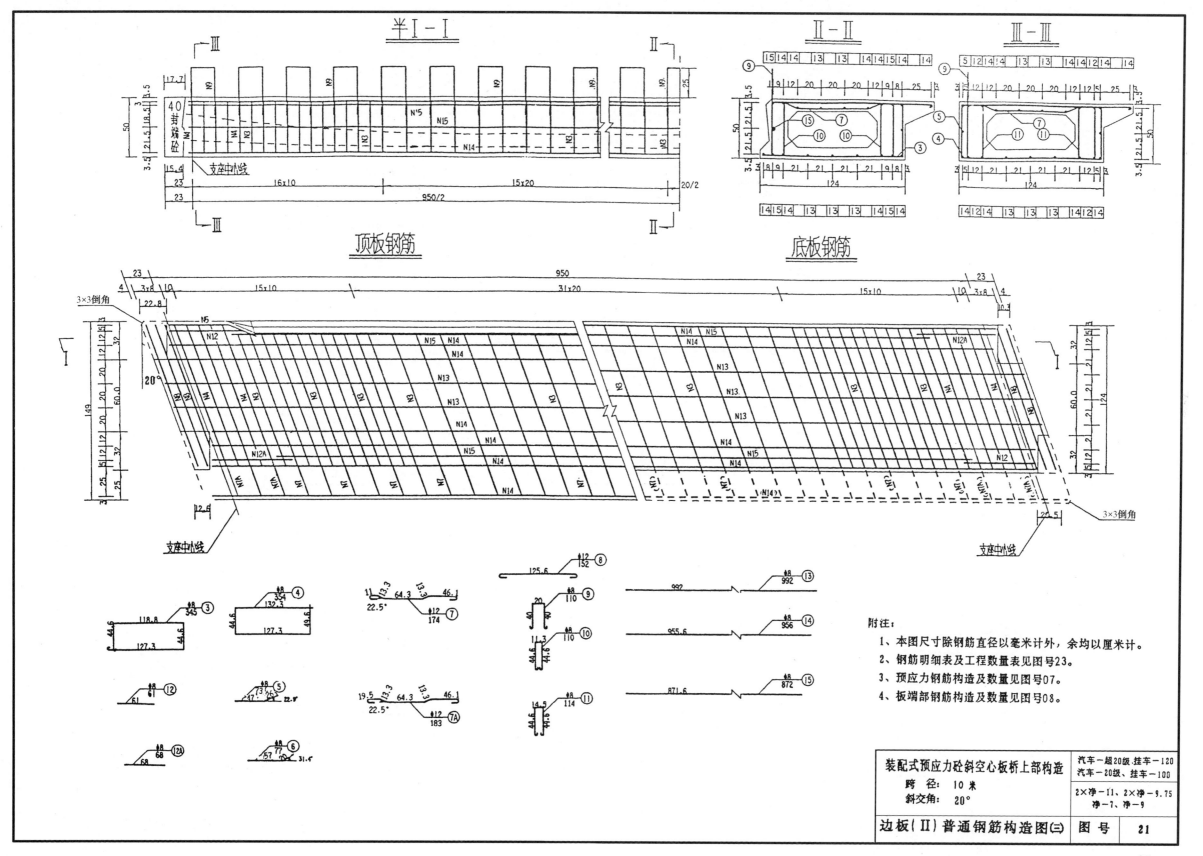

附注：

1、本图尺寸除钢筋直径以毫米计外，余均以厘米计。

2、钢筋明细表及工程数量表见图号23。

3、预应力钢筋构造及数量见图号07。

4、板端部钢筋构造及数量见图号08。

装配式预应力砼斜空心板桥上部构造 跨径：10米 斜交角：10°	汽车－超20级.挂车－120 汽车－20级、挂车－100 2×净－11、2×净－9.75 净－7、净－9	
边板（II）普通钢筋构造图(四)	图号	22

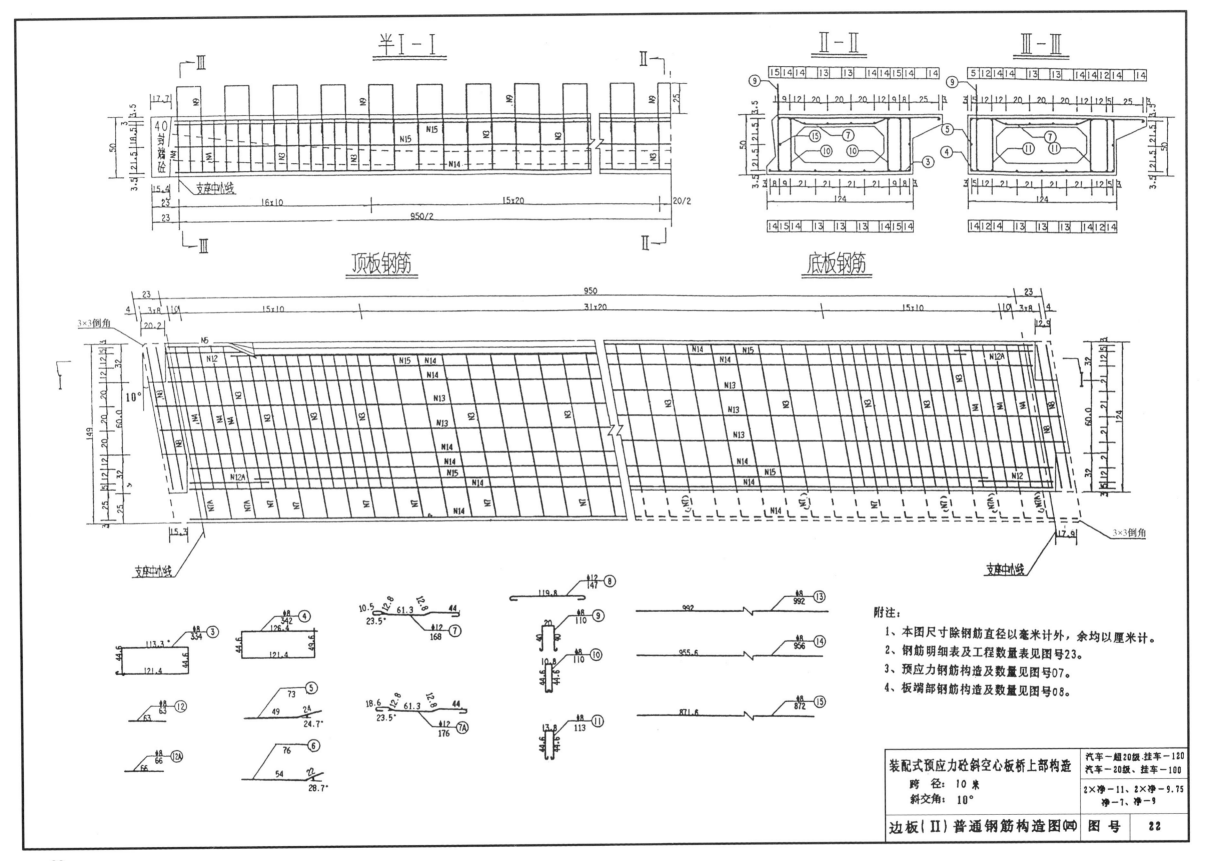

一块边板(II)钢筋明细表及工程数量表

钢筋编号	钢筋直径(mm)	40°				30°				20°				10°			
		单根长(cm)	根数	共长(m)	共重(kg)	单根长(cm)	根数	共长(m)	共重(kg)	单根长(cm)	根数	共长(m)	共重(kg)	单根长(cm)	根数	共长(m)	共重(kg)
1	φ 8	—	—	—	95.0	—	—	—	93.3	—	—	—	88.0	—	—	—	86.0
2	φ 8	—	—	—		—	—	—		—	—	—		—	—	—	
3	φ 8	330	52	171.6		330	54	178.2		345	54	186.3		334	54	180.4	
4	φ 8	338	5	16.9		338	5	16.9		354	10	35.4		342	10	34.2	
4A	φ 8	416	8	33.3		380	10	38.0		—	—	—		—	—	—	
4B	φ 8	395	4	15.8		—	—	—		—	—	—		—	—	—	
5	φ 8	69	2	1.4		71	2	1.4		73	2	1.5		73	2	1.5	
6	φ 8	80	2	1.6		78	2	1.6		77	2	1.5		76	2	1.5	
7	Φ12	165	42	69.3	104.6	165	43	71.0	95.1	174	42	73.1	90.8	168	42	70.6	87.7
7A	Φ12	173	3	5.2		173	3	5.2		183	6	11.0		176	6	10.6	
7B	Φ12	185	2	3.7		196	3	5.9		—	—	—		—	—	—	
7C	Φ12	207	2	4.1		167	3	5.0		—	—	—		—	—	—	
7D	Φ12	217	3	6.5		—	—	--		—	—	—		—	—	—	
7E	Φ12	—	—	—		—	—	—		—	—	—		—	—	—	
8	Φ12	181	16	29.0		163	12	20.0		152	12	18.2		147	12	17.6	
9	φ 8	110	24	26.4	113.4	110	24	26.4	113.2	110	24	26.4	113.2	110	24	26.4	113.2
10	φ 8	110	42	46.2		110	42	46.2		110	44	46.2		110	42	46.2	
11	φ 8	113	8	9.0		113	8	9.0		114	8	9.1		113	8	9.0	
12	φ 8	57	5	2.9		60	5	3.0		61	5	3.1		63	5	3.2	
12A	φ 8	72	5	3.6		70	5	3.5		68	5	3.4		66	5	3.3	
13	φ 8	992	5	49.6		992	5	49.6		992	5	49.6		992	5	49.6	
14	φ 8	956	10	95.6		956	11	105.2		956	11	105.2		956	11	105.2	
14A	φ 8	1022	1	10.2		—	—	—		—	—	—		—	—	—	
15	φ 8	872	5	43.6		871	5	43.6		872	5	43.6		872	5	43.6	
40号砼 (m^3)		4.4				4.4				4.4				4.4			

注：

1、本表只列入预制板普通钢筋数量，板端构造钢筋见图号08 。预应力钢筋见图号07 。

2、40号砼数量已包括封锚及封端部分数量。

3、N7(N7A、N7B、N7C、N7D、N7E)钢筋间距为20cm；N10(N11)钢筋间距为40cm。

装配式预应力砼斜空心板桥上部构造 跨径：10米 斜交角：10°、20°、30°、40°	汽车—超20级、挂车—120 汽车—20级、挂车—100 2×净—11、2×净—9.75 净—7、净—9	
一块边板(II)工程数量表	图号	23

预应力钢束曲线座标

钢束号	水平座标X / 竖直座标	0 跨中截面	50	100	150	200	250	300	350	400	450	500	550	600	631 锚固截面
1	y	8.5	8.5	8.5	8.5	8.5	8.5	8.5	8.5	8.5	8.5	9.1	10.5	12.6	14.0
2	y	19.5	19.5	19.5	19.5	19.5	19.5	19.5	19.5	20.3	22.8	27.2	33.4	41.1	46.0

一块板钢绞线材料数量表

钢绞线编号	直径(mm)	每根长度(cm)	根数	共长(m)	单位重(kg/m)	共重(kg)
1	ϕ15	1430.1	10	143.01	1.088	311.5
2	ϕ15	1433.2	10	143.32		

附注

1. 本图尺寸以厘米计，钢绞线直径以毫米计。
2. 预应力钢束曲线竖向座标值为钢束重心至梁底距离。
3. 钢绞线孔道直径为54毫米。

装配式预应力砼斜空心板桥上部构造 跨径：13米 斜交角：10°、20°、30°、40°	汽车—超20级.挂车—120 汽车—20级、挂车—100 2×净—11、2×净—9.75 净—7、净—9	
预应力钢筋构造图	图号	24

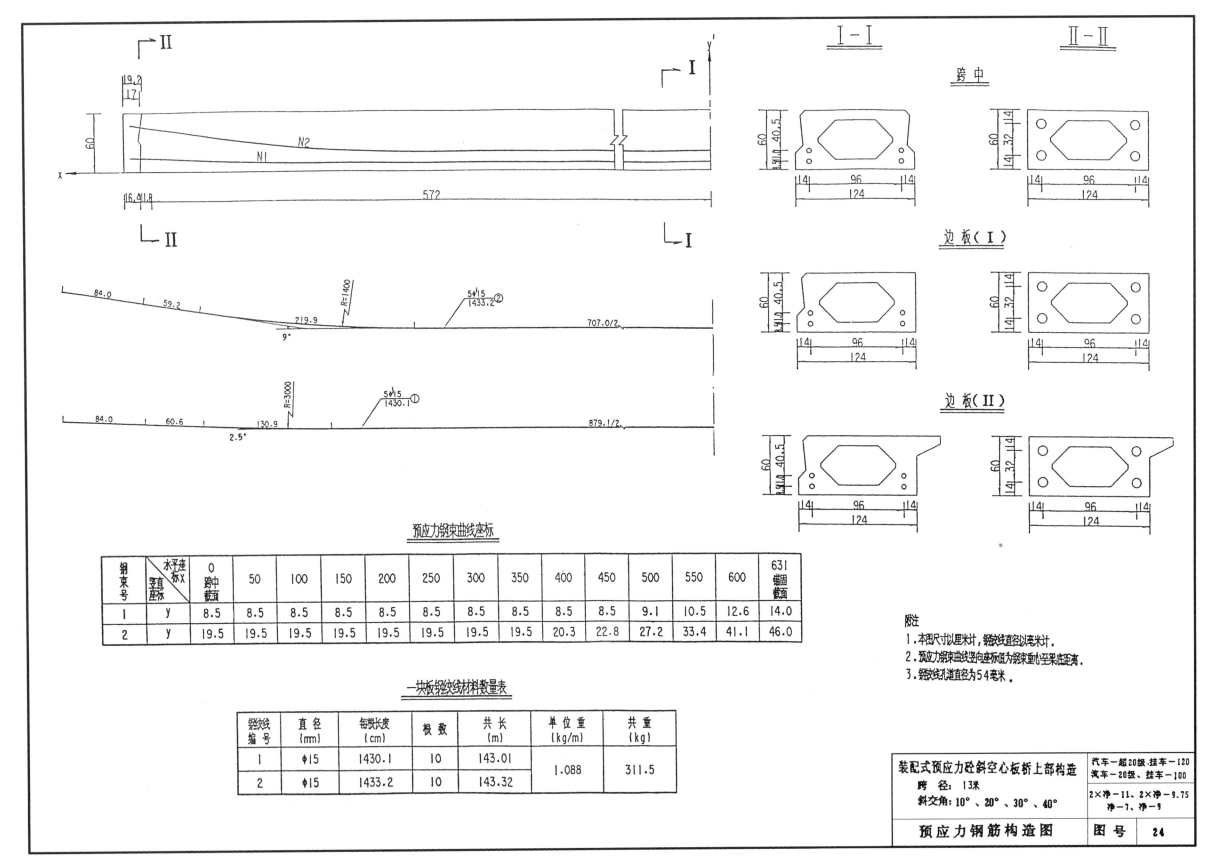

钢 筋 明 细 表

钢筋编号	规格及尺寸 (mm)	40° 长度 (cm)	40° 根(块)数	40° 共长 (m)	30° 长度 (cm)	30° 根(块)数	30° 共长 (m)	20° 长度 (cm)	20° 根(块)数	20° 共长 (m)	10° 长度 (cm)	10° 根(块)数	10° 共长 (m)
1	Φ8	158.2	16	25.31	158.2	16	25.31	158.2	16	25.31	158.2	16	25.31
2	Φ8	21.0	16	3.36	21.0	16	3.36	21.0	16	3.36	21.0	16	3.36
3	Φ8	50.0	8	4.00	50.0	8	4.00	50.0	8	4.00	50.0	8	4.00
4	Φ8	246.9	8	19.75	246.9	8	19.75	246.9	8	19.75	246.9	8	19.75
5	Φ8	34.0	4	1.36	30.0	4	1.20	28.0	4	1.12	26.0	4	1.04
6	Φ8	56.0	12	6.72	56.0	12	6.72	56.0	12	6.72	56.0	12	6.72
7	Φ8	75.7	2	1.51	73.8	2	1.48	72.9	2	1.46	72.9	2	1.46
7A	Φ8	72.4	2	1.45	70.2	2	1.40	69.3	2	1.39	69.3	2	1.39
7B	Φ8	82.3	2	1.65	78.4	2	1.59	75.9	2	1.52	74.3	2	1.48
7C	Φ8	78.7	2	1.58	74.8	2	1.50	72.3	2	1.45	70.7	2	1.41
8	Φ10	26.0	32	8.32	26.0	32	8.32	26.0	32	8.32	26.0	32	8.32
9	200×200×25		8			8			8			8	

钢 材 数 量 表

规格及尺寸 (mm)	40° 共长 (m)	40° 共重 (Kg)	30° 共长 (m)	30° 共重 (Kg)	20° 共长 (m)	20° 共重 (Kg)	10° 共长 (m)	10° 共重 (Kg)
Φ8	66.78	26.4	66.29	26.2	65.92	26.0	65.92	26.0
Φ10	8.32	5.1	8.32	5.1	8.32	5.1	8.32	5.1
200×200×25		55.9		55.9		55.9		55.9
合 计		87.4		87.2		87.0		87.0

N_7、N_{7A}、N_{7B}、N_{7C}钢筋尺寸表

钢筋编号	直径 (mm)	符号	40°	30°	20°	10°
N7	Φ8	A	22.9	20.5	18.5	16.7
		B	1.4	5.7	9.2	12.2
		C	33.4	29.6	27.2	26.0
N7A	Φ8	A	21.1	18.7	16.7	14.9
		B	0.0	3.9	7.4	10.4
		C	33.4	29.6	27.2	26.0
N7B	Φ8	A	26.2	22.8	20.0	17.4
		B	4.7	8.0	10.7	12.9
		C	33.4	29.6	27.2	26.0
N7C	Φ8	A	24.4	21.0	18.2	15.6
		B	2.9	6.2	8.9	11.1
		C	33.4	29.6	27.2	26.0

附注：1．7号钢筋与9号钢垫板采用双面焊缝连接，焊缝长度不小于4厘米。
2．带悬臂边板端部开口长度与中板相同。
3．钢筋直径、钢板尺寸以毫米为单位，余均以厘米为单位。

装配式预应力砼斜空心板桥上部构造 跨 径：13米 斜交角：10°、20°、30°、40°	汽车—超20级、挂车—120 汽车—20级、挂车—100 2×净—11、2×净—9.75 净—7、净—9
板端部钢筋构造图	图号 25

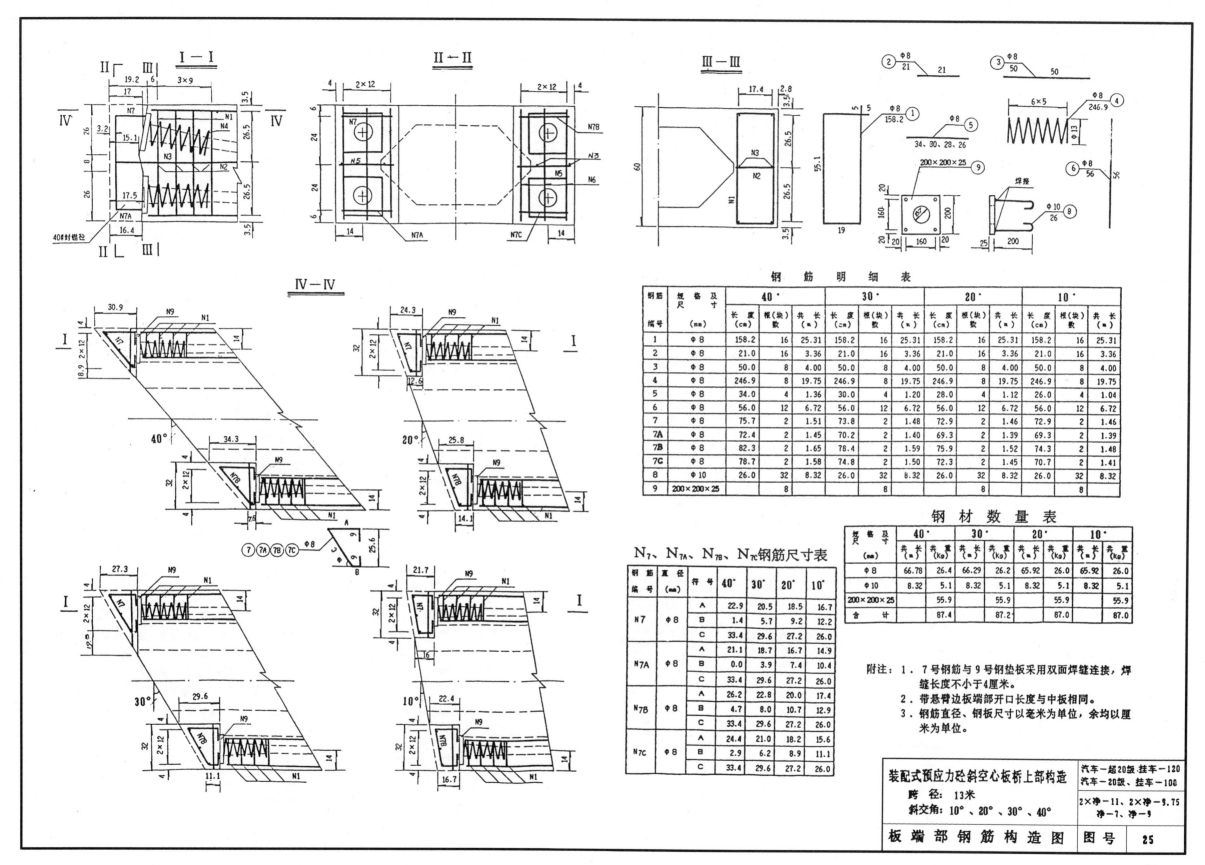

附注：

1、本图尺寸除钢筋直径以毫米计外，余均以厘米计。

2、钢筋明细表及工程数量表见图号30。

3、预应力钢筋构造及数量见图号24。

4、板端部钢筋构造及数量见图号25。

装配式预应力砼斜空心板桥上部构造 跨　径：13米 斜交角：40°	汽车－超20级.挂车－120 汽车－20级、挂车－100	
	2×净－11、2×净－9.75 净－7、净－9	
中板普通钢筋构造图(一)	图　号	26

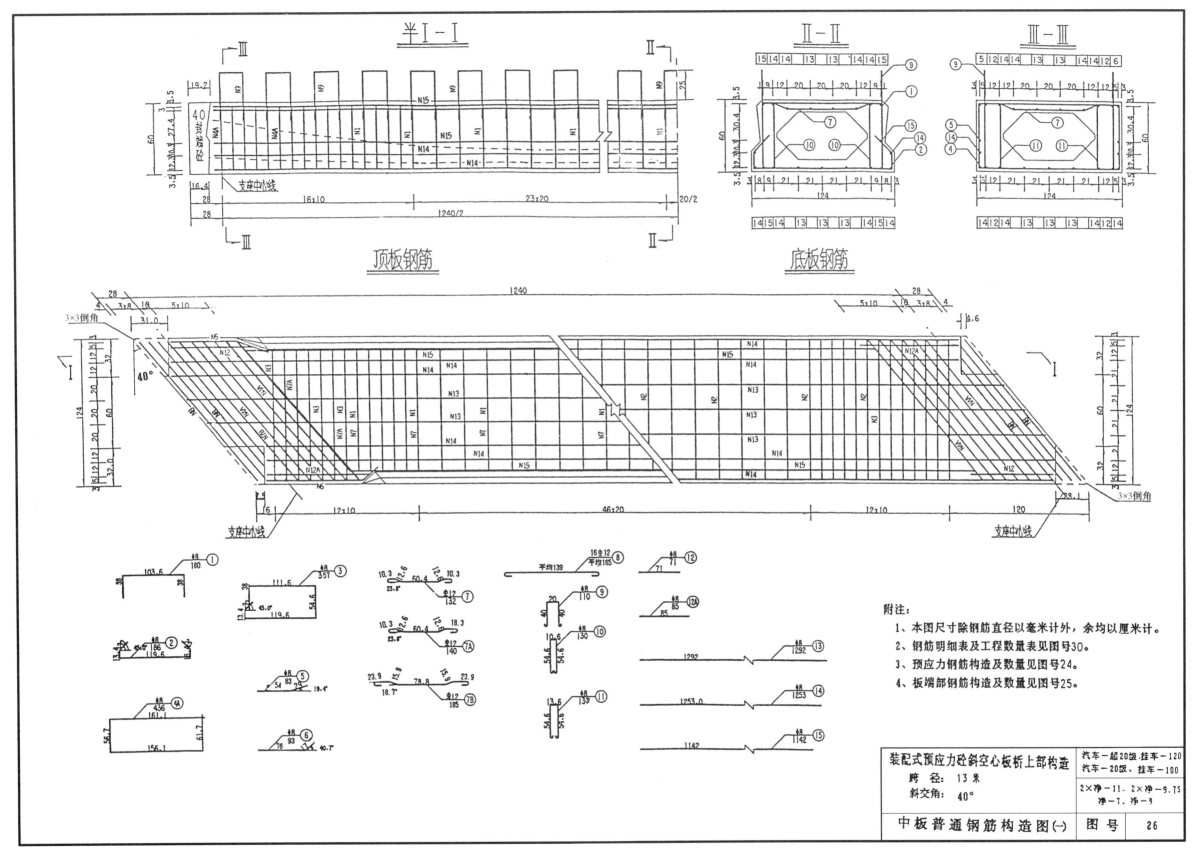

附注：

1、本图尺寸除钢筋直径以毫米计外，余均以厘米计。
2、钢筋明细表及工程数量表见图号30。
3、预应力钢筋构造及数量见图号24。
4、板端部钢筋构造及数量见图号25。

装配式预应力砼斜空心板桥上部构造 跨 径： 13 米 斜交角： 30°	汽车－超20级、挂车－120 汽车－20级、挂车－100 2×净－11、2×净－9.75 净－7、净－9	
中板普通钢筋构造图(二)	图 号	27

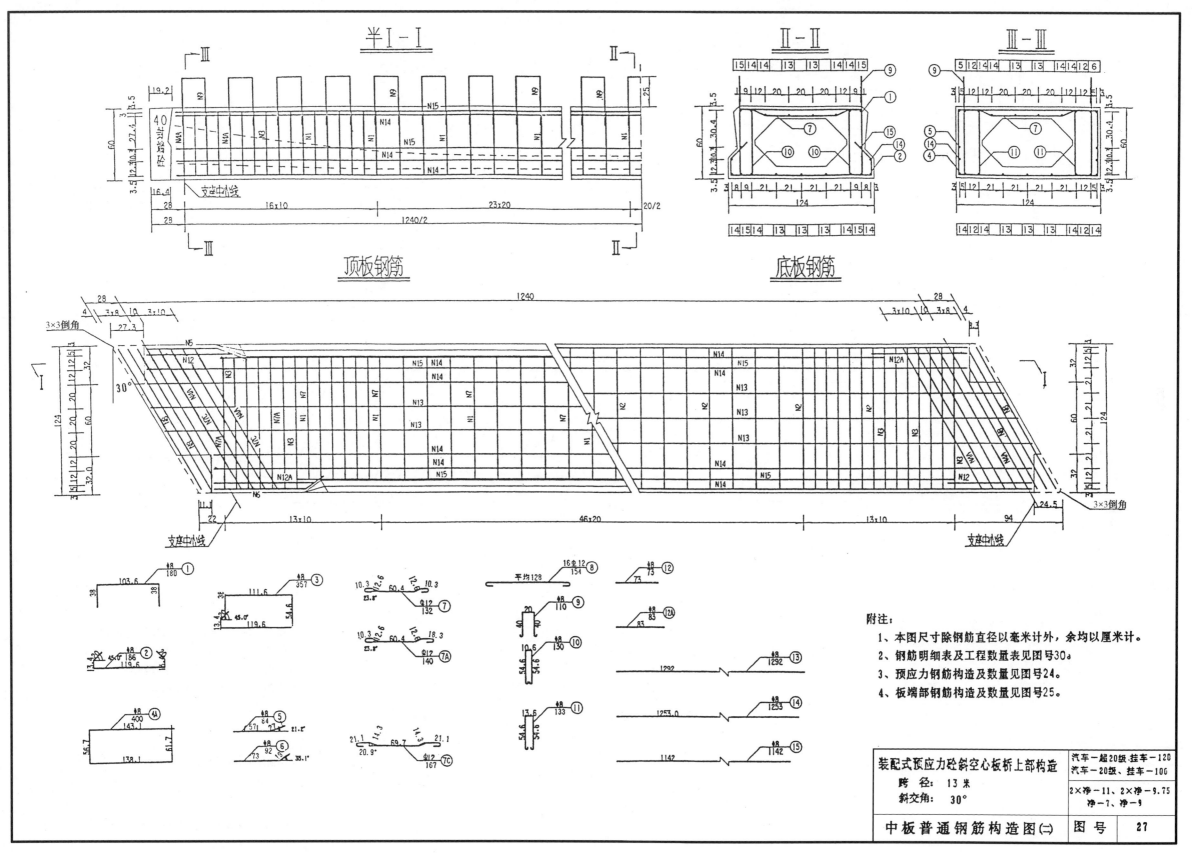

附注：

1、本图尺寸除钢筋直径以毫米计外，余均以厘米计。
2、钢筋明细表及工程数量表见图号30。
3、预应力钢筋构造及数量见图号24。
4、板端部钢筋构造及数量见图号25。

装配式预应力砼斜空心板桥上部构造 跨　径：13 米 斜交角：20°	汽车－超20级.挂车－120 汽车－20级、挂车－100 2×净－11、2×净－9.75 净－7、净－9	
中板普通钢筋构造图(三)	图 号	28

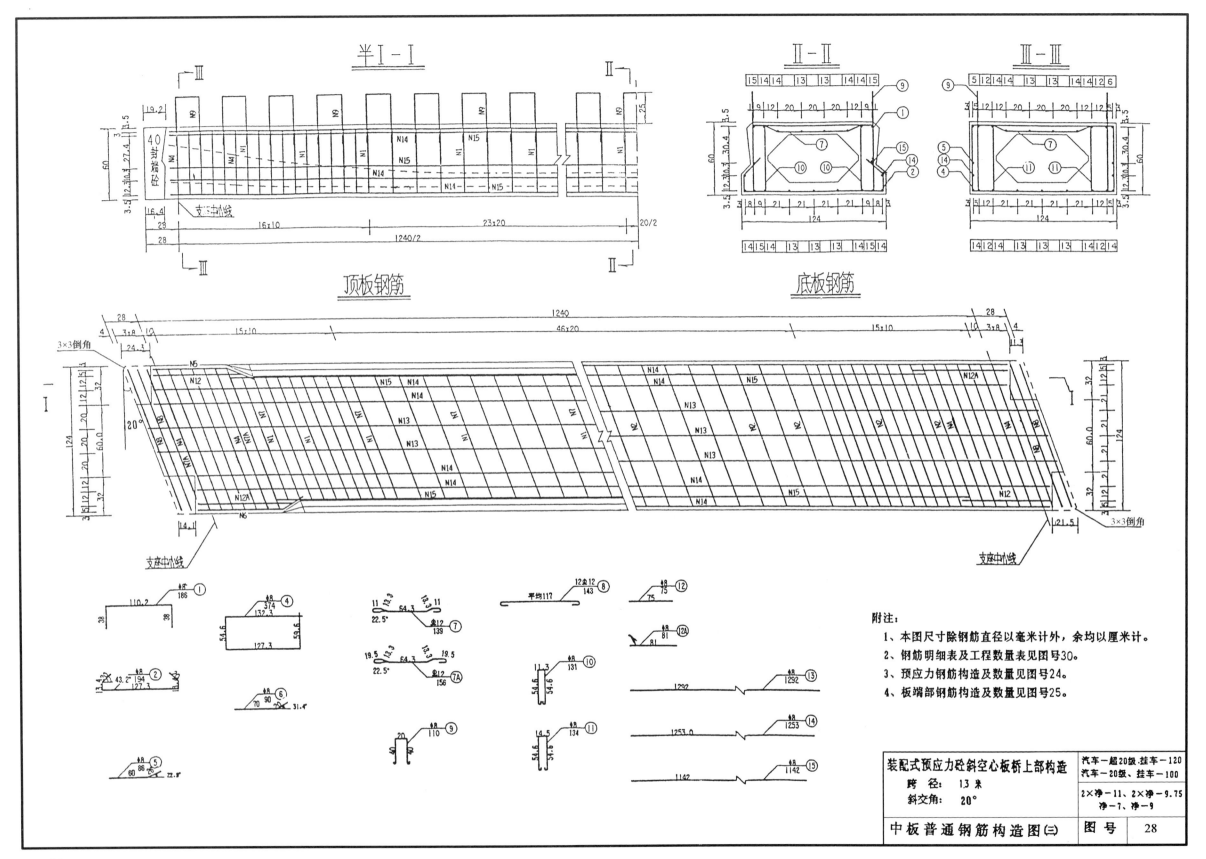

附注：

1、本图尺寸除钢筋直径以毫米计外，余均以厘米计。
2、钢筋明细表及工程数量表见图号30。
3、预应力钢筋构造及数量见图号24。
4、板端部钢筋构造及数量见图号25。

装配式预应力砼斜空心板桥上部构造 跨 径：13 米 斜交角：10°	汽车—超20级 挂车—120 汽车—20级、挂车—100 2×净—11、2×净—9.75 净—7、净—9	
中板普通钢筋构造图(四)	图 号	29

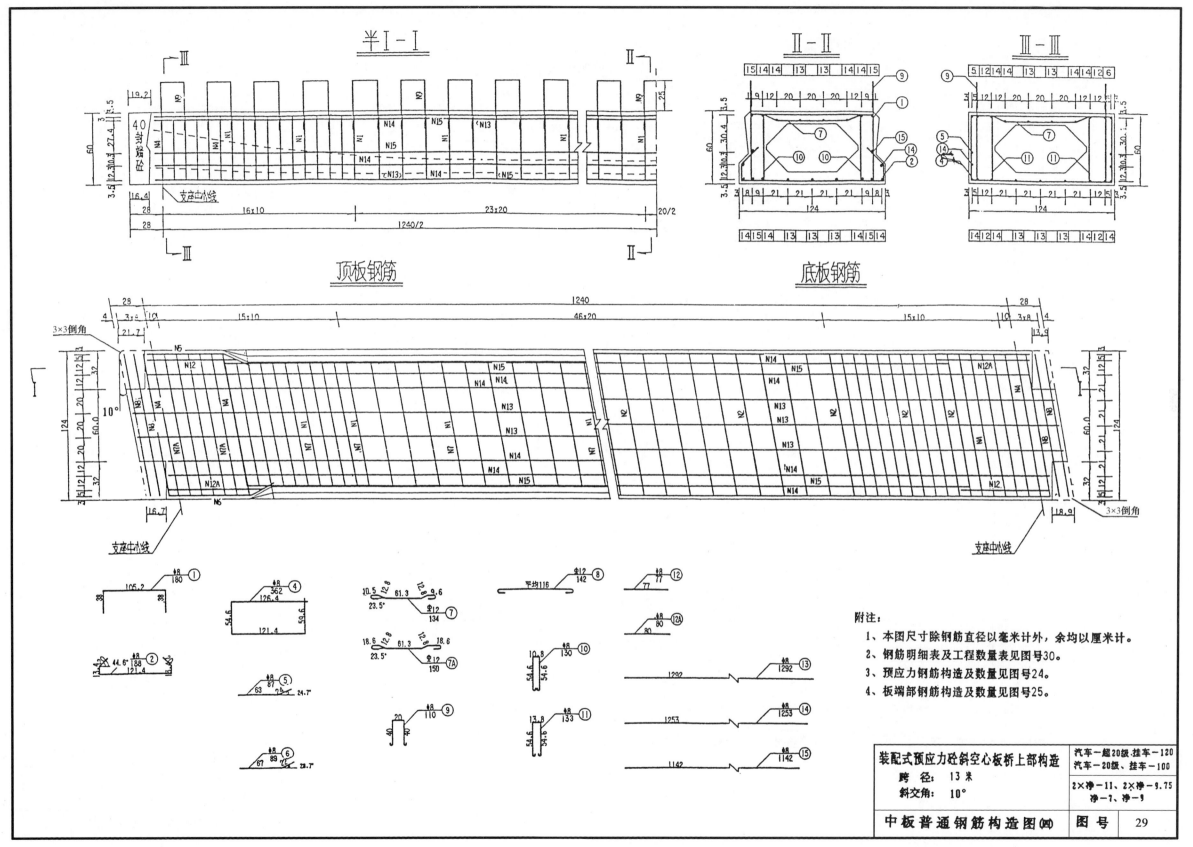

一块中板钢筋明细表及工程数量表

钢筋编号	钢筋直径(mm)	40°				30°				20°				10°			
		单根长(cm)	根数	共长(m)	共重(kg)	单根长(cm)	根数	共长(m)	共重(kg)	单根长(cm)	根数	共长(m)	共重(kg)	单根长(cm)	根数	共长(m)	共重(kg)
1	φ8	180	57	102.6		180	58	106.2		186	65	120.9		180	65	117.0	
2	φ8	186	57	106.0		186	59	109.7		194	65	126.1		188	65	122.2	
3	φ8	357	14	50.0		357	14	50.0		—	—	—		—	—	—	
4	φ8	—	—	—	125.6	—	—	—	120.5	374	14	52.4	121.0	362	14	50.7	117.3
4A	φ8	436	12	52.3		400	8	32.0		—	—	—		—	—	—	
4B	φ8	—	—	—		—	—	—		—	—	—		—	—	—	
5	φ8	83	4	3.3		84	4	3.36		86	4	3.4		87	4	3.5	
6	φ8	93	4	3.7		92	4	3.68		90	4	3.6		89	4	3.6	
7	Φ12	132	51	67.3		132	53	70.0		139	55	76.5		134	55	73.7	
7A	Φ12	140	8	11.2		140	8	11.2		156	8	12.5		150	8	12.0	
7B	Φ12	185	8	14.8		—	—	—		—	—	—		—	—	—	
7C	Φ12	—	—	—	106.3	167	6	10.0	102.8	—	—	—	94.3	—	—	—	91.2
7D	Φ12	—	—	—		—	—	—		—	—	—		—	—	—	
7E	Φ12	—	—	—		—	—	—		—	—	—		—	—	—	
8	Φ12	165	16	26.4		154	16	24.6		143	12	17.2		142	12	17.0	
9	φ8	110	64	70.4		110	64	70.4		110	64	70.4		110	64	70.4	
10	φ8	130	58	75.4		130	58	75.4		131	58	76.0		130	58	75.4	
11	φ8	133	6	8.0		133	6	8.0		134	6	8.0		133	6	8.0	
12	φ8	71	6	4.3		73	6	4.4		75	6	4.5		77	6	4.6	
12A	φ8	85	6	5.1	166.5	83	6	5.0	166.5	81	6	4.9	166.8	80	6	4.8	166.5
13	φ8	1292	5	64.6		1292	5	64.6		1292	5	64.6		1292	5	64.6	
14	φ8	1253	10	125.3		1253	10	125.3		1253	10	125.3		1253	10	125.3	
14A	φ8	—	—	—		—	—	—		—	—	—		—	—	—	
15	φ8	1142	6	68.5		1142	6	68.5		1142	6	68.5		1142	6	68.5	
40号砼(m³)		6.0				6.0				6.0				6.0			

注：

1、本表只列入预制板普通钢筋数量，板端构造钢筋见图号25 。预应力钢筋见图号24 。

2、40号砼数量已包括封锚及封端部分数量。

3、N7(N7A、N7B、N7C、N7D、N7E)钢筋间距为20cm；N10(N11)钢筋间距为40cm。

装配式预应力砼斜空心板桥上部构造 跨径：13米 斜交角：10°、20°、30°、40°	汽车—超20级.挂车—120 汽车—20级、挂车—100 2×净—11、2×净—9.75 净—7、净—9	
一块中板工程数量表	图号	30

附注：

1、本图尺寸除钢筋直径以毫米计外，余均以厘米计。
2、钢筋明细表及工程数量表见图号35。
3、预应力钢筋构造及数量见图号24。
4、板端部钢筋构造及数量见图号25。

装配式预应力砼斜空心板桥上部构造 跨径：13 米 斜交角：40°	汽车—超20级、挂车—120 汽车—20级、挂车—100 2×净—11、2×净—9.75 净—7、净—9	
边板（I）普通钢筋构造图（一）	图号	31

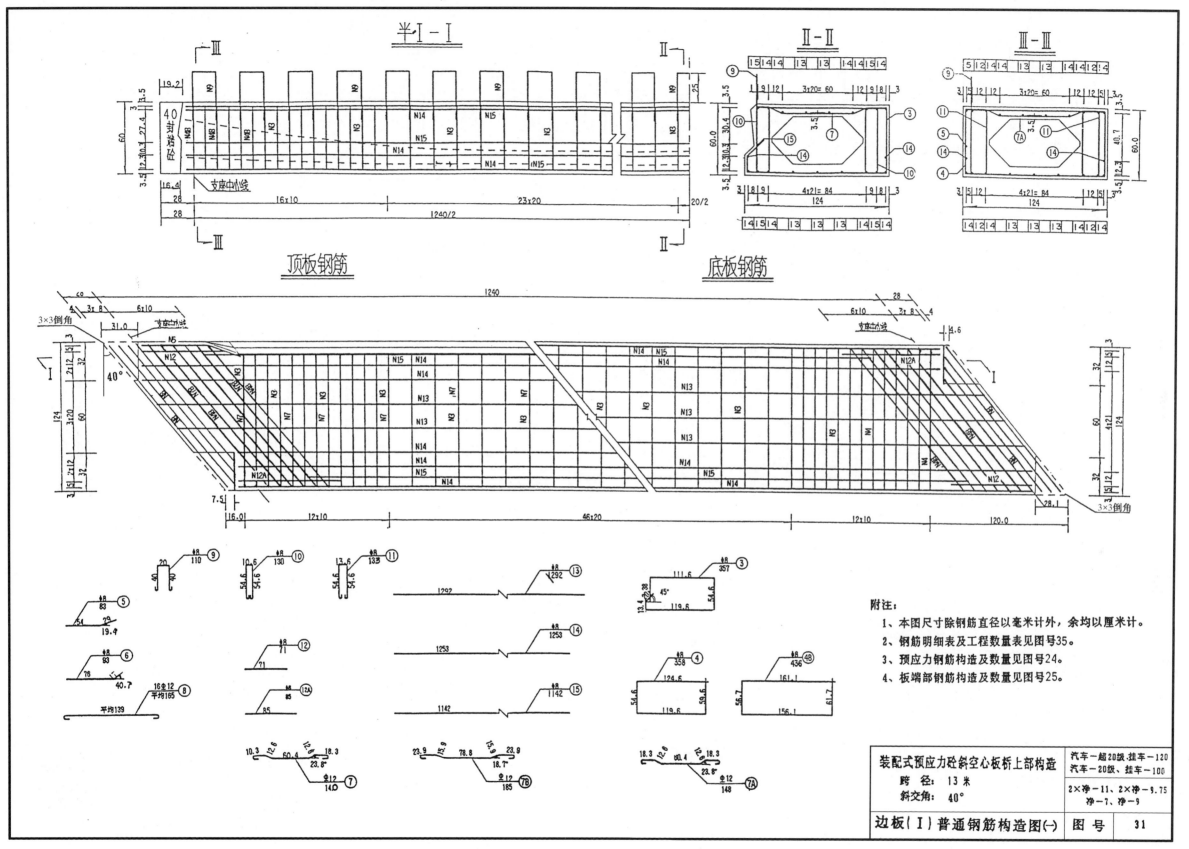

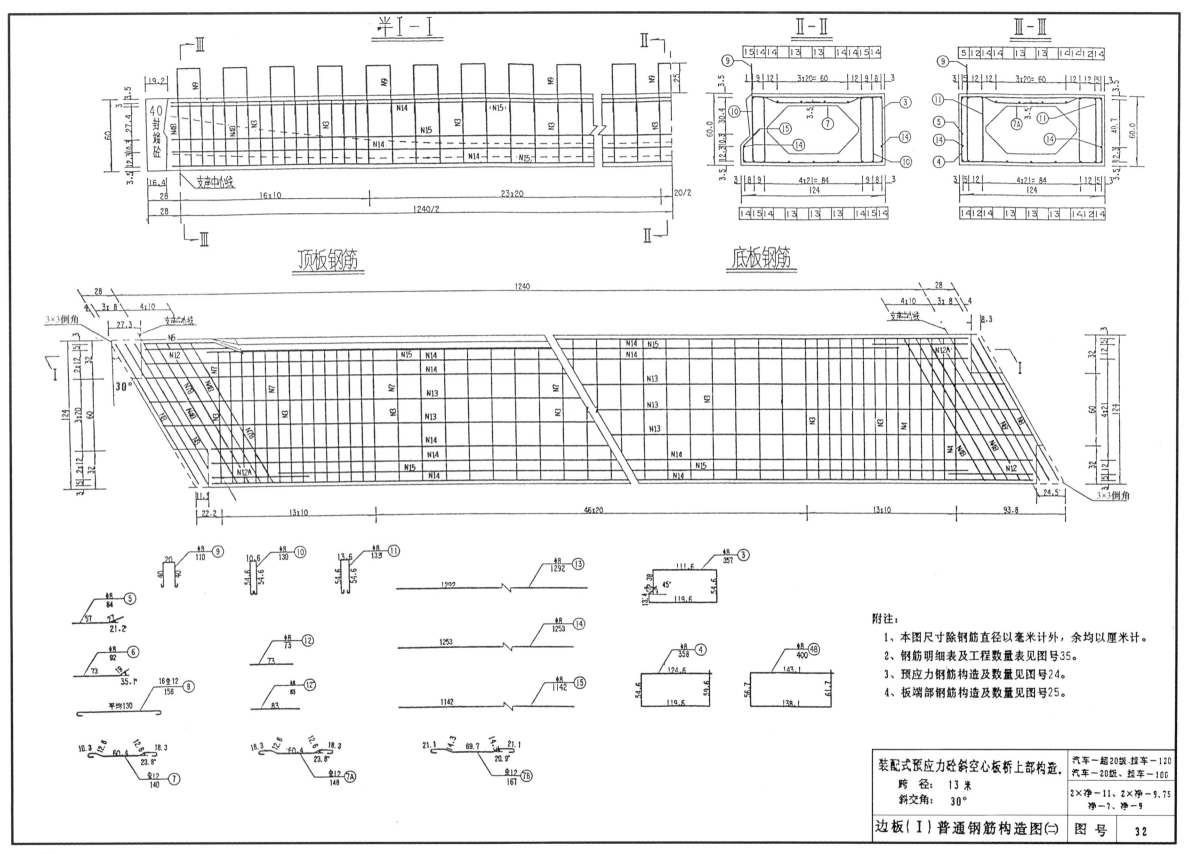

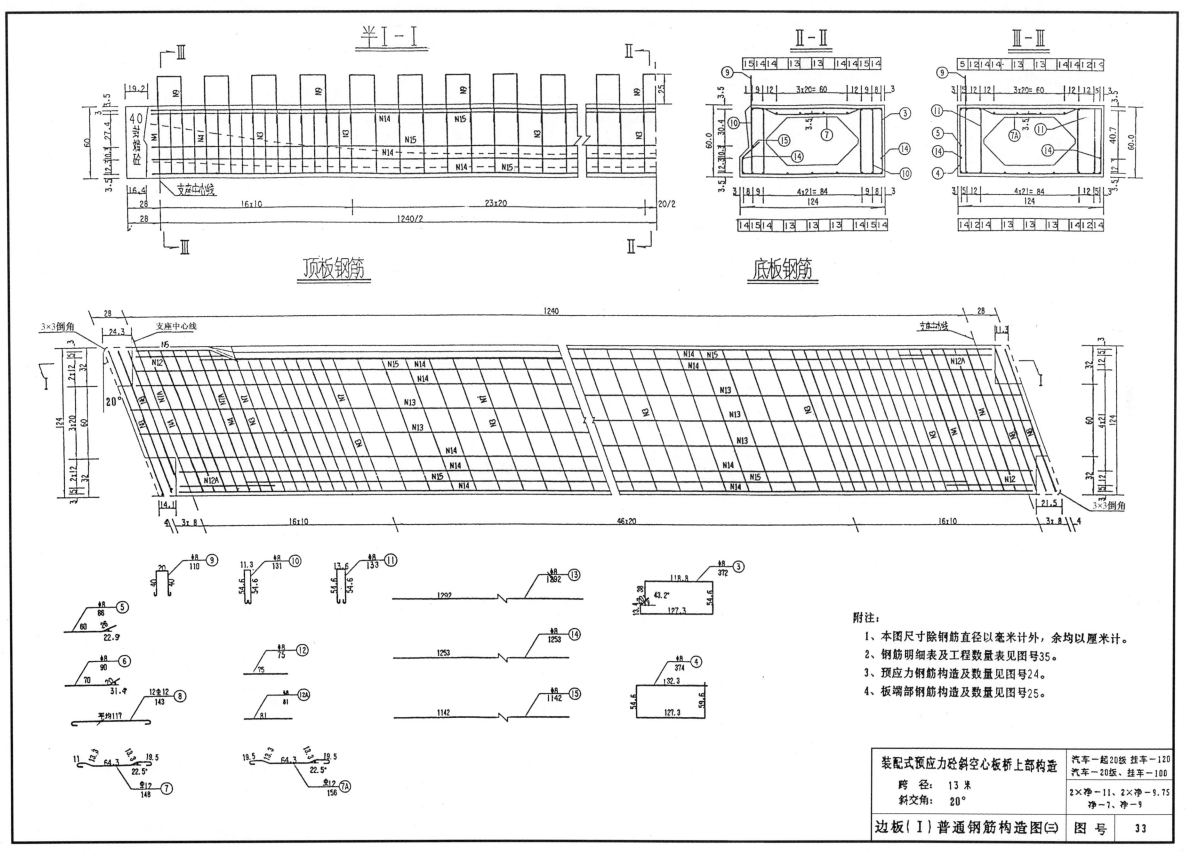

附注：

1、本图尺寸除钢筋直径以毫米计外，余均以厘米计。
2、钢筋明细表及工程数量表见图号35。
3、预应力钢筋构造及数量见图号24。
4、板端部钢筋构造及数量见图号25。

装配式预应力砼斜空心板桥上部构造 跨 径：13米 斜交角：10°	汽车—超20级 挂车—120 汽车—20级、挂车—100	
	2×净—11、2×净—9.75 净—7、净—9	
边板(I)普通钢筋构造图(四)	图 号	34

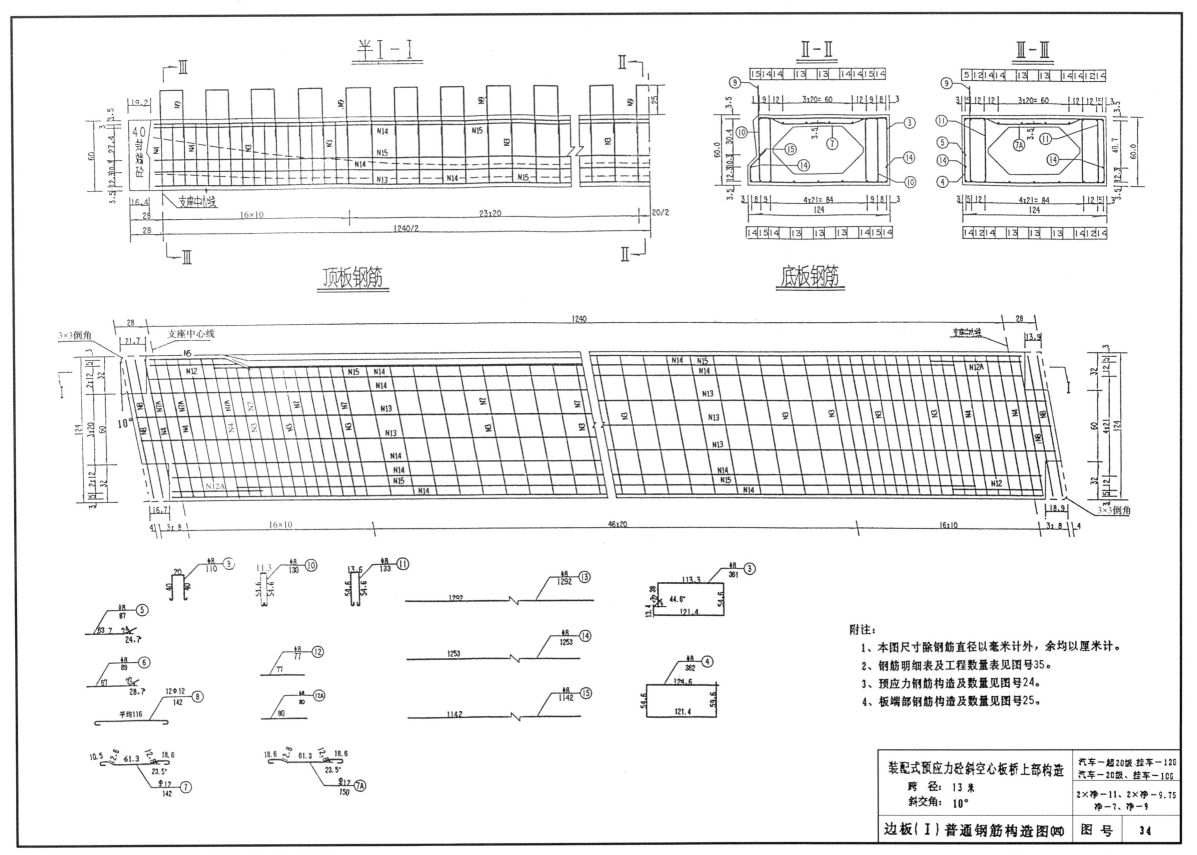

一块边板（Ⅰ）钢筋明细表及工程数量表

钢筋编号	钢筋直径(mm)	40° 单根长(cm)	40° 根数	40° 共长(m)	40° 共重(kg)	30° 单根长(cm)	30° 根数	30° 共长(m)	30° 共重(kg)	20° 单根长(cm)	20° 根数	20° 共长(m)	20° 共重(kg)	10° 单根长(cm)	10° 根数	10° 共长(m)	10° 共重(kg)
1	φ8	—	—	—		—	—	—		—	—	—		—	—	—	
2	φ8	—	—	—		—	—	—		—	—	—		—	—	—	
3	φ8	357	65	232.1		357	67	239.2		372	65	241.8		361	65	234.7	
4	φ8	358	6	21.5	122.2	358	6	21.5	117.0	374	14	52.4	117.6	362	14	50.7	114.1
4A	φ8	—	—	—		—	—	—		—	—	—		—	—	—	
4B	φ8	436	12	52.3		400	8	32.0		—	—	—		—	—	—	
5	φ8	83	2	1.7		84	2	1.7		86	2	1.7		87	2	1.7	
6	φ8	93	2	1.8		92	2	1.8		90	2	1.8		89	2	1.8	
7	Φ12	140	56	78.4		140	57	79.8		148	55	81.4		142	55	78.1	
7A	Φ12	148	3	4.4		148	4	5.9		156	8	12.5		150	8	12.0	
7B	Φ12	185	8	14.8		167	6	10.0		—	—	—		—	—	—	
7C	Φ12	—	—	—	110.1	—	—	—	107.2	—	—	—	98.7	—	—	—	95.1
7D	Φ12	—	—	—		—	—	—		—	—	—		—	—	—	
7E	Φ12	—	—	—		—	—	—		—	—	—		—	—	—	
8	Φ12	165	16	26.4		156	16	25.0		143	12	17.2		142	12	17.0	
9	φ8	110	32	35.2		110	32	35.2		110	32	35.2		110	32	35.2	
10	φ8	130	58	75.4		130	58	75.4		131	58	76.0		130	58	75.4	
11	φ8	133	6	8.0		133	6	8.0		133	6	8.0		133	6	8.0	
12	φ8	71	5	3.6		73	5	3.6		75	5	3.8		77	5	3.9	
12A	φ8	85	5	4.3	152.5	83	5	4.3	152.5	81	5	4.1	152.7	80	5	4.0	152.5
13	φ8	1292	5	64.6		1292	5	64.6		1292	5	64.6		1292	5	64.6	
14	φ8	1253	11	137.8		1253	11	137.8		1253	11	137.8		1253	11	137.8	
14A	φ8	—	—	—		—	—	—		—	—	—		—	—	—	
15	φ8	1142	5	57.1		1142	5	57.1		1142	5	57.1		1142	5	57.1	
40号砼 (m³)		6.3				6.3				6.3				6.3			

注：
1、本表只列入预制板普通钢筋数量，板端构造钢筋见图号25 。预应力钢筋见图号24。
2、40号砼数量已包括封锚及封端部分数量。
3、N7（N7A、N7B、N7C、N7D、N7E）钢筋间距为20cm；N10（N11）钢筋间距为40cm。

装配式预应力砼斜空心板桥上部构造 跨径：13米 斜交角：10°、20°、30°、40°	汽车－超20级·挂车－120 汽车－20级、挂车－100	2×净－11、2×净－9.75 净－7、净－9
一块边板（Ⅰ）工程数量表	图号	35

附注：

1、本图尺寸除钢筋直径以毫米计外，余均以厘米计。

2、钢筋明细表及工程数量表见图号40。

3、预应力钢筋构造及数量见图号24。

4、板端部钢筋构造及数量见图号25。

装配式预应力砼斜空心板桥上部构造 跨 径：13 米 斜交角：40°	汽车－超20级、挂车－120 汽车－20级、挂车－100 2×净－11、2×净－9.75 净－7、净－9	
边板（II）普通钢筋构造图(一)	图 号	36

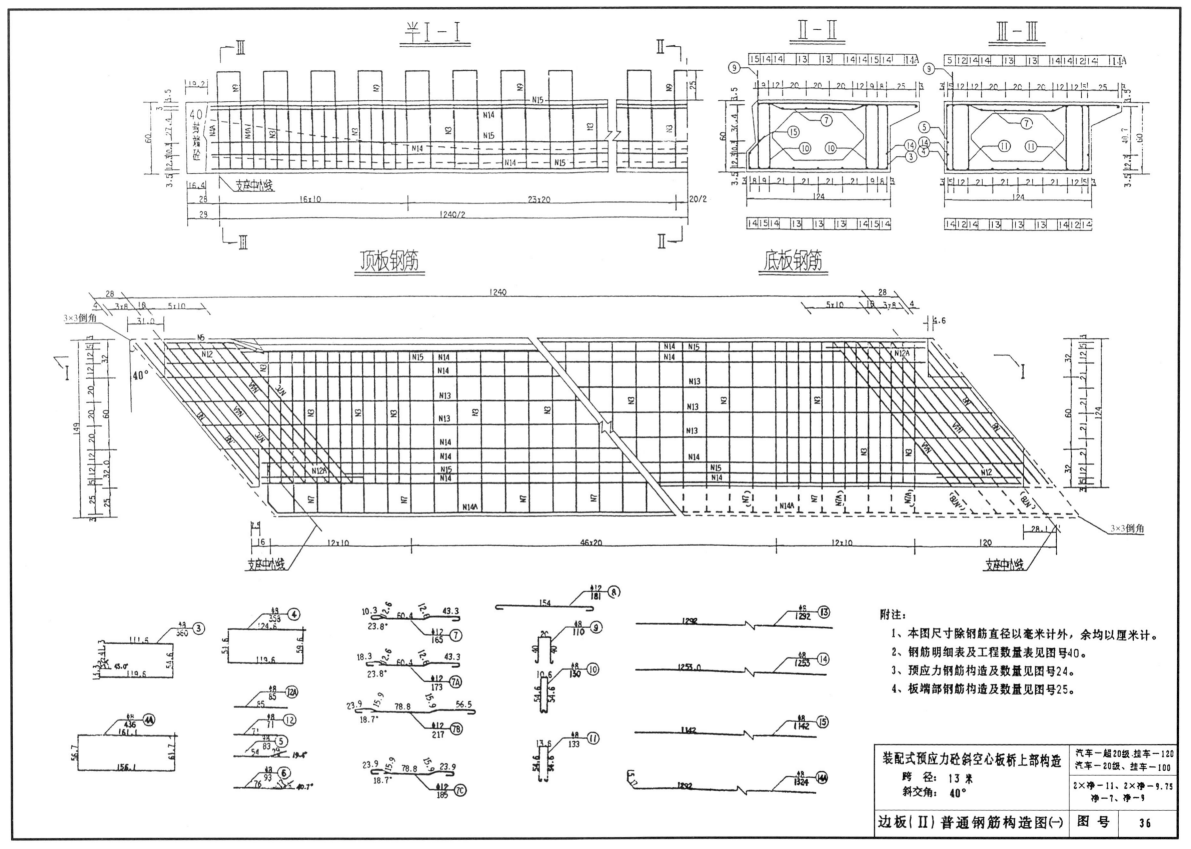

附注：

1、本图尺寸除钢筋直径以毫米计外，余均以厘米计。
2、钢筋明细表及工程数量表见图号40。
3、预应力钢筋构造及数量见图号24。
4、板端部钢筋构造及数量见图号25。

装配式预应力砼斜空心板桥上部构造 跨径：13米 斜交角：30°	汽车一超20级、挂车一120 汽车一20级、挂车一100 2×净一11、2×净一9.75 净一7、净一9	
边板(II)普通钢筋构造图(二)	图号	37

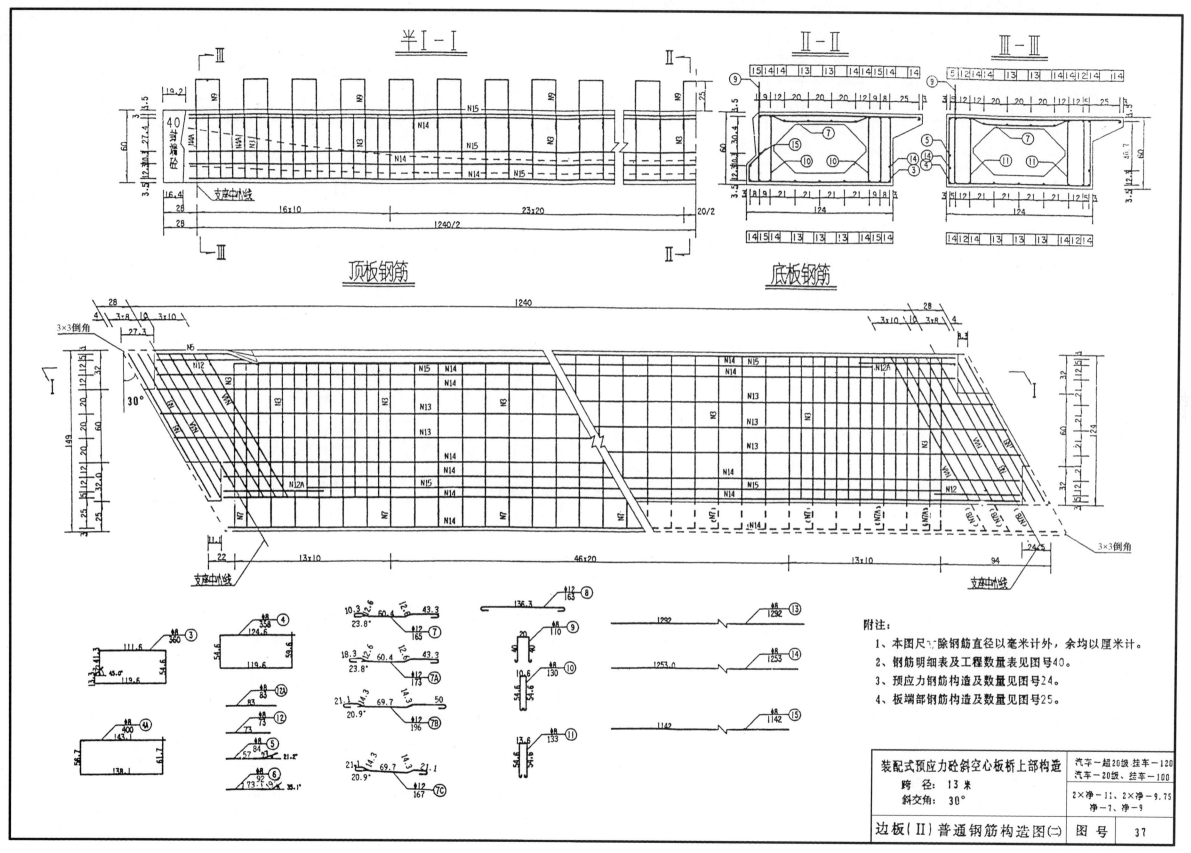

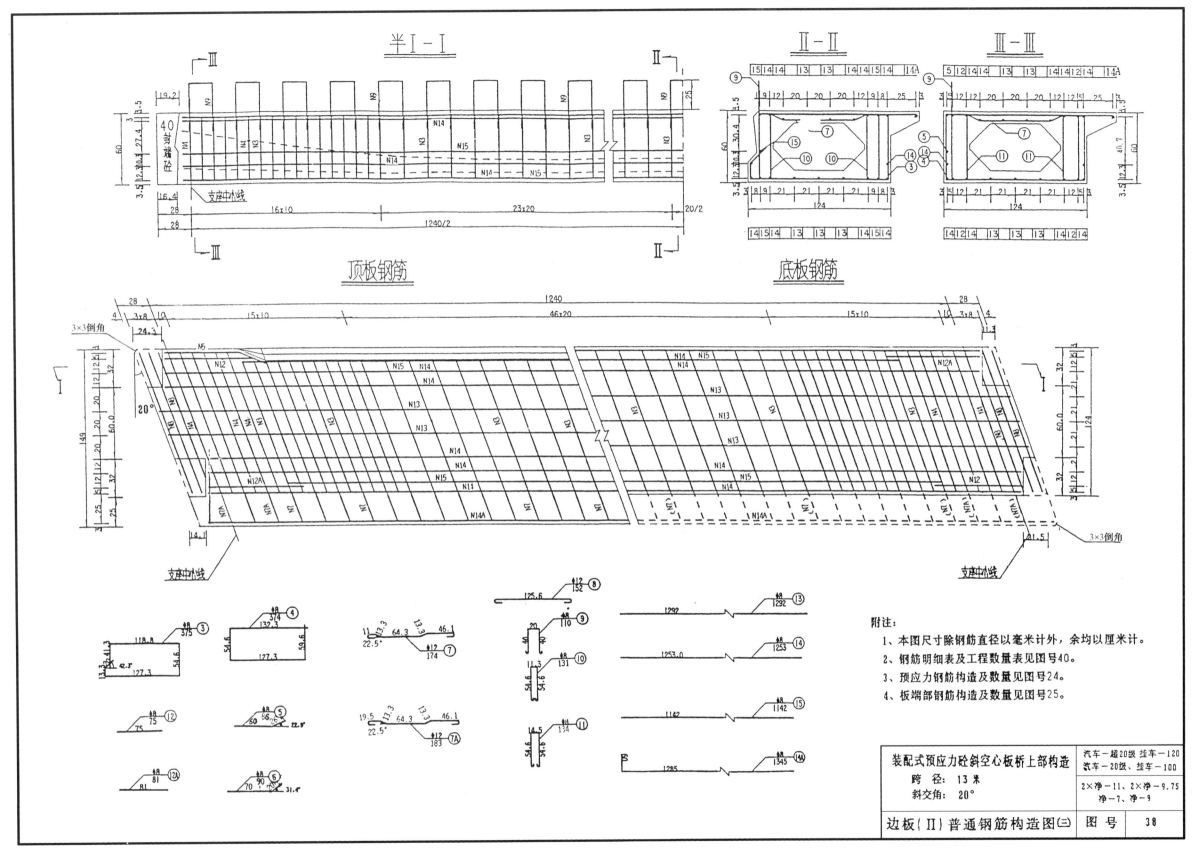

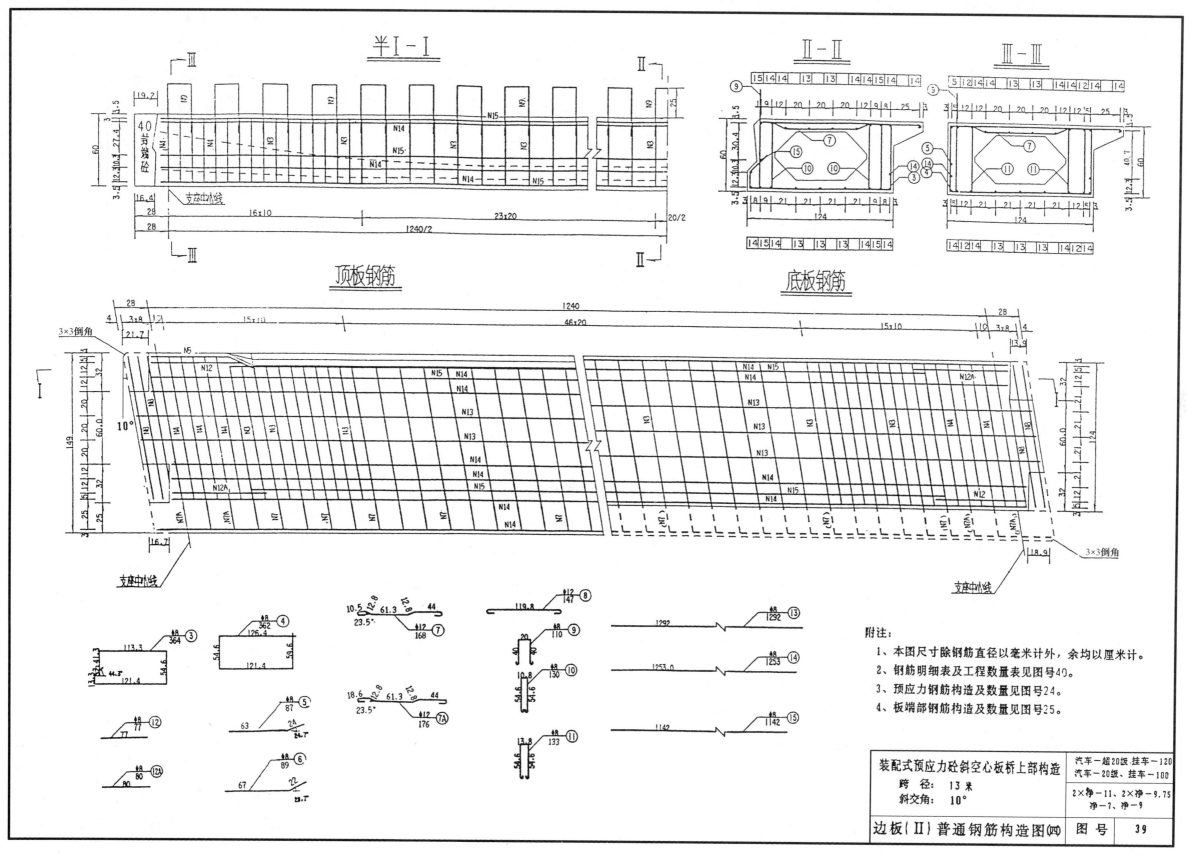

一块边板(Ⅱ)钢筋明细表及工程数量表

钢筋编号	钢筋直径(mm)	40° 单根长(cm)	40° 根数	40° 共长(m)	40° 共重(kg)	30° 单根长(cm)	30° 根数	30° 共长(m)	30° 共重(kg)	20° 单根长(cm)	20° 根数	20° 共长(m)	20° 共重(kg)	10° 单根长(cm)	10° 根数	10° 共长(m)	10° 共重(kg)
1	φ8	—	—	—	123.0	—	—	—	117.8	—	—	—	118.4	—	—	—	114.9
2	φ8	—	—	—		—	—	—		—	—	—		—	—	—	
3	φ8	360	65	234.0		360	67	241.2		375	67	251.3		364	67	243.9	
4	φ8	358	6	21.5		358	6	21.5		374	12	44.9		362	12	43.4	
4A	φ8	436	12	52.3		400	8	32.0		—	—	—		—	—	—	
4B	φ8	—	—	—		—	—	—		—	—	—		—	—	—	
5	φ8	83	2	1.7		84	2	1.7		86	2	1.7		87	2	1.7	
6	φ8	93	2	1.9		92	2	1.8		90	2	1.8		89	2	1.8	
7	Φ12	165	54	89.1	125.3	165	57	94.1	122.5	174	57	99.2	114.0	168	57	95.8	110.1
7A	Φ12	173	4	6.9		173	4	6.9		183	6	11.0		176	6	10.6	
7B	Φ12	217	4	8.7		196	3	5.9		—	—	—		—	—	—	
7C	Φ12	185	4	7.4		167	3	5.0		—	—	—		—	—	—	
7D	Φ12	—	—	—		—	—	—		—	—	—		—	—	—	
7E	Φ12	—	—	—		—	—	—		—	—	—		—	—	—	
8	Φ12	181	16	29.0		163	16	26.1		152	12	18.2		147	12	17.6	
9	φ8	110	32	35.2	157.7	110	32	35.2	157.4	110	32	35.2	158.0	110	32	35.2	157.4
10	φ8	130	58	75.4		130	58	75.4		131	58	76.0		130	58	75.4	
11	φ8	133	6	8.0		133	6	8.0		134	6	8.0		133	6	8.0	
12	φ8	71	5	3.6		73	5	3.7		75	5	3.8		77	5	3.9	
12A	φ8	85	5	4.3		83	5	4.2		81	5	4.1		80	5	4.0	
13	φ8	1292	5	64.6		1292	5	64.6		1292	5	64.6		1292	5	64.6	
14	φ8	1253	11	137.8		1253	12	150.4		1253	11	137.8		1253	12	150.4	
14A	φ8	1324	1	13.2		—	—	—		1345	1	13.5		—	—	—	
15	φ8	1142	5	57.1		1142	5	57.1		1142	5	57.1		1142	5	57.1	
40号砼(m³)		6.8				6.8				6.8				6.8			

注：
1、本表只列入预制板普通钢筋数量，板端构造钢筋见图号25。预应力钢筋见图号24。
2、40号砼数量已包括封锚及封端部分数量。
3、N7(N7A、N7B、N7C、N7D、N7E)钢筋间距为20cm；N10(N11)钢筋间距为40cm。

装配式预应力砼斜空心板桥上部构造
跨径：13米
斜交角：10°、20°、30°、40°
汽车—超20级、挂车—120
汽车—20级、挂车—100
2×净—11、2×净—9.75
净—7、净—9

一块边板(Ⅱ)工程数量表 图号 40

预应力钢束曲线座标

钢束号	水平座标X / 竖直座标	0 跨中截面	50	100	150	200	250	300	350	400	450	500	550	600	650	700	750	780 锚固截面
1	y	8.5	8.5	8.5	8.5	8.5	8.5	8.5	8.5	8.5	8.5	8.5	8.5	8.5	9.1	10.6	12.7	14.0
2	y	19.5	19.5	19.5	19.5	19.5	19.5	19.5	19.5	19.5	19.5	20.4	23.2	28.1	35.1	44.1	54.6	61.0

一块板钢绞线材料数量表

钢绞线编号	直径(mm)	每根长度(cm)	根数	共长(m)	单位重(kg/m)	共重(kg)
1	ϕ15	1728.1	12	207.37	1.088	452.1
2	ϕ15	1734.8	12	208.18		

附注

1. 本图尺寸以厘米计，钢绞线直径以毫米计。
2. 预应力钢束曲线竖向座标值为钢束重心至梁底距离。
3. 钢绞线孔道直径为66毫米。

装配式预应力砼斜空心板桥上部构造 跨径：16米 斜交角：10°、20°、30°、40°	汽车—超20级 挂车—120 汽车—20级、挂车—100 2×净—11、2×净—9.75 净—7、净—9
预应力钢筋构造图	图号 41

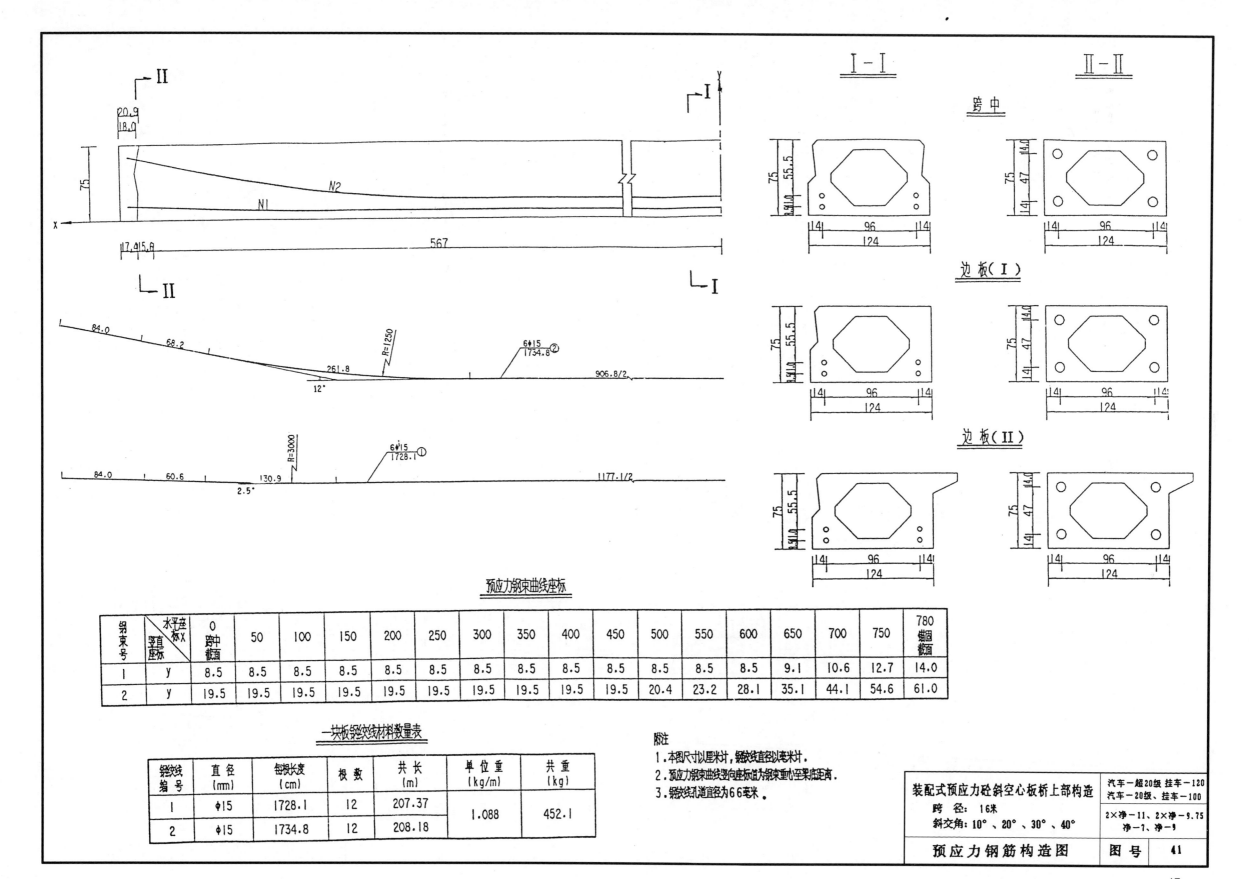

钢筋明细表

钢筋编号	规格及尺寸 (mm)	40			30°			20°			10°		
		长度 (cm)	根(块)数	共长 (m)	长度 (cm)	根(块)数	共长 (m)	长度 (cm)	根(块)数	共长 (m)	长度 (cm)	根(块)数	共长 (m)
1	Φ8	71.9	8	5.75	71.9	8	5.75	71.9	8	5.75	71.9	8	5.75
2	Φ8	188.2	16	30.11	188.2	16	30.11	188.2	16	30.11	188.2	16	30.11
3	Φ8	21.0	40	8.40	21.0	40	8.40	21.0	40	8.40	21.0	40	8.40
4	Φ8	50.0	8	4.00	50.0	8	4.00	50.0	8	4.00	50.0	8	4.00
5	Φ8	265.6	8	21.25	265.6	8	21.25	265.6	8	21.25	265.6	8	21.25
6	Φ8	34.0	8	2.72	30.0	8	2.24	28.0	8	2.24	26.0	8	2.08
7	Φ8	78.7	2	1.57	76.8	2	1.52	75.9	2	1.52	75.9	2	1.52
7A	Φ8	74.1	2	1.48	72.2	2	1.43	71.3	2	1.43	71.3	2	1.42
7B	Φ8	85.3	2	1.71	81.4	2	1.53	78.9	2	1.58	77.3	2	1.55
7C	Φ8	80.7	2	1.62	76.8	2	1.49	74.3	2	1.49	72.7	2	1.45
8	Φ8	71.0	12	8.52	71.0	12	8.52	71.0	12	8.52	71.0	12	8.52
9	Φ10	26.0	32	8.32	26.0	32	8.32	26.0	32	8.32	26.0	32	8.32
10	220×220×30		8			8			8			8	

N7、N7A、N7B、N7C钢筋尺寸表

钢筋编号	直径 (mm)	符号	50°	30°	20°	10°
N7	Φ8	A	24.4	22.0	20.0	18.2
		B	2.9	7.2	10.7	13.7
		C	33.4	29.6	27.2	26.0
N7A	Φ8	A	22.1	19.7	17.7	15.9
		B	0.6	4.9	8.4	11.4
		C	33.4	29.6	27.2	26.0
N7B	Φ8	A	27.7	24.3	21.5	18.9
		B	6.2	9.5	12.2	14.4
		C	33.4	29.6	27.2	26.0
N7C	Φ8	A	25.4	22.0	19.2	16.6
		B	3.9	7.2	9.9	12.1
		C	33.4	29.6	27.2	26.0

钢材数量表

规格及尺寸 (mm)	40°		30°		20°		10°	
	共长 (m)	共重 (Kg)	共长 (m)	共重 (Kg)	共长 (m)	共重 (Kg)	共长 (m)	共重 (Kg)
Φ8	87.12	34.4	109.95	34.2	86.29	34.1	86.06	34.0
Φ10	8.32	5.1	8.32	5.1	8.32	5.1	8.32	5.1
220×220×30		61.4		61.4		61.4		61.4
合计		100.9		100.7		100.6		100.5

附注：1．7号钢筋与10号钢垫板采用双面电焊连续，焊缝长度不小于4厘米。
2．带悬臂边板端部开口长度与中板相同。
3．钢筋直径、钢板尺寸以毫米为单位，余均以厘米为单位。

装配式预应力砼斜空心板桥上部构造。 跨径：16米 斜交角：10°、20°、30°、40°	汽车—超20级 挂车—120 汽车—20级、挂车—100 2×净—11、2×净—9.75 净—7、净—9	
板端部钢筋构造图	图号	42

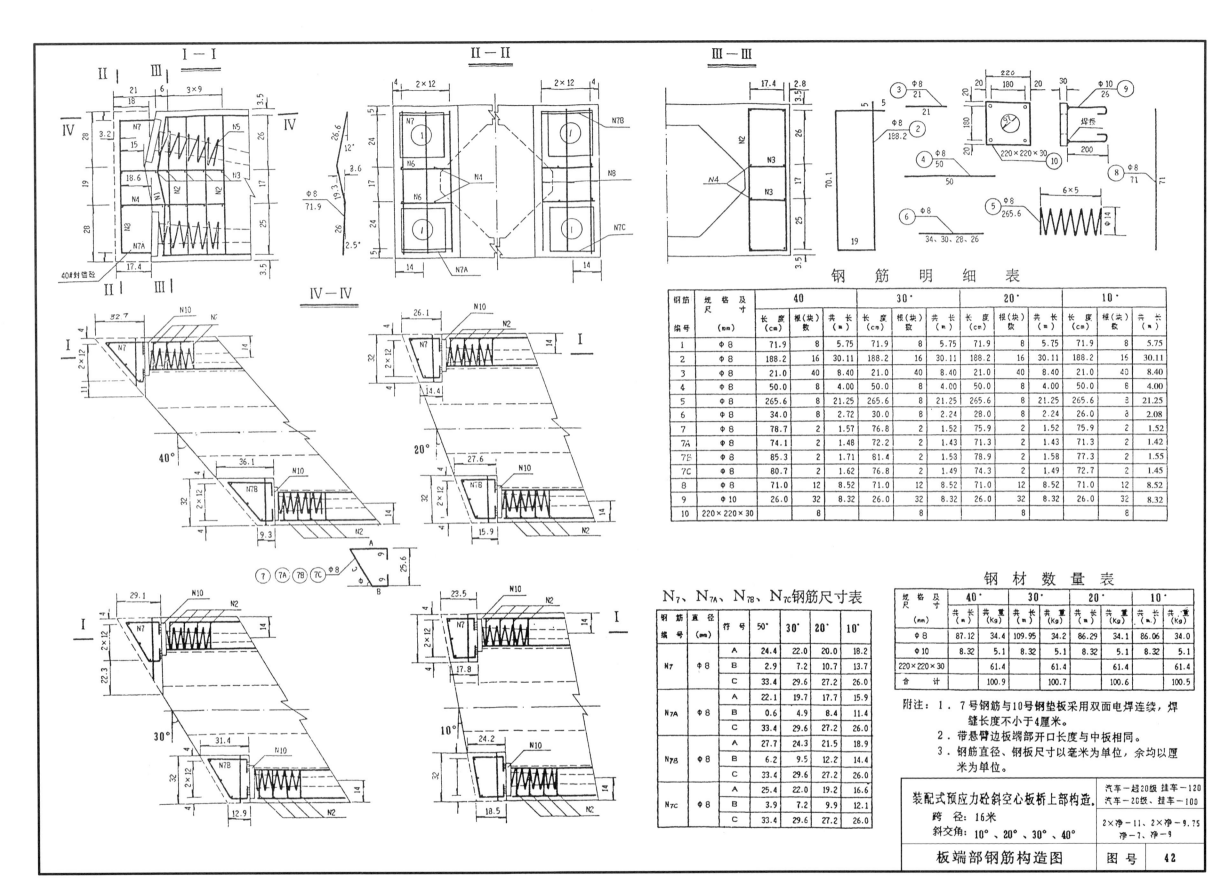

半Ⅰ－Ⅰ

Ⅱ－Ⅱ

Ⅲ－Ⅲ

顶板钢筋　　　底板钢筋

附注：

1、本图尺寸除钢筋直径以毫米计外，余均以厘米计。
2、钢筋明细表及工程数量表见图号47。
3、预应力钢筋构造及数量见图号41。
4、板端部钢筋构造及数量见图号42。

装配式预应力砼斜空心板桥上部构造 跨　径：　16 米 斜交角：　40°	汽车－超20级 挂车－120 汽车－20级、挂车－100 2×净－11、2×净－9.75 净－7、净－9	
中板普通钢筋构造图(一)	图 号	43

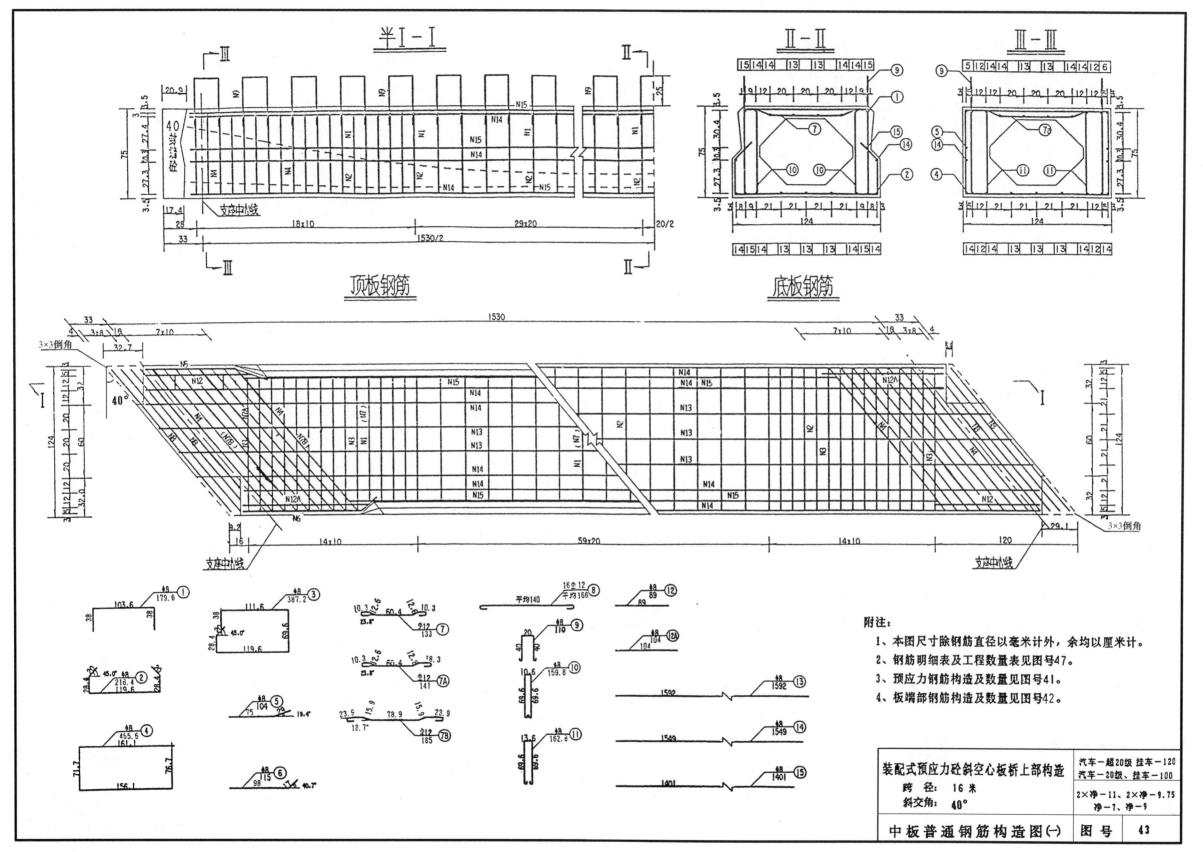

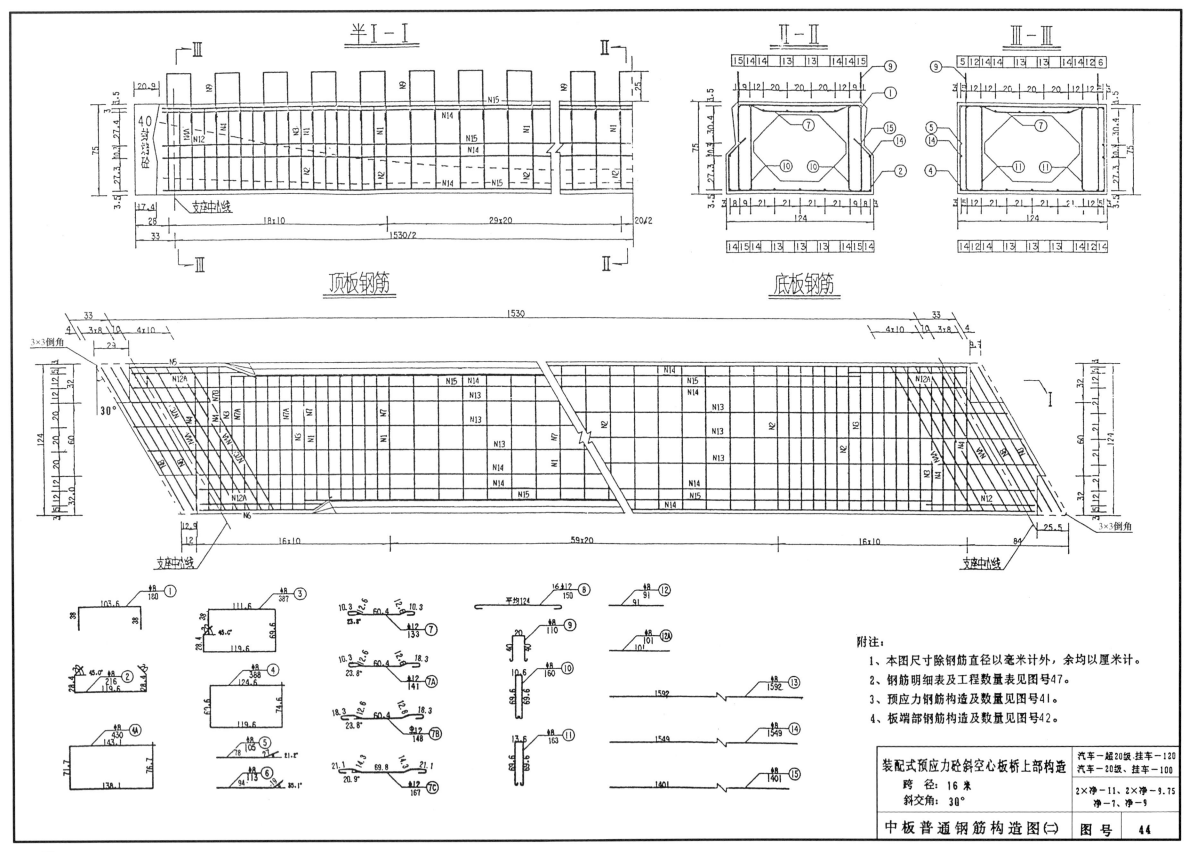

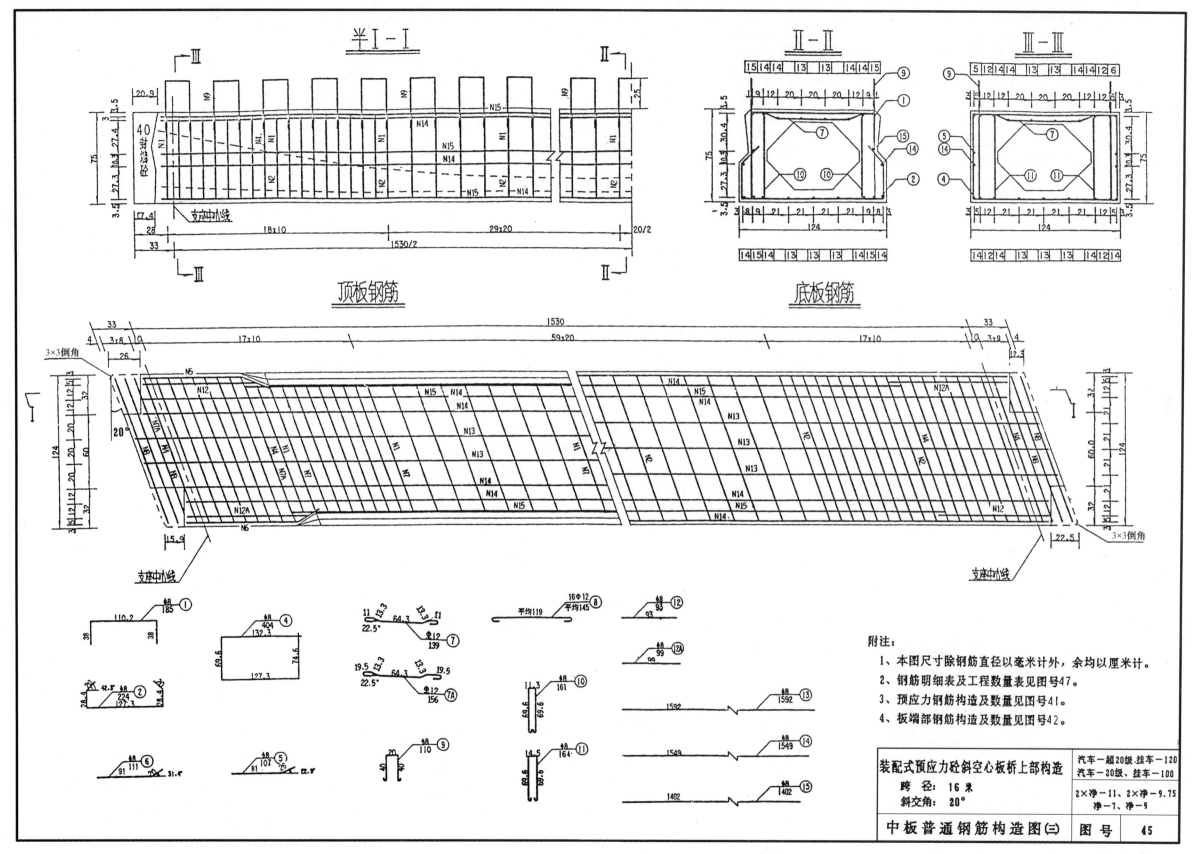

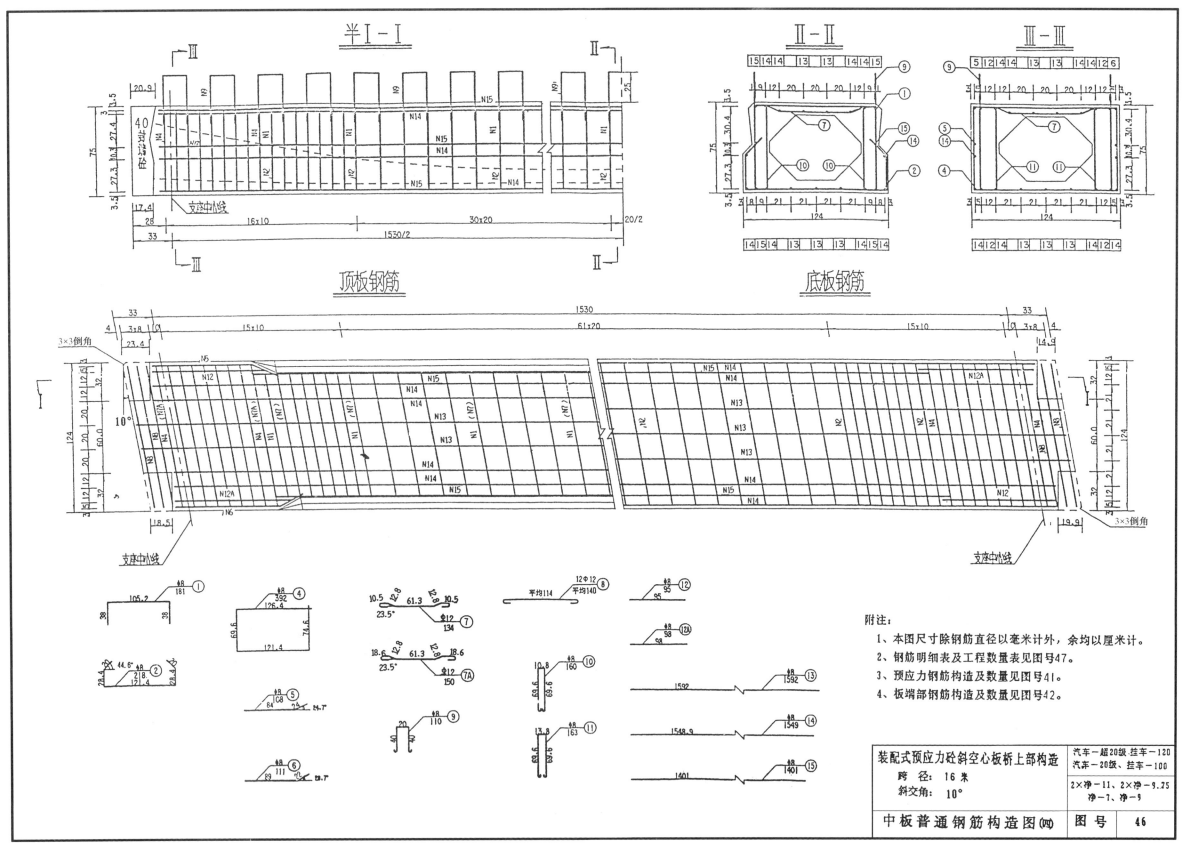

一块中板钢筋明细表及工程数量表

钢筋编号	钢筋直径(mm)	40°				30°				20°				10°			
		单根长(cm)	根数	共长(m)	共重(kg)	单根长(cm)	根数	共长(m)	共重(kg)	单根长(cm)	根数	共长(m)	共重(kg)	单根长(cm)	根数	共长(m)	共重(kg)
1	Φ 8	180	68	122.4	169.9	180	72	129.6	163.7	185	78	144.3	156.2	181	78	141.2	154.2
2	Φ 8	216	68	146.9		216	72	155.5		224	78	174..7		218	78	170.0	
3	Φ 8	387	20	77.4		387	14	54.2		—	—	—		—	—	—	
4	Φ 8	466	16	74.6		388	6	23.3		404	18	72.7		392	18	70.6	
4A	Φ 8	—	—	—		430	10	43.0		—	—	—		—	—	—	
4B	Φ 8	—	—	—		—	—	—		—	—	—		—	—	—	
5	Φ 8	104	4	4.2		105	4	4.2		107	4	4.3		108	4	4.3	
6	Φ 8	115	4	4.6		113	4	4.5		111	4	4.4		111	4	4.4	
7	Φ12	133	64	85.1	128.1	133	66	87.8	121.0	139	68	94.5	113.3	134	68	91.1	109.2
7A	Φ12	111	10	14.1		144	6	8.5		156	10	15.6		151	10	15.1	
7B	Φ12	185	10	18.5		149	4	6.0		—	—	—		—	—	—	
7C	Φ12	—	—	—		167	6	10.0		—	—	—		—	—	—	
7D	Φ12	—	—	—		—	—	—		—	—	—		—	—	—	
7E	Φ12	—	—	—		—	—	—		—	—	—		—	—	—	
8	Φ12	166	16	26.6		150	16	24.0		145	12	17.4		140	12	16.8	
9	Φ 8	110	76	83.6	210.5	110	76	83.6	212.9	110	76	83.6	213.1	110	76	108.8	212.8
10	Φ 8	160	68	108.8		160	68	108.8		161	68	109.5		160	68	16.3	
11	Φ 8	163	10	16.3		163	10	16.3		164	10	16.4		163	10	5.7	
12	Φ 8	89	6	5.3		91	6	5.5		93	6	5.6		95	6	5.9	
12A	Φ 8	104	6	6.2		101	6	6.1		99	6	5.9		98	6	79.6	
13	Φ 8	1592	5	79.6		1592	5	79.6		1592	5	79.6		1592	5	154.9	
14	Φ 8	1549	10	154.9		1549	10	154.9		1549	10	154.9		1549	10	—	
14A	Φ 8	—	—	—		—	—	—		—	—	—		—	—	84.1	
15	Φ 8	1401	6	84.1		1401	6	84.1		1401	6	81.1		1401	6	70.05	
40号砼 (m^3)		10.1				10.1				10.1				10.1			

注：

1、本表只列入预制板普通钢筋数量，板端构造钢筋见图号42 。预应力钢筋见图号41。

2、40号砼数量已包括封锚及封端部分数量。

3、N7(N7A、N7B、N7C、N7D、N7E)钢筋间距为20cm；N10(N11)钢筋间距为40cm。

装配式预应力砼斜空心板桥上部构造 跨 径：16米 斜交角：10°、20°、30°、40°	汽车—超20级.挂车—120 汽车—20级、挂车—100 2×净—11、2×净—9.75 净—7、净—9	
一块中板工程数量表	图 号	47

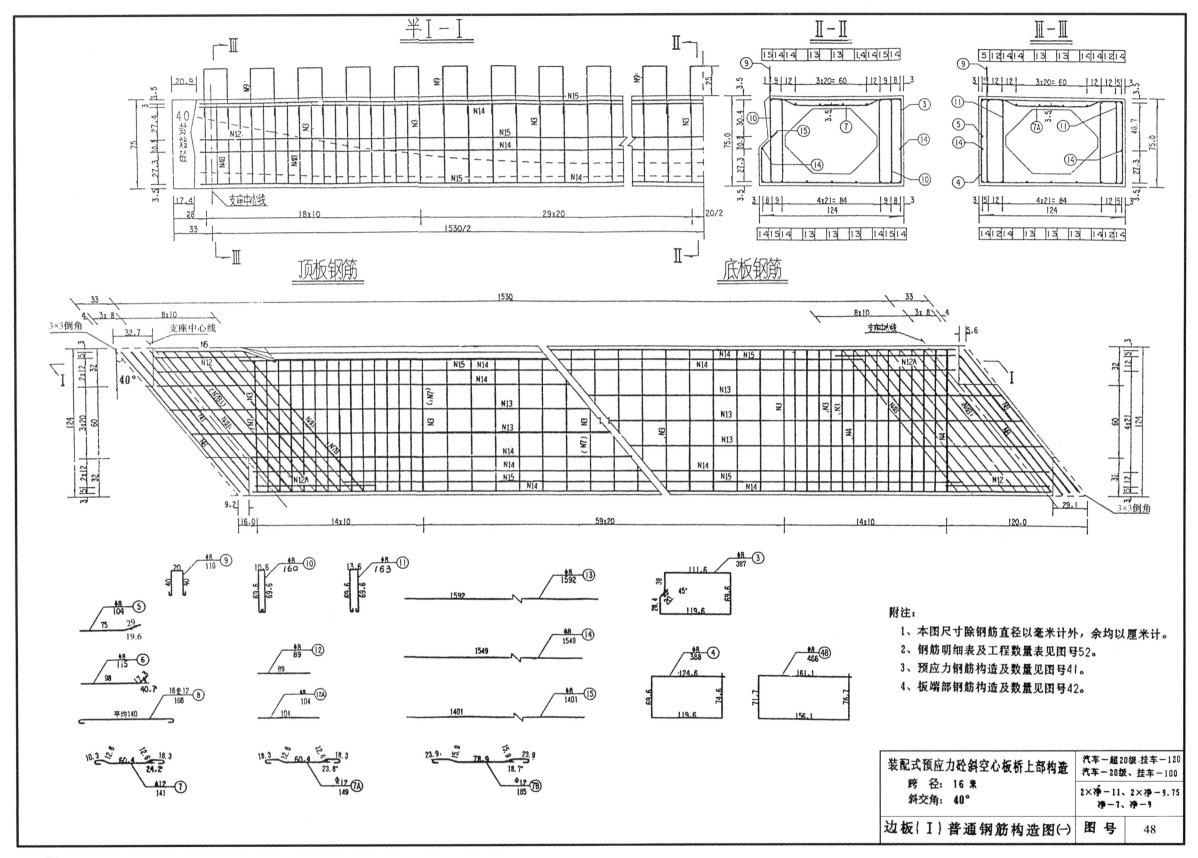

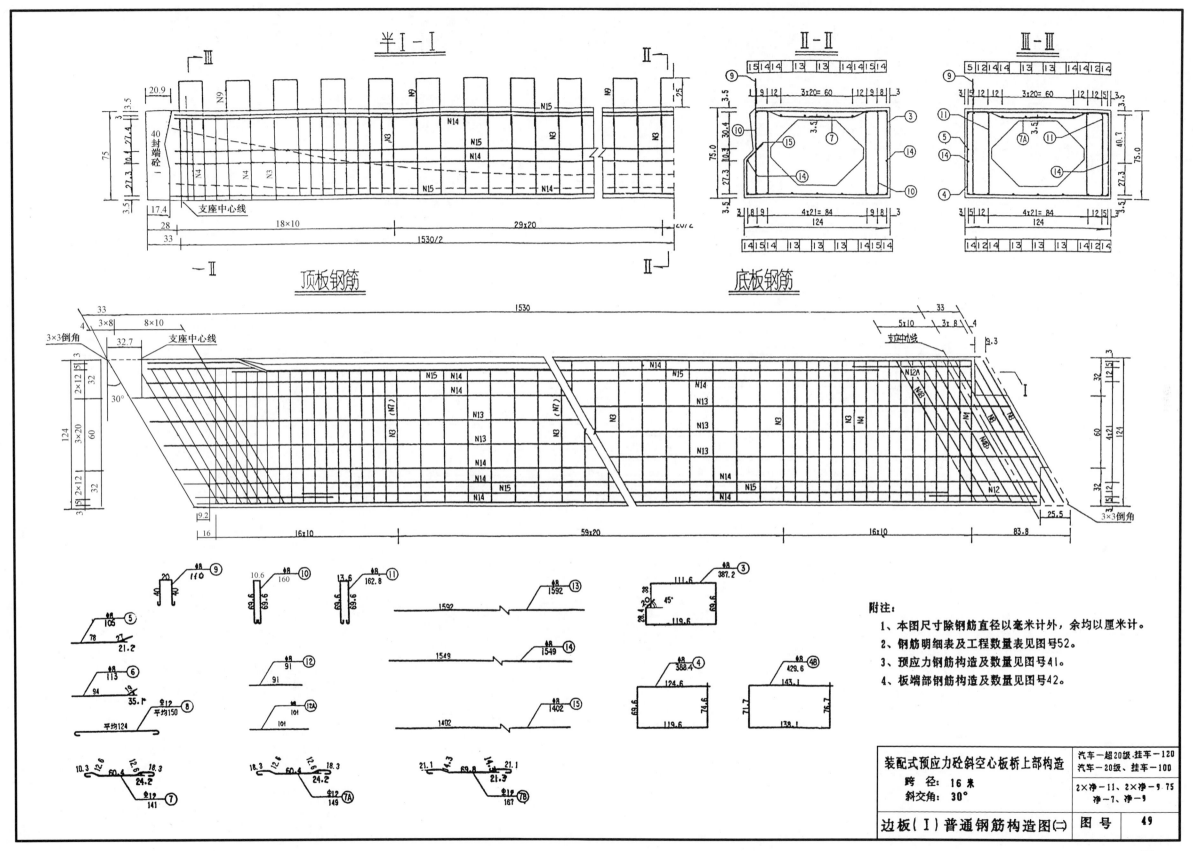

附注：

1、本图尺寸除钢筋直径以毫米计外，余均以厘米计。

2、钢筋明细表及工程数量表见图号52。

3、预应力钢筋构造及数量见图号41。

4、板端部钢筋构造及数量见图号42。

装配式预应力砼斜空心板桥上部构造 跨　径：16 米 斜交角：20°	汽车－超20级.挂车－120 汽车－20级、挂车－100 2×净－11、2×净－9.75 净－7、净－9	
边板（Ⅰ）普通钢筋构造图(三)	图　号	50

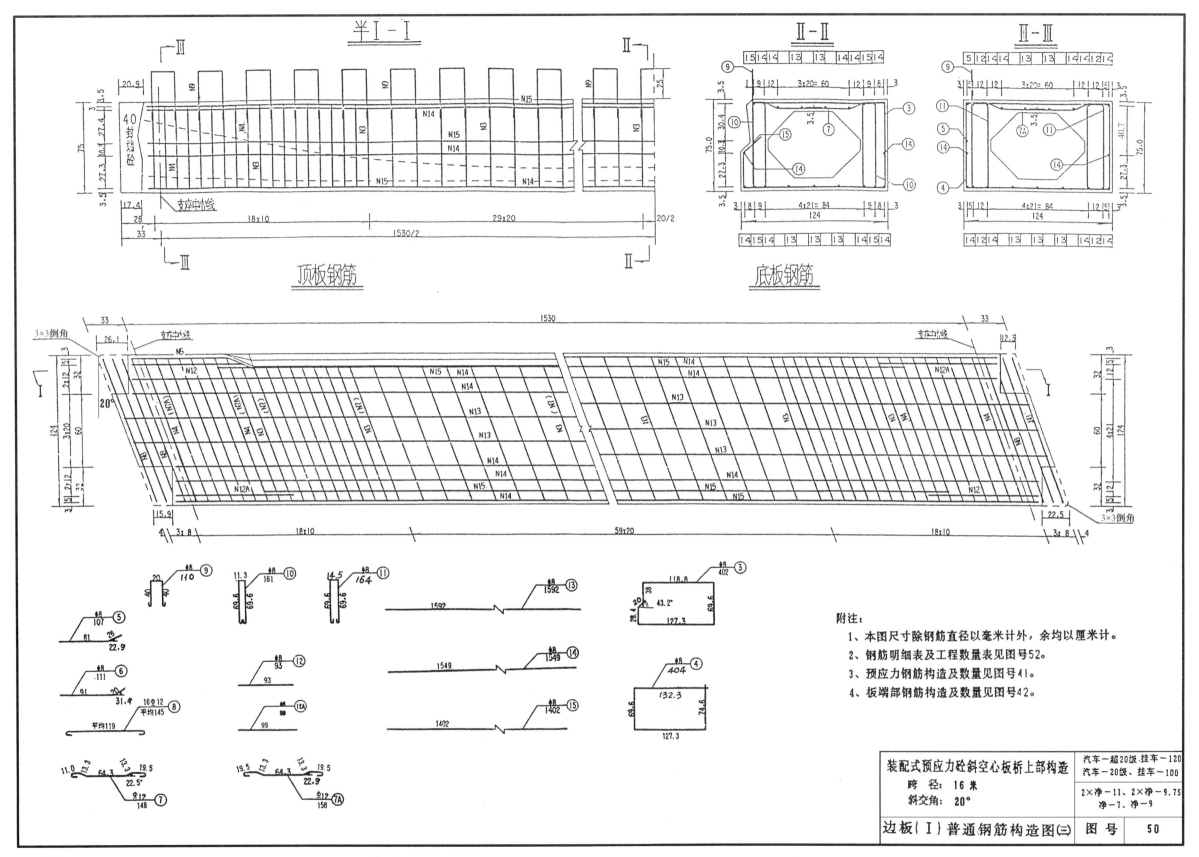

附注：

1、本图尺寸除钢筋直径以毫米计外，余均以厘米计。
2、钢筋明细表及工程数量表见图号52。
3、预应力钢筋构造及数量见图号41。
4、板端部钢筋构造及数量见图号42。

装配式预应力砼斜空心板桥上部构造 跨 径：16 米 斜交角：10°	汽车—超20级.挂车—120 汽车—20级、挂车—100 2×净—11、2×净—9.75 净—7、净—9	
边板（Ⅰ）普通钢筋构造图(四)	图 号	51

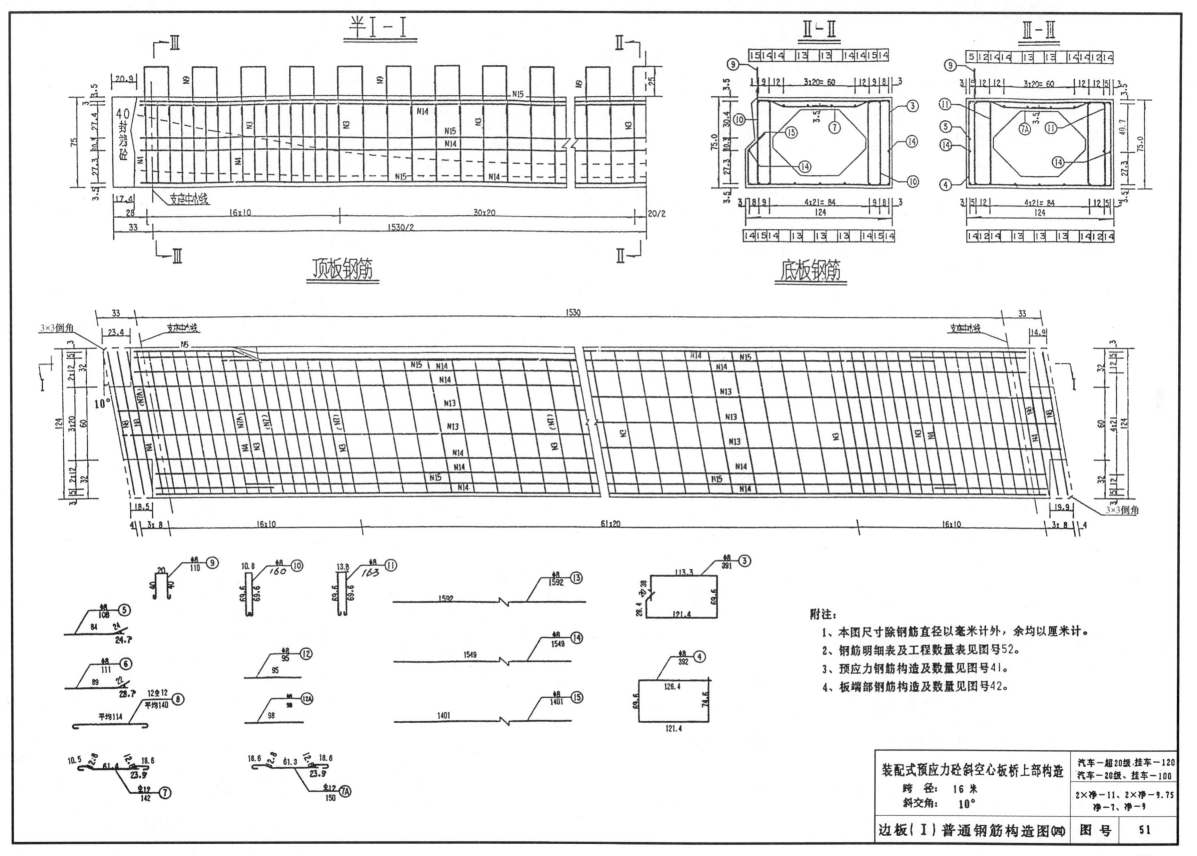

一块边板(Ⅰ)钢筋明细表及工程数量表

钢筋编号	钢筋直径(mm)	40°				30°				20°				10°			
		单根长(cm)	根数	共长(m)	共重(kg)	单根长(cm)	根数	共长(m)	共重(kg)	单根长(cm)	根数	共长(m)	共重(kg)	单根长(cm)	根数	共长(m)	共重(kg)
1	φ8	—	—	—	165.7	—	—	—	159.4	—	—	—	154.3	—	—	—	150.1
2	φ8	—	—	—		—	—	—		—	—	—		—	—	—	
3	φ8	387	80	309.6		387	79	305.7		402	78	313.6		391	78	305.0	
4	φ8	388	8	31.0		388	13	50.4		404	18	72.7		392	18	70.6	
4A	φ8	—	—	—		—	—	—		—	—	—		—	—	—	
4B	φ8	466	16	74.6		430	10	43.0		—	—	—		—	—	—	
5	φ8	104	2	2.1		105	2	2.1		107	2	2.1		108	2	2.2	
6	φ8	115	2	2.3		113	2	2.3		111	2	2.2		111	2	2.2	
7	Φ12	141	69	97.3	133.0	141	69	97.3	125.9	148	68	100.6	118.7	142	68	96.6	114.0
7A	Φ12	149	5	7.4		149	7	10.4		156	10	15.6		150	10	15.0	
7B	Φ12	185	10	18.5		167	6	10.0		—	—	—		—	—	—	
7C	Φ12	—	—	—		—	—	—		—	—	—		—	—	—	
7D	Φ12	—	—	—		—	—	—		—	—	—		—	—	—	
7E	Φ12	—	—	—		—	—	—		—	—	—		—	—	—	
8	Φ12	166	16	26.6		150	16	24.0		145	12	17.4		140	12	16.8	
9	φ8	110	38	41.8	196.2	110	38	41.8	196.2	110	38	41.8	196.5	110	38	41.8	196.2
10	φ8	160	68	108.8		160	68	108.8		161	68	109.5		160	68	108.8	
11	φ8	163	10	16.3		163	10	16.3		164	10	16.4		163	10	16.3	
12	φ8	89	5	4.5		91	5	4.6		93	5	4.7		95	5	4.8	
12A	φ8	104	5	5.2		101	5	5.1		99	5	5.0		98	5	5.0	
13	φ8	1592	5	79.6		1592	5	79.6		1592	5	79.6		1592	5	79.6	
14	φ8	1549	11	170.4		1549	11	170.4		1549	11	170.39		1549	11	170.4	
14A	φ8	—	—	—		—	—	—		—	—	—		—	—	—	
15	φ8	1401	5	70.1		1402	5	70.1		1402	5	70.10		1401	5	70.1	
40号砼 (m^3)		10.5				10.5				10.5				10.5			

注：

1、本表只列入预制板普通钢筋数量，板端构造钢筋见图号42 。预应力钢筋见图号41。

2、40号砼数量已包括封锚及封端部分数量。

3、N7(N7A、N7B、N7C、N7D、N7E)钢筋间距为20cm；N10(N11)钢筋间距为40cm。

装配式预应力砼斜空心板桥上部构造 跨 径: 16米 斜交角: 10°、20°、30°、40°	汽车—超20级、挂车—120 汽车—20级、挂车—100 2×净—11、2×净—9.75 净—7、净—9
一块边板(Ⅰ)工程数量表	图 号 52

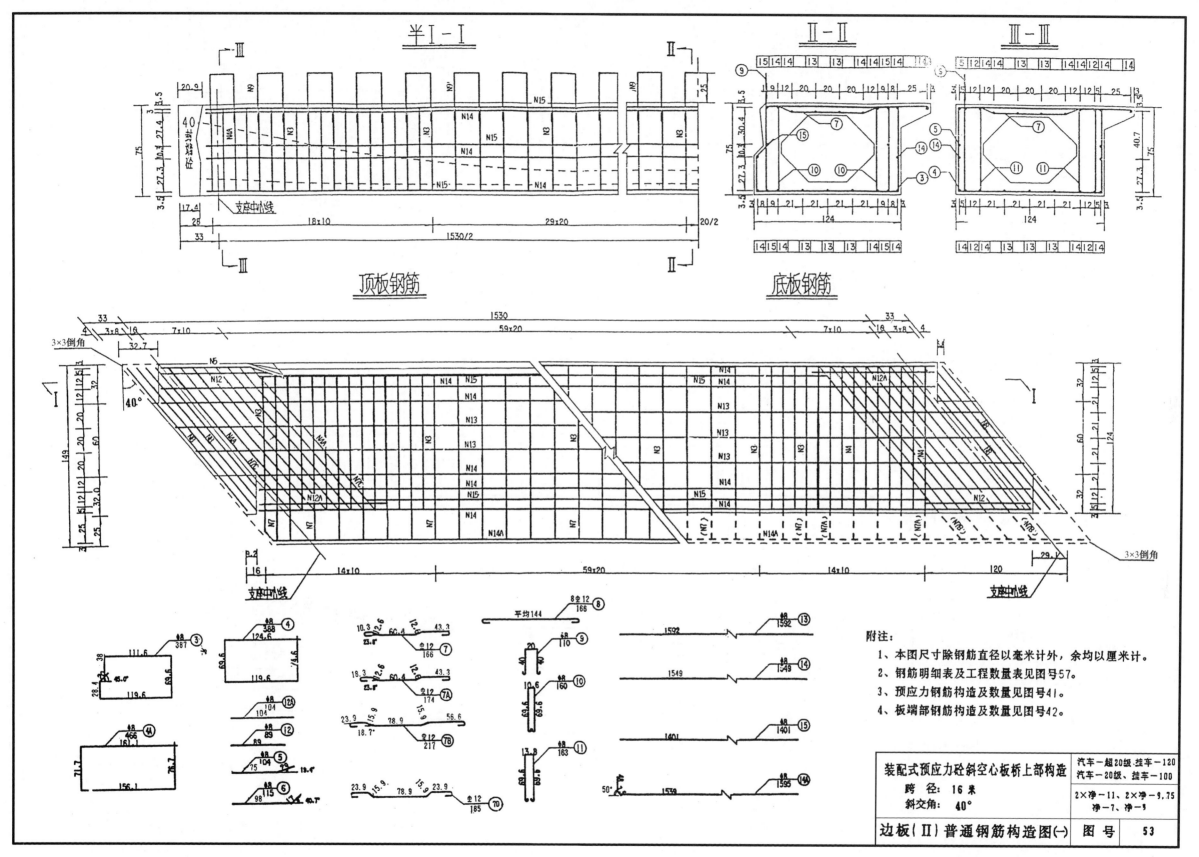

附注：

1、本图尺寸除钢筋直径以毫米计外，余均以厘米计。
2、钢筋明细表及工程数量表见图号57。
3、预应力钢筋构造及数量见图号41。
4、板端部钢筋构造及数量见图号42。

装配式预应力砼斜空心板桥上部构造 跨径：16米 斜交角：30°	汽车－超20级、挂车－120 汽车－20级、挂车－100 2×净－11、2×净－9.75 净－7、净－9	
边板(Ⅱ)普通钢筋构造图(二)	图号	54

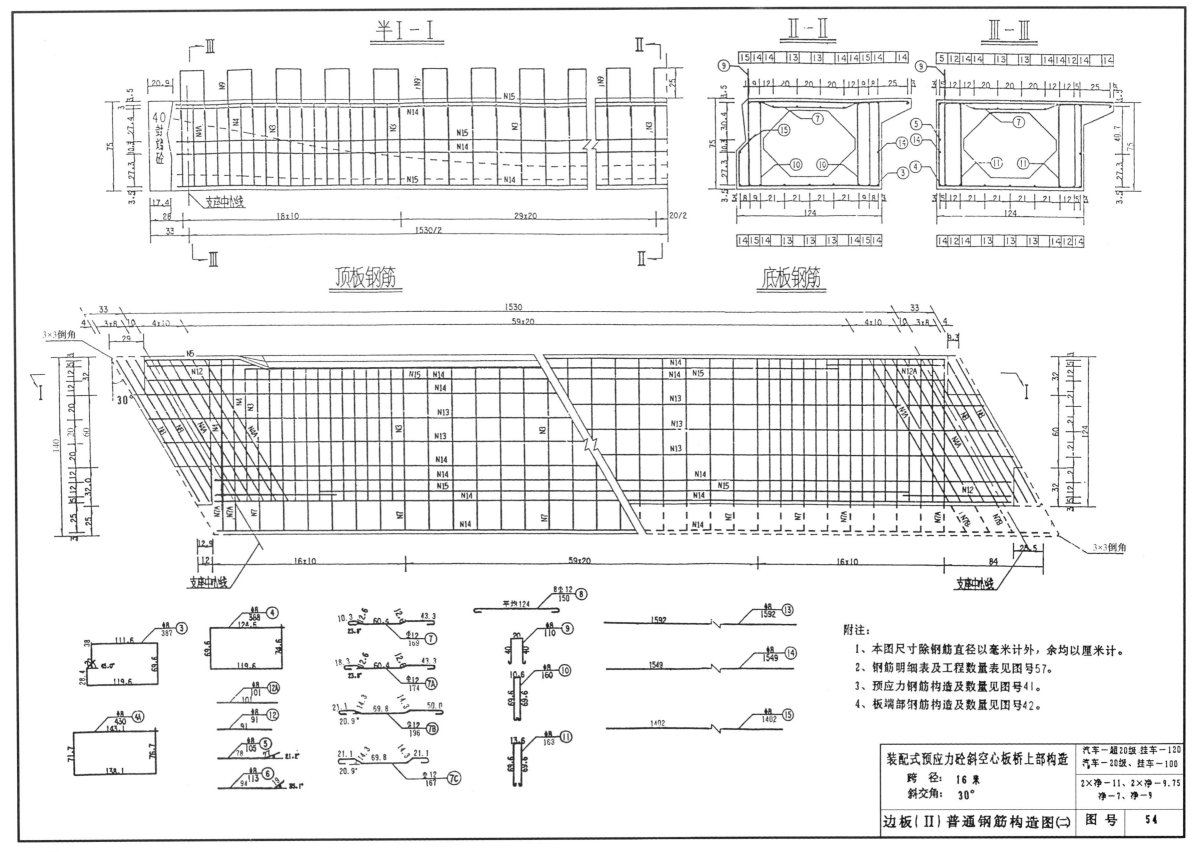

附注：

1、本图尺寸除钢筋直径以毫米计外，余均以厘米计。
2、钢筋明细表及工程数量表见图号57。
3、预应力钢筋构造及数量见图号41。
4、板端部钢筋构造及数量见图号42。

装配式预应力砼斜空心板桥上部构造 跨 径：16 米 斜交角：20°	汽车—超20级、挂车—120 汽车—20级、挂车—100	
	2×净—11、2×净—9.75 净—7、净—9	
边板(Ⅱ)普通钢筋构造图(三)	图 号	55

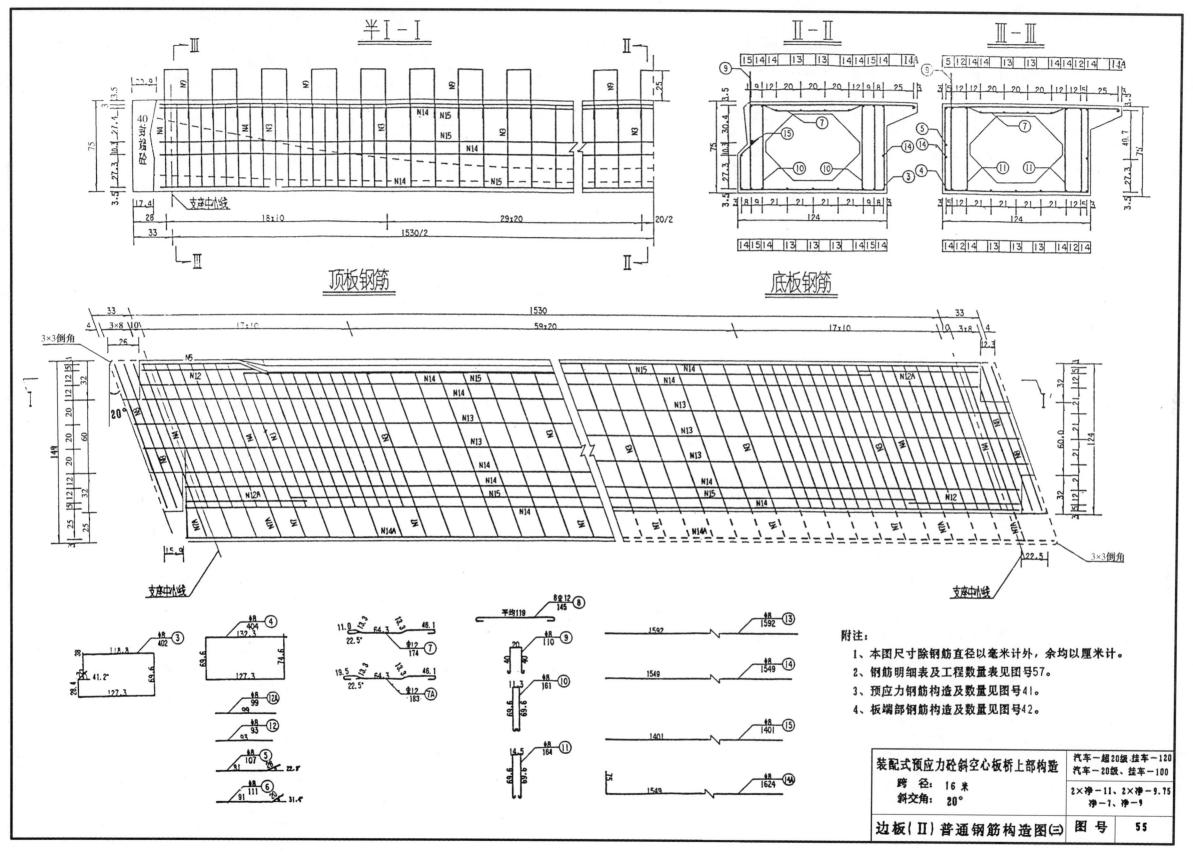

附注：

1、本图尺寸除钢筋直径以毫米计外，余均以厘米计。
2、钢筋明细表及工程数量表见图号57。
3、预应力钢筋构造及数量见图号41。
4、板端部钢筋构造及数量见图号42。

装配式预应力砼斜空心板桥上部构造 跨　径：16 米 斜交角：10°	汽车－超20级、挂车－120 汽车－20级、挂车－100 2×净－11、2×净－9.75 净－7、净－9	
边板（II）普通钢筋构造图(四)	图　号	56

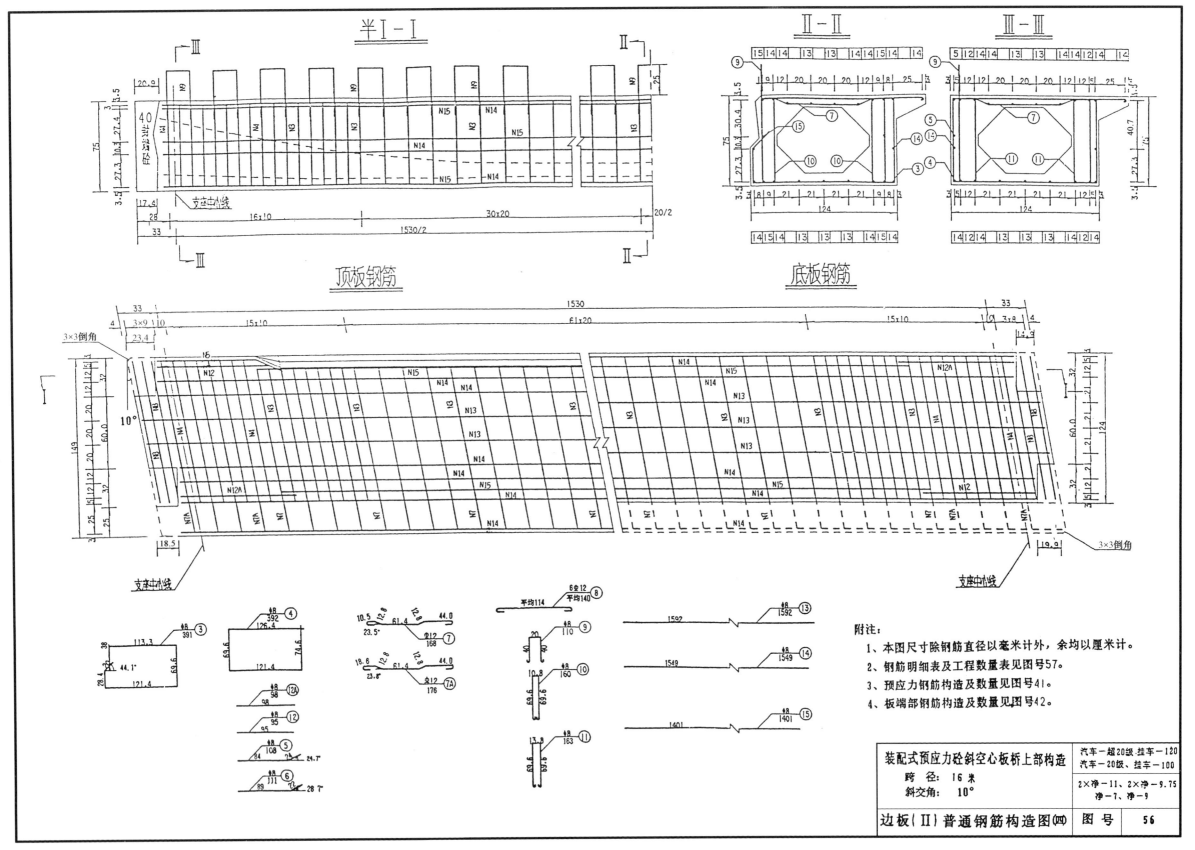

一块边板(Ⅱ)钢筋明细表及工程数量表

钢筋编号	钢筋直径(mm)	40° 单根长(cm)	40° 根数	40° 共长(m)	40° 共重(kg)	30° 单根长(cm)	30° 根数	30° 共长(m)	30° 共重(kg)	20° 单根长(cm)	20° 根数	20° 共长(m)	20° 共重(kg)	10° 单根长(cm)	10° 根数	10° 共长(m)	10° 共重(kg)
1	φ8	—	—	—		—	—	—		—	—	—		—	—	—	
2	φ8	—	—	—		—	—	—		—	—	—		—	—	—	
3	φ8	387	79	305.7		387	80	309.6		402	80	321.6		391	80	312.8	
4	φ8	388	9	34.9	165.7	388	11	42.7	142.6	404	16	64.6	154.3	392	16	62.7	150.1
4A	φ8	466	16	74.6		430	10	4.3		—	—	—		—	—	—	
4B	φ8	—	—	—		—	—	—		—	—	—		—	—	—	
5	φ8	104	2	2.1		105	2	2.1		107	2	2.1		108	2	2.2	
6	φ8	115	2	2.3		113	2	2.3		111	2	2.2		111	2	2.2	
7	Φ12	166	69	114.5		169	69	116.6		174	70	121.8		168	70	117.6	
7A	Φ12	174	5	8.7		174	7	12.2		183	8	14.6		176	8	14.1	
7B	Φ12	217	4	8.8		196	3	5.9		—	—	—		—	—	—	
7C	Φ12	—	—	—	147.3	167	3	5.0	145.4	—	—	—	136.6	—	—	—	131.9
7D	Φ12	185	4	7.4		—	—	—		—	—	—		—	—	—	
7E	Φ12	—	—	—		—	—	—		—	—	—		—	—	—	
8	Φ12	166	16	26.6		150	16	24.0		145	12	17.4		140	12	16.8	
9	φ8	110	38	41.8		110	38	41.8		110	38	41.8		110	38	41.8	
10	φ8	160	68	108.8		160	68	108.8		161	68	109.5		160	68	108.8	
11	φ8	163	10	16.3		163	10	16.3		164	10	16.4		163	10	16.3	
12	φ8	89	5	4.5		91	5	4.6		93	5	4.7		95	5	4.8	
12A	φ8	104	5	5.2	202.5	101	5	5.1	202.3	99	5	5.0	210.8	98	5	4.9	210.2
13	φ8	1592	5	79.6		1592	5	79.6		1592	5	79.6		1592	5	99.6	
14	φ8	1549	11	170.4		1549	12	185.9		1549	11	170.4		1549	12	185.9	
14A	φ8	1595	1	16.0		—	—	—		1624	1	16.2		—	—	—	
15	φ8	1401	5	70.1		1402	5	70.1		1401	5	70.1		1401	5	70.1	
40号砼 (m^3)		11.1				11.1				11.1				11.1			

注：

1、本表只列入预制板普通钢筋数量，板端构造钢筋见图号42　。预应力钢筋见图号41　。

2、40号砼数量已包括封锚及封端部分数量。

3、N7(N7A、N7B、N7C、N7D、N7E)钢筋间距为20cm；N10(N11)钢筋间距为40cm。

装配式预应力砼斜空心板桥上部构造. 跨径：16米 斜交角：10°、20°、30°、40°	汽车—超20级.挂车—120 汽车—20级、挂车—100 2×净—11、2×净—9.75 净—7、净—9
一块边板(Ⅱ)工程数量表	图号 57

预应力钢束曲线座标

钢束号	竖直座标＼水平座标X	0 跨中截面	50	100	150	200	250	300	350	400	450	500	550	600	650	700	750	800	850	900	950	980 锚固截面
1	y	8.5	8.5	8.5	8.5	8.5	8.5	8.5	8.5	8.5	8.5	8.5	8.5	8.5	8.5	8.5	8.5	8.5	9.1	10.6	12.7	14.0
2	y	19.5	19.5	19.5	19.5	19.5	19.5	19.5	19.5	19.5	19.5	19.5	19.5	19.5	19.7	21.9	26.7	34.0	43.9	56.1	68.5	76.0

一块板钢绞线材料数量表

钢绞线编号	直径(mm)	每根长度(cm)	根数	共长(m)	单位重(kg/m)	共重(kg)
1	φ15	2128.2	14	297.95	1.088	650.0
2	φ15	2139.4	14	299.52		

附注

1. 本图尺寸以厘米计，钢绞线直径以毫米计。
2. 预应力钢束曲线竖向座标值为钢束重心至梁底距离。
3. 钢绞线孔道直径为66毫米。

装配式预应力砼斜空心板桥上部构造 跨径：20米 斜交角：10°、20°、30°、40°	汽车—超20级.挂车—120 汽车—20级、挂车—100 2×净—11、2×净—9.75 净—7、净—9	
预应力钢筋构造图	图号	58

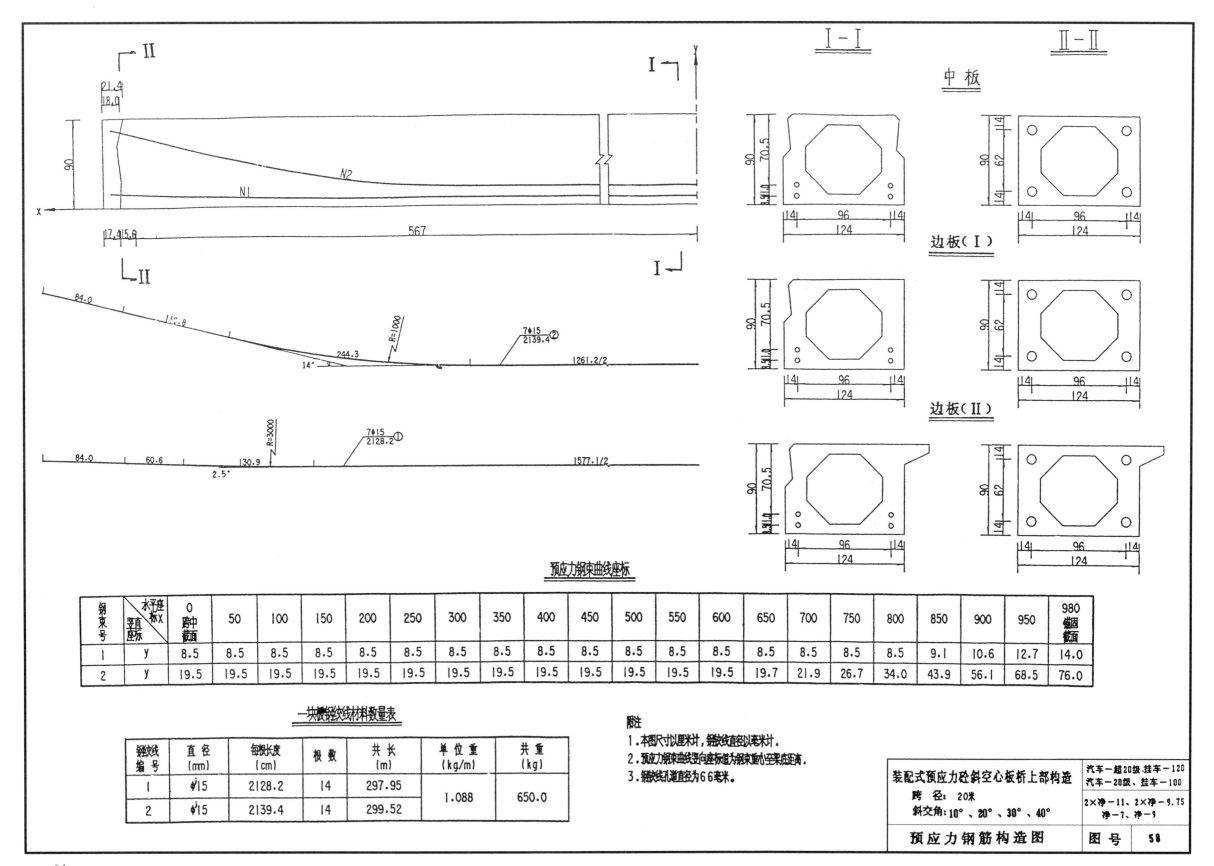

钢 筋 明 细 表

钢筋编号	规格及尺寸 (mm)	40° 长度 (cm)	40° 根(块)数	40° 共长 (m)	30° 长度 (cm)	30° 根(块)数	30° 共长 (m)	20° 长度 (cm)	20° 根(块)数	20° 共长 (m)	10° 长度 (cm)	10° 根(块)数	10° 共长 (m)
1	Φ8	87.3	8	6.98	87.3	8	6.98	87.3	8	6.98	87.3	8	6.98
2	Φ8	218.2	16	34.91	218.2	16	34.91	218.2	16	34.91	218.2	16	34.91
3	Φ8	21.0	72	15.12	21.0	72	15.12	21.0	72	15.12	21.0	72	15.12
4	Φ8	30.0	16	4.80	30.0	16	4.80	30.0	16	4.80	30.0	16	4.80
5	Φ8	50.0	16	8.00	50.0	16	8.00	50.0	16	8.00	50.0	16	8.00
6	Φ8	265.6	8	21.25	265.6	8	21.25	265.6	8	21.25	265.6	8	21.25
7	Φ8	83.3	2	1.67	77.4	2	1.55	76.5	2	1.53	76.5	2	1.53
7A	Φ8	74.1	2	1.48	72.2	2	1.44	71.3	2	1.43	71.3	2	1.43
7B	Φ8	85.9	2	1.72	82.0	2	1.64	79.5	2	1.59	77.9	2	1.56
7C	Φ8	80.7	2	1.62	76.8		1.54	74.3	2	1.49	72.7	2	1.45
8	Φ8	34.0	8	2.72	30.0	o	2.40	28.0	8	2.24	26.0	8	2.08
9	Φ8	86.0	12	10.32	86.0	12	10.32	86.0	12	10.32	86.0	12	10.32
10	Φ10	26.0	32	8.32	26.0	32	8.32	26.0	32	8.32	26.0	32	8.32
11	220×220×30		8			8			8			8	

N_7、N_{7A}、N_{7B}、N_{7C}钢筋尺寸表

钢筋编号	直径 (mm)	符号	40°	30°	20°	10°
N_7	Φ8	A	24.7	22.3	20.3	18.5
		B	7.2	7.5	11.0	14.0
		C	33.4	29.6	27.2	26.0
N_{7A}	Φ8	A	22.1	19.7	17.7	15.9
		B	0.6	4.9	8.4	11.4
		C	33.4	29.6	27.2	26.0
N_{7B}	Φ8	A	28.0	24.6	21.8	19.2
		B	6.5	9.8	12.5	14.7
		C	33.4	29.6	27.2	26.0
N_{7C}	Φ8	A	25.4	22.0	19.2	16.6
		B	3.9	7.2	9.9	12.1
		C	33.4	29.6	27.2	26.0

钢 材 数 量 表

规格及尺寸 (mm)	40° 共长 (m)	40° 共重 (kg)	30° 共长 (m)	30° 共重 (kg)	20° 共长 (m)	20° 共重 (kg)	10° 共长 (m)	10° 共重 (kg)
Φ8	110.98	43.7	109.95	43.4	109.66	43.2	109.7	43.2
Φ10	8.32	5.1	8.32	5.1	8.32	5.1	8.32	5.1
220×220×30		61.4		61.4		61.4		61.4
合计		110.2		109.9		109.8		109.7

附注：1．7号钢筋与11号钢垫板采用双面焊缝连续，焊接长度不小于4厘米。

2．带悬臂边板端部开口长度与中板相同。

3．钢筋直径、钢板尺寸以毫米为单位，余均以厘米为单位。

装配式预应力砼斜空心板桥上部构造 跨径：20米 斜交角：10°、20°、30°、40°	汽车—超20级.挂车—120 汽车—20级、挂车—100 2×净—11、2×净—9.75 净—7、净—9
板端部钢筋构造图	图号 59

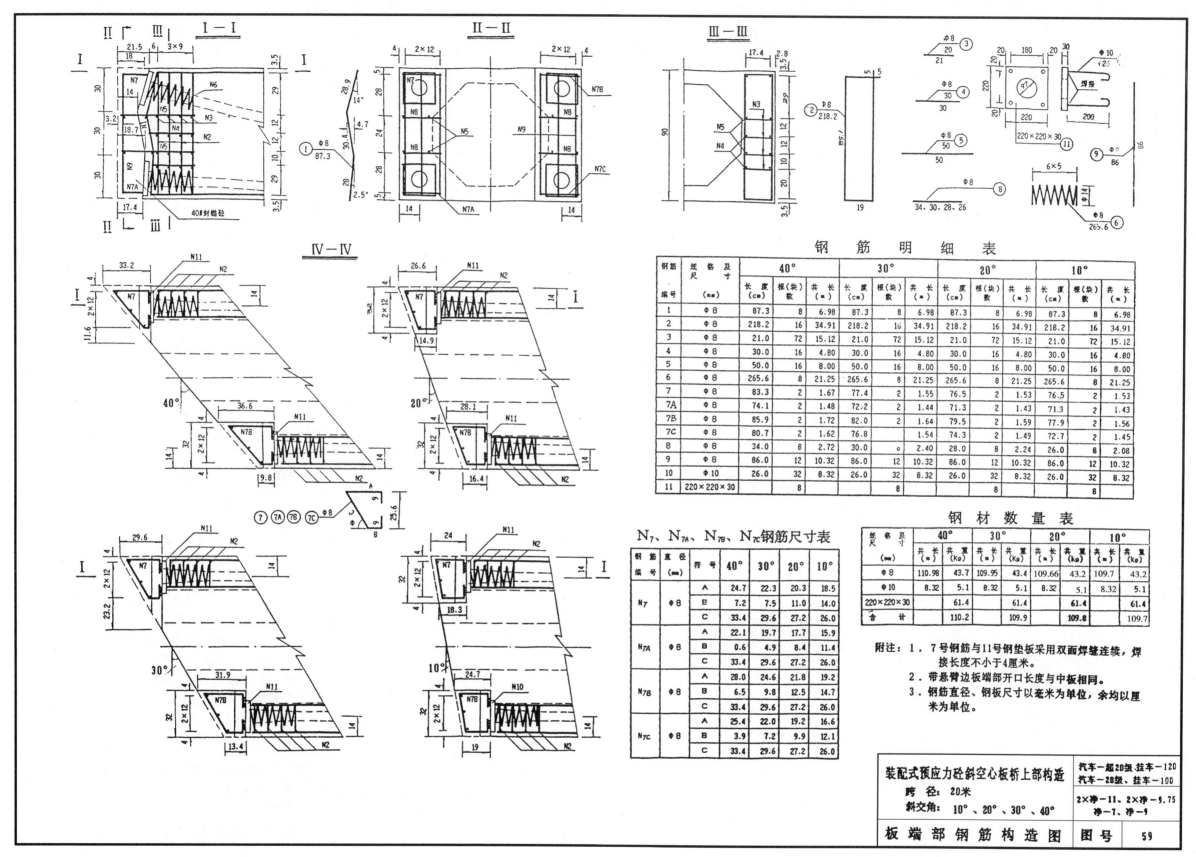

附注：

1、本图尺寸除钢筋直径以毫米计外，余均以厘米计。
2、钢筋明细表及工程数量表见图号64。
3、预应力钢筋构造及数量见图号58。
4、板端部钢筋构造及数量见图号59。

装配式预应力砼斜空心板桥上部构造 跨 径： 20 米 斜交角： 40°	汽车—超20级、挂车—120 汽车—20级、挂车—100		
	2×净—11、2×净—9.75 净—7、净—9		
中板普通钢筋构造图(一)	图 号	60	

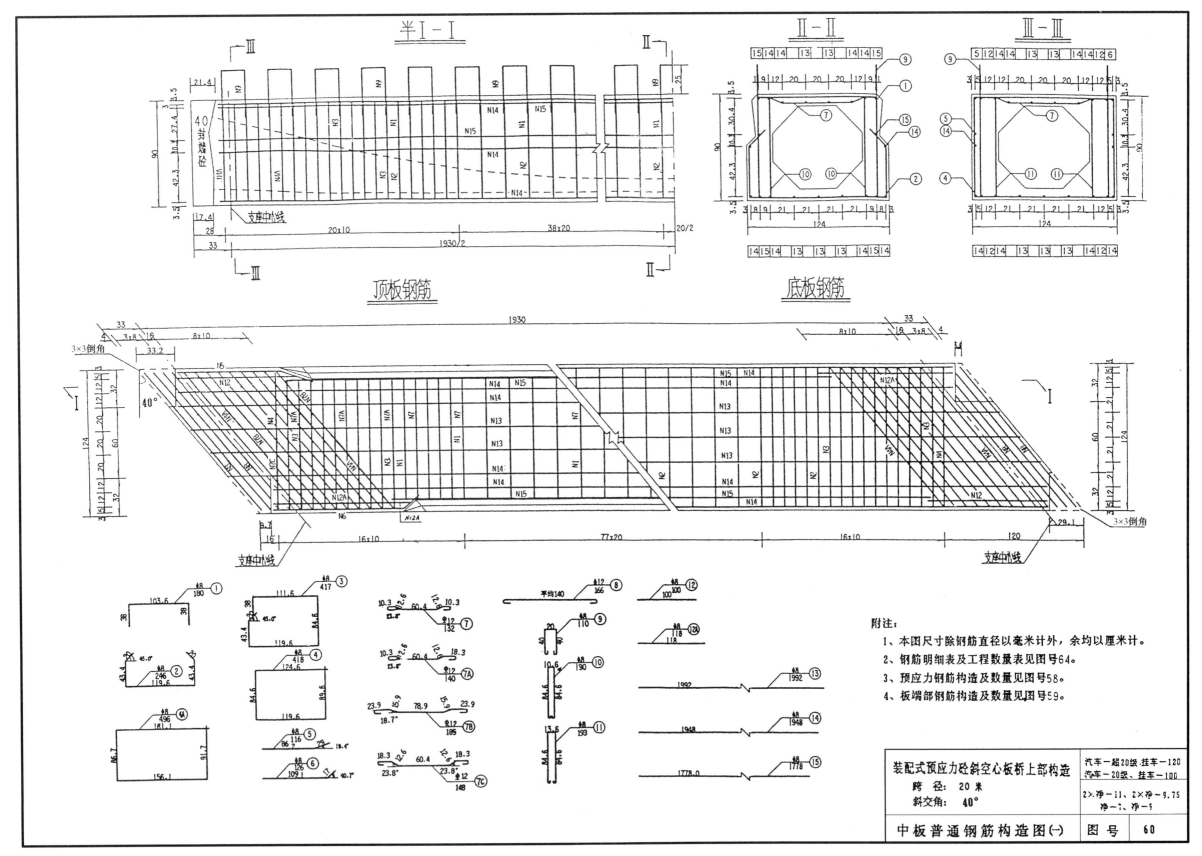

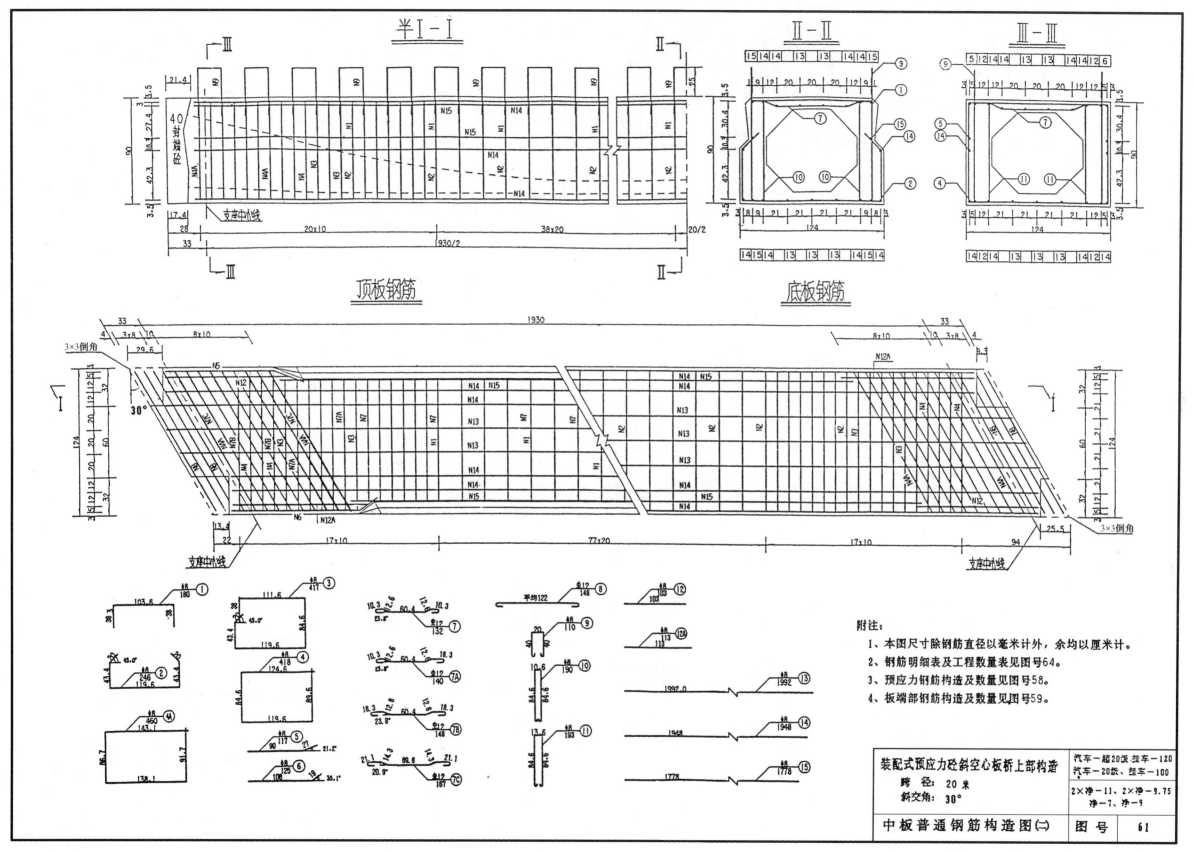

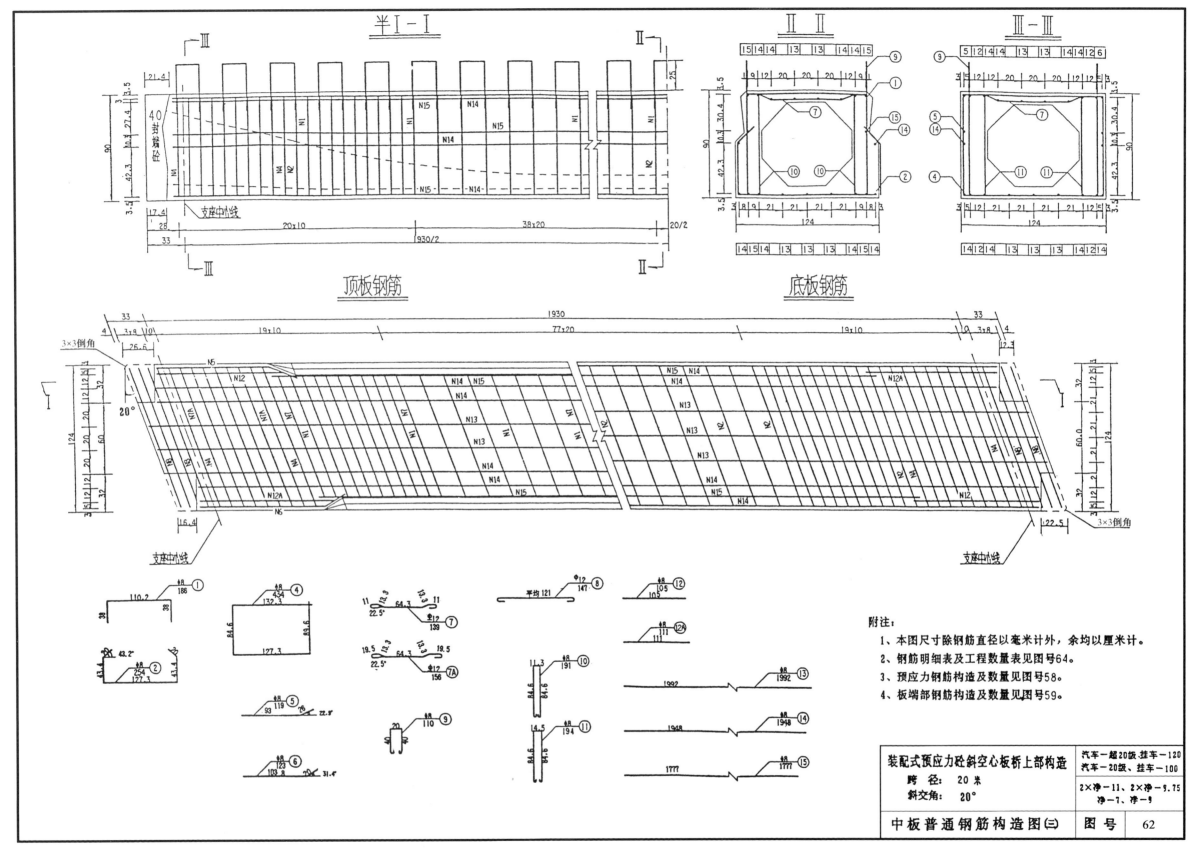

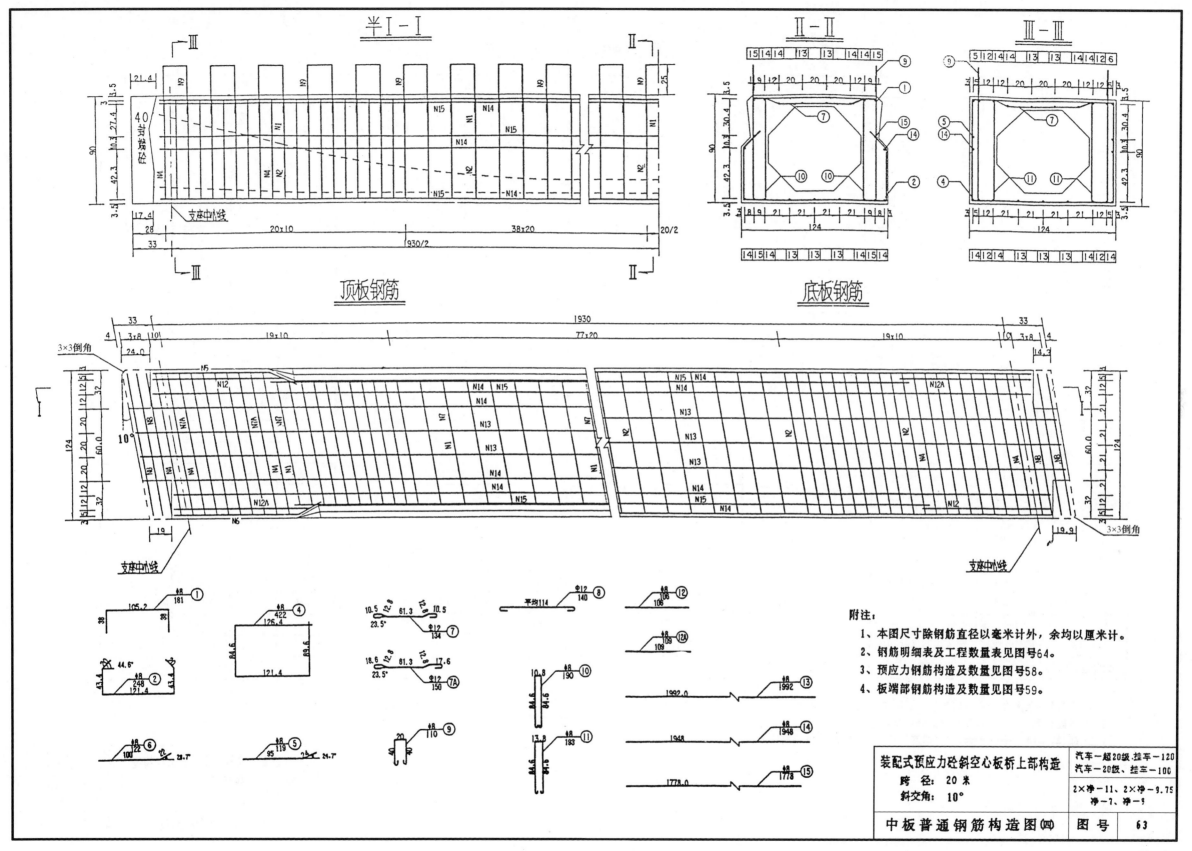

一块中板钢筋明细表及工程数量表

钢筋编号	钢筋直径(mm)	40° 单根长(cm)	40° 根数	40° 共长(m)	40° 共重(kg)	30° 单根长(cm)	30° 根数	30° 共长(m)	30° 共重(kg)	20° 单根长(cm)	20° 根数	20° 共长(m)	20° 共重(kg)	10° 单根长(cm)	10° 根数	10° 共长(m)	10° 共重(kg)
1	φ8	180	88	158.4		180	90	162.0		186	98	182.3		181	98	177.4	
2	φ8	246	88	216.5		246	90	221.4		254	98	248.9		248	98	243.0	
3	φ8	417	20	83.4		417	14	58.4		—	—	—		422	20	84.4	
4	φ8	418	2	8.4	223.4	418	8	33.4	224.2	434	20	86.8	208.4	422	20	84.4	203.2
4A	φ8	496	18	89.3		460	18	82.8		—	—	—		—	—	—	
4B	φ8	—	—	—		—	—	—		—	—	—		—	—	—	
5	φ8	116	4	4.6		117	4	4.7		119	4	4.8		119	4	4.8	
6	φ8	126	4	5.0		125	4	5.0		123	4	4.9		122	4	4.9	
7	φ12	132	82	108.2		132	84	110.9		139	88	122.3		134	88	117.9	
7A	φ12	140	10	14.0		140	6	8.4		156	10	15.6		150	10	15.0	
7B	φ12	185	10	18.5		148	6	8.9		—	—	—		—	—	—	
7C	φ12	148	2	2.9	151.2	167	10	16.7	149.7	—	—	—	131.1	—	—	—	133.0
7D	φ12	—	—	—		—	—	—		—	—	—		—	—	—	
7E	φ12	—	—	—		—	—	—		—	—	—		—	—	—	
8	φ12	166	16	26.5		148	16	23.7		147	12	17.6		140	12	16.8	
9	φ8	110	96	105.6		110	96	105.6		110	96	105.6		110	96	105.6	
10	φ8	190	90	171.0		190	90	171.0		191	90	171.9		190	90	171.0	
11	φ8	193	8	15.4		193	8	15.4		194	8	15.5		193	8	15.4	
12	φ8	100	6	6.0		103	6	6.2		105	6	6.3		106	6	6.4	
12A	φ8	118	6	7.1	279.0	113	6	6.8	278.9	111	6	6.7	241.4	109	6	6.5	278.9
13	φ8	1992	5	99.6		1992	5	99.6		1992	5	99.6		1992	5	99.6	
14	φ8	1948	10	194.8		1948	10	194.8		1948	10	194.8		1948	10	194.8	
14A	φ8	—	—	—		—	—	—		—	—	—		—	—	—	
15	φ8	1778	6	106.7		1778	6	106.7		1777	6	10.7		1778	6	106.7	
40号砼 (m³)		12.8				12.8				12.8				12.8			

注：
1、本表只列入预制板普通钢筋数量，板端构造钢筋见图号59。预应力钢筋见图号58。
2、40号砼数量已包括封锚及封端部分数量。
3、N7(N7A、N7B、N7C、N7D、N7E)钢筋间距为20cm；N10(N11)钢筋间距为40cm。

装配式预应力砼斜空心板桥上部构造	汽车－超20级、挂车－120 汽车－20级、挂车－100
跨径：20米 斜交角：10°、20°、30°、40°	2×净－11、2×净－9.75 净－7、净－9
一块中板工程数量表	图号 64

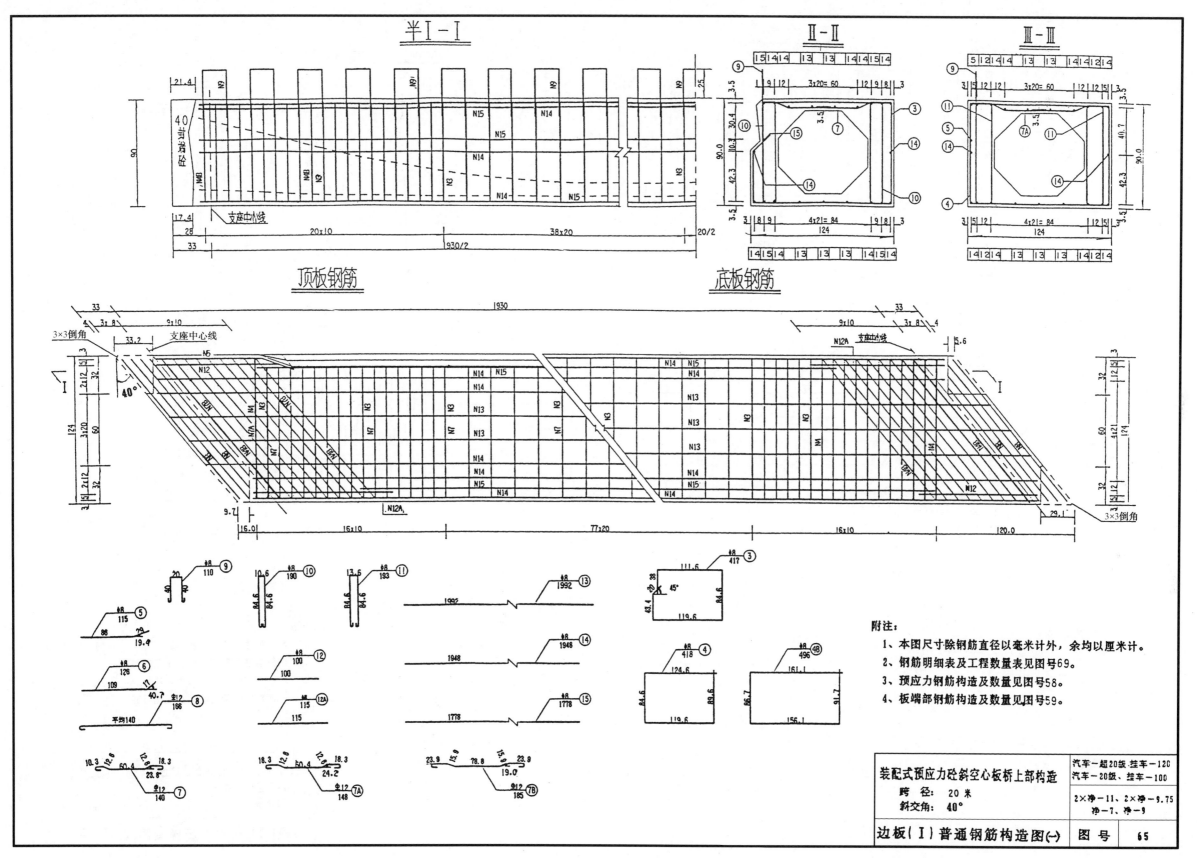

附注：

1、本图尺寸除钢筋直径以毫米计外，余均以厘米计。
2、钢筋明细表及工程数量表见图号69。
3、预应力钢筋构造及数量见图号58。
4、板端部钢筋构造及数量见图号59。

装配式预应力砼斜空心板桥上部构造 跨径：20米 斜交角：30°	汽车—超20级、挂车—120 汽车—20级、挂车—100	
	2×净—11、2×净—9.75 净—7、净—9	
边板（Ⅰ）普通钢筋构造图(二)	图号	66

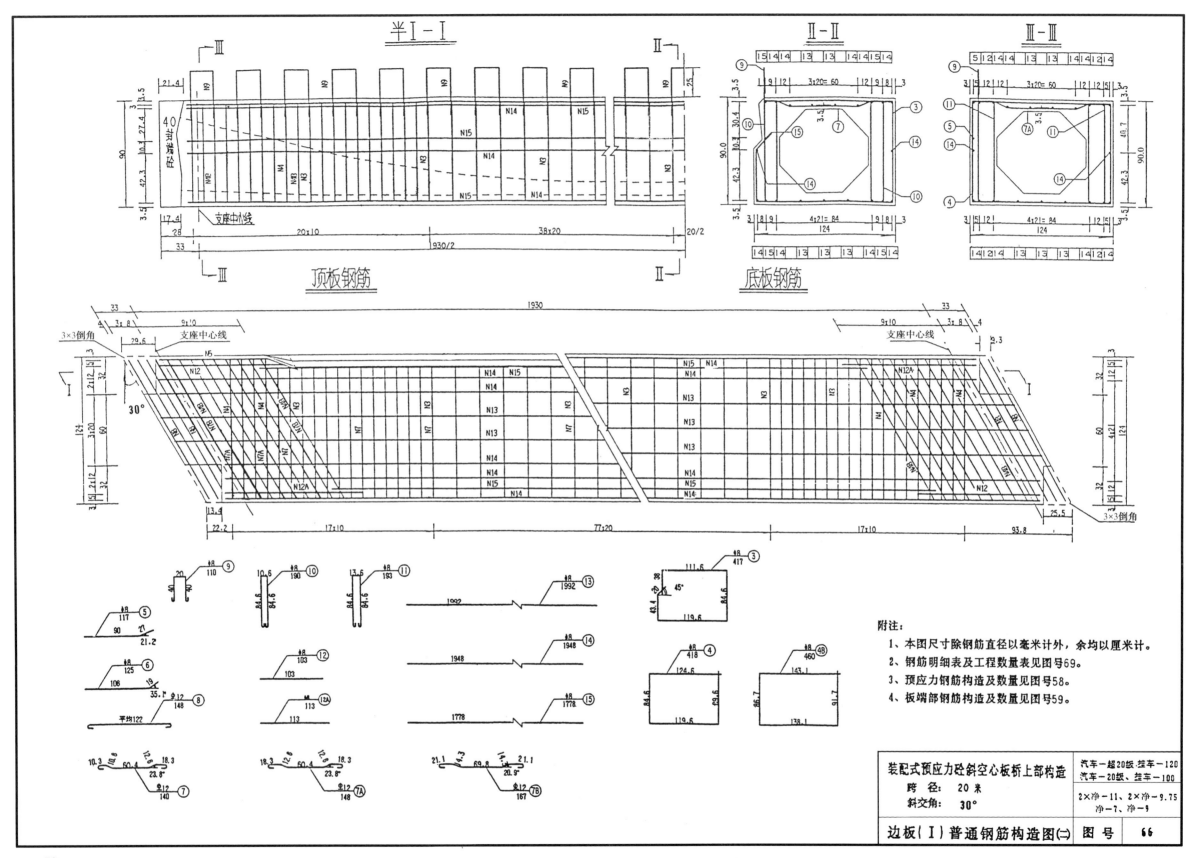

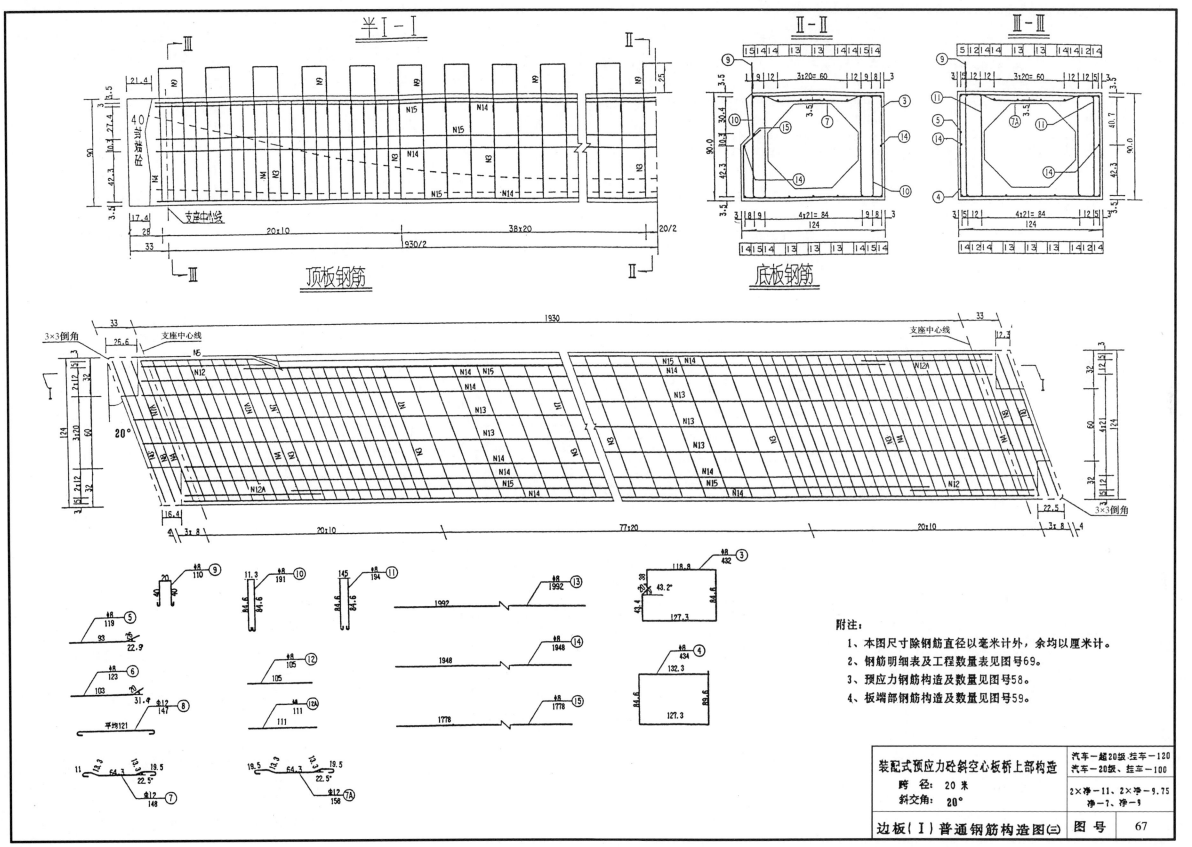

附注：

1、本图尺寸除钢筋直径以毫米计外，余均以厘米计。
2、钢筋明细表及工程数量表见图号69。
3、预应力钢筋构造及数量见图号58。
4、板端部钢筋构造及数量见图号59。

装配式预应力砼斜空心板桥上部构造 跨 径: 20 米 斜交角: 10°	汽车—超20级、挂车—120 汽车—20级、挂车—100 2×净—11、2×净—9.75 净—7、净—9	
边板(Ⅰ)普通钢筋构造图(四)	图 号	68

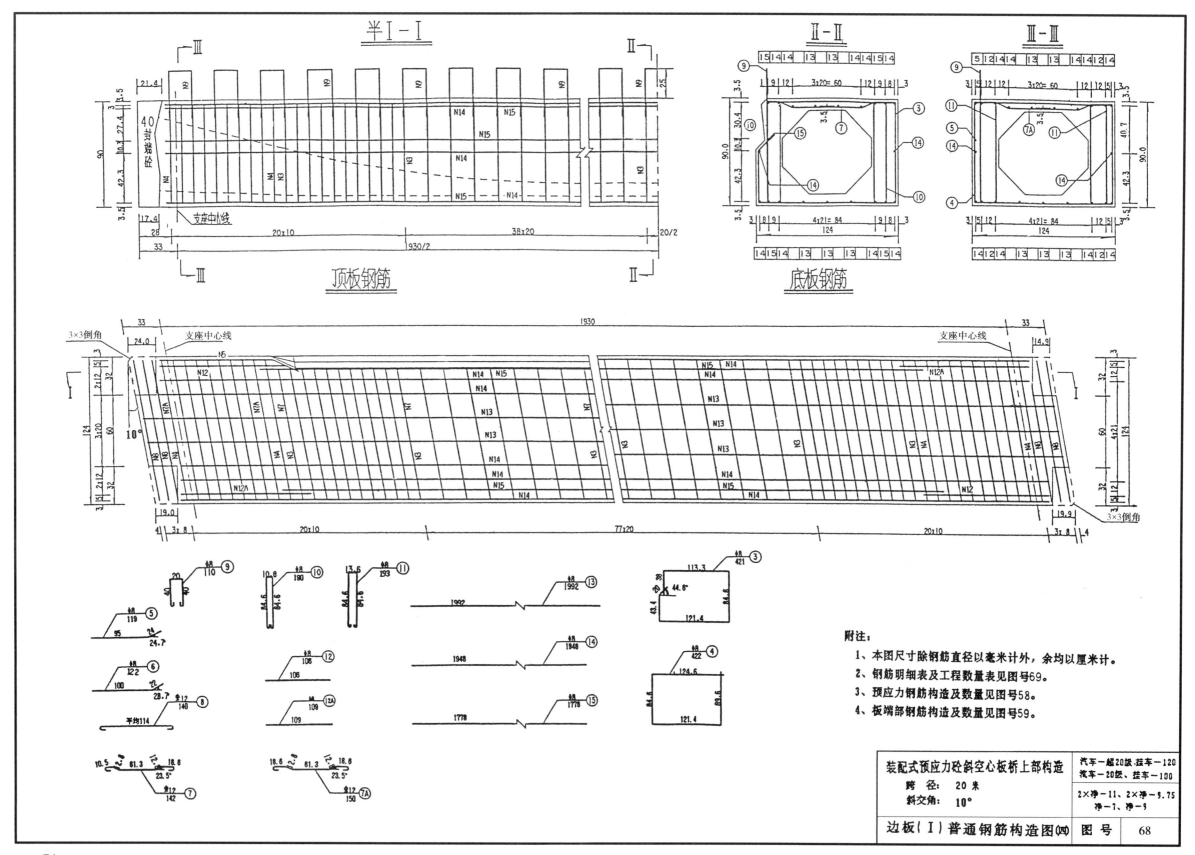

一块边板(Ⅰ)钢筋明细表及工程数量表

钢筋编号	钢筋直径(mm)	40°				30°				20°				10°			
		单根长(cm)	根数	共长(m)	共重(kg)	单根长(cm)	根数	共长(m)	共重(kg)	单根长(cm)	根数	共长(m)	共重(kg)	单根长(cm)	根数	共长(m)	共重(kg)
1	φ8	—	—	—	218.4	—	—	—	219.2	—	—	—	203.43	—	—	—	198.2
2	φ8	—	—	—		—	—	—		—	—	—		—	—	—	
3	φ8	417	98	408.7		417	98	408.7		432	98	423.4		421	98	412.6	
4	φ8	418	12	50.2		418	14	58.5		434	20	86.8		422	20	84.4	
4A	φ8	496	18	89.3		460	18	82.8		—	—	—		—	—	—	
4B	φ8	—	—	—		—	—	—		—	—	—		—	—	—	
5	φ8	115	2	2.3		117	2	2.3		119	2	2.4		119	2	2.4	
6	φ8	126	2	2.5		125	2	2.5		123	2	2.5		122	2	2.4	
7	Φ12	140	87	121.8	157.4	140	87	121.8	155.8	148	88	130.2	145.2	142	88	125.0	139.2
7A	Φ12	148	7	10.4		148	9	13.3		156	10	15.6		150	10	15.0	
7B	Φ12	185	10	18.5		167	10	16.7		—	—	—		—	—	—	
7C	Φ12	—	—	—		—	—	—		—	—	—		—	—	—	
7D	Φ12	—	—	—		—	—	—		—	—	—		—	—	—	
7E	Φ12	—	—	—		—	—	—		—	—	—		—	—	—	
8	Φ12	166	16	26.6		148	16	23.7		147	12	17.6		140	12	16.8	
9	φ8	110	48	52.8	250.2	110	48	52.8	250.2	110	48	52.8	250.6	110	48	52.8	250.2
10	φ8	190	90	171.0		190	90	171.0		191	90	171.9		190	90	171.0	
11	φ8	193	8	15.4		193	8	15.4		194	8	15.5		194	8	15.5	
12	φ8	100	5	5.0		103	5	5.2		105	5	5.3		106	5	5.3	
12A	φ8	115	5	5.8		113	5	5.7		111	5	5.6		109	5	5.5	
13	φ8	1992	5	99.6		1992	5	99.6		1992	5	99.6		1992	5	99.6	
14	φ8	1948	10	194.8		1948	10	194.8		1948	10	194.8		1948	10	194.8	
14A	φ8	—	—	—		—	—	—		—	—	—		—	—	—	
15	φ8	1778	5	88.9		1778	5	88.9		1778	5	88.9		1778	5	88.9	
40号砼(m³)		13.3				13.3				13.3				13.3			

注：

1、本表只列入预制板普通钢筋数量，板端构造钢筋见图号59 。预应力钢筋见图号58 。

2、40号砼数量已包括封锚及封端部分数量。

3、N7(N7A、N7B、N7C、N7D、N7E)钢筋间距为20cm；N10(N11)钢筋间距为40cm。

装配式预应力砼斜空心板桥上部构造 跨 径：20米 斜交角：10°、20°、30°、40°	汽车—超20级、挂车—120 汽车—20级、挂车—100 2×净—11、2×净—9.75 净—7、净—9	
一块边板(Ⅰ)工程数量表	图 号	69

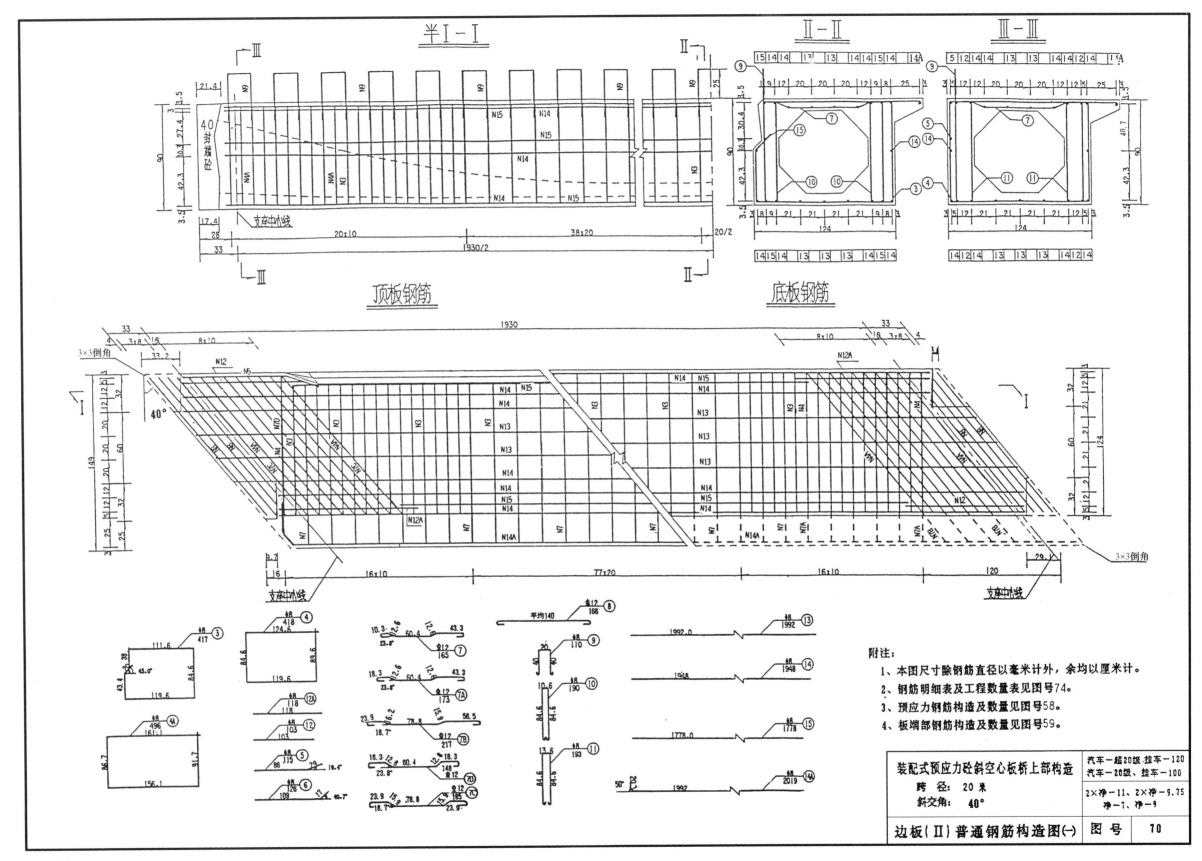

附注：

1、本图尺寸除钢筋直径以毫米计外，余均以厘米计。
2、钢筋明细表及工程数量表见图号74。
3、预应力钢筋构造及数量见图号58。
4、板端部钢筋构造及数量见图号59。

装配式预应力砼斜空心板桥上部构造 跨径：20米 斜交角：30°	汽车－超20级、挂车－120 汽车－20级、挂车－100 2×净－11、2×净－9.75 净－7、净－9	
边板（II）普通钢筋构造图（二）	图号	71

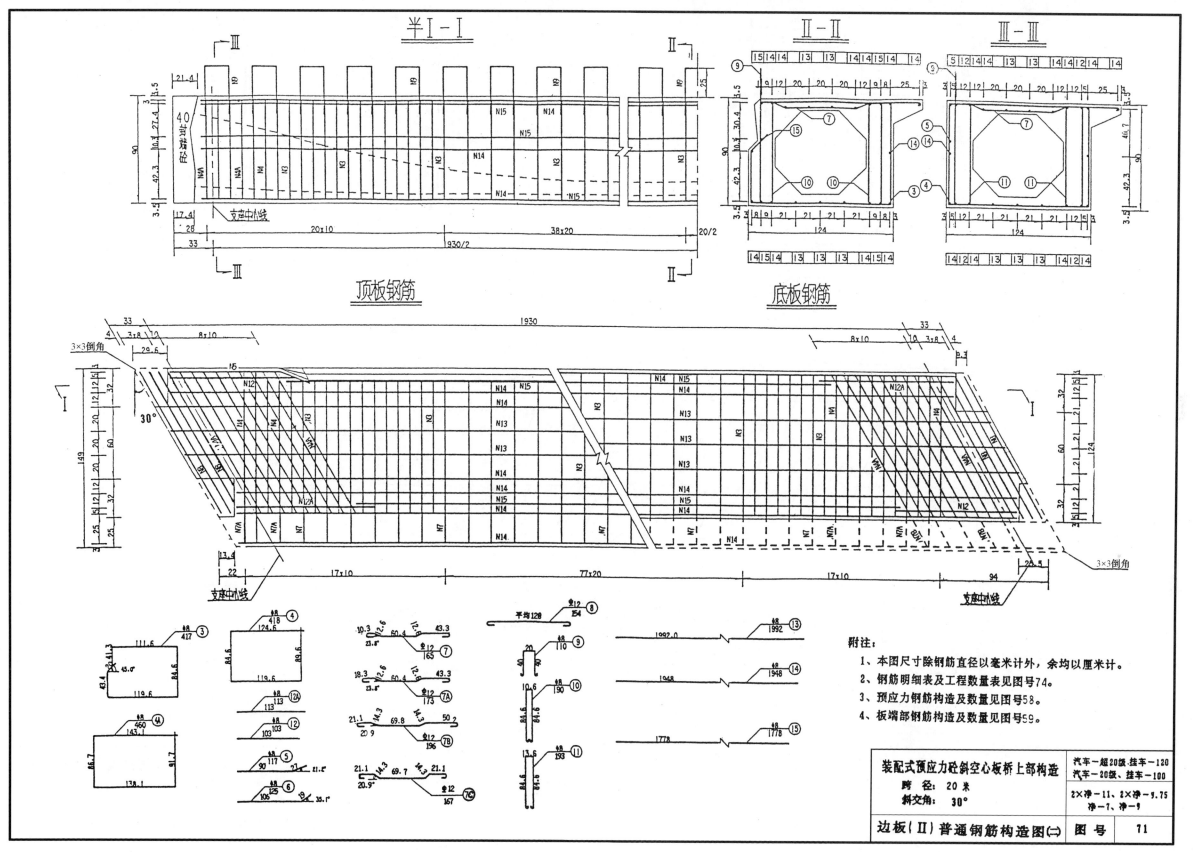

附注：

1、本图尺寸除钢筋直径以毫米计外，余均以厘米计。
2、钢筋明细表及工程数量表见图号74。
3、预应力钢筋构造及数量见图号58。
4、板端部钢筋构造及数量见图号59。

装配式预应力砼斜空心板桥上部构造 跨 径： 20 米 斜交角： 20°	汽车—超20级.挂车—120 汽车—20级、挂车—100	
	2×净—11、2×净—9.75 净—7、净—9	
边板（Ⅱ）普通钢筋构造图(三)	图 号	72

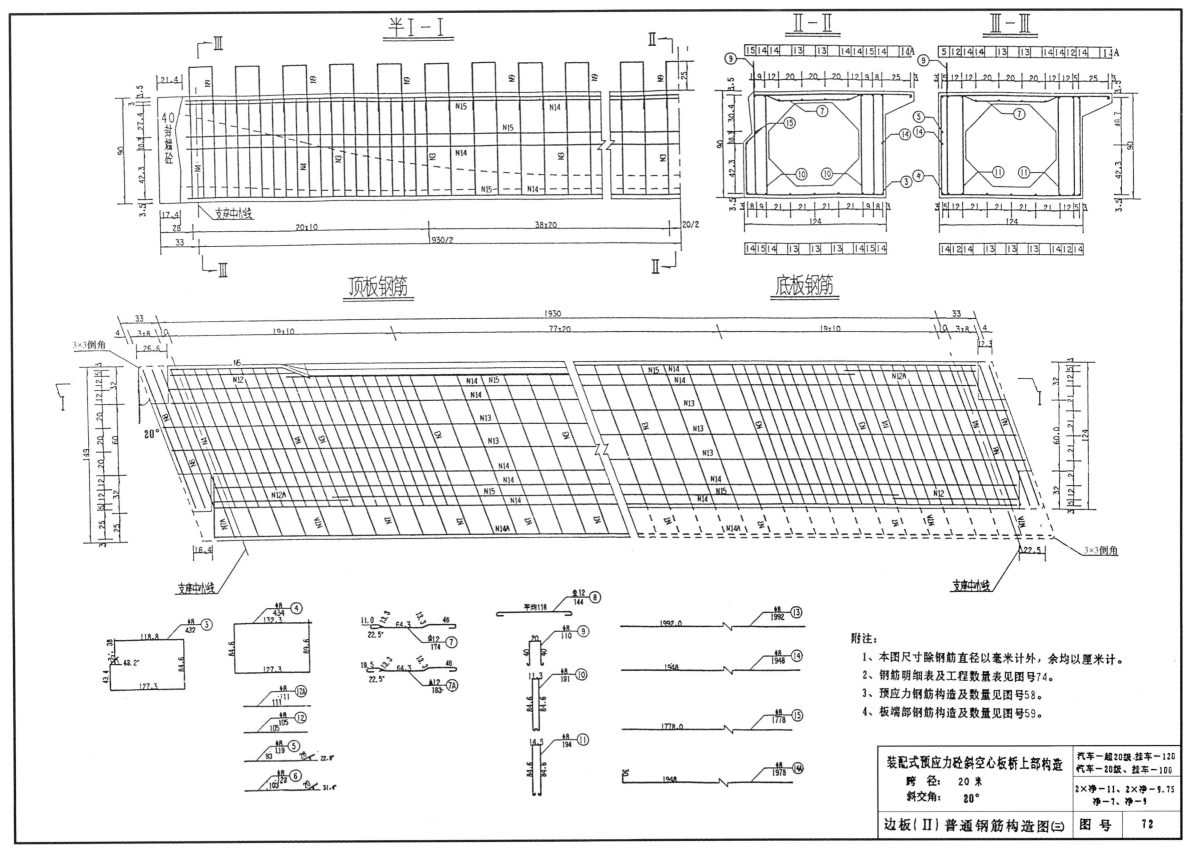

附注：

1、本图尺寸除钢筋直径以毫米计外，余均以厘米计。

2、钢筋明细表及工程数量表见图号74。

3、预应力钢筋构造及数量见图号58。

4、板端部钢筋构造及数量见图号59。

装配式预应力砼斜空心板桥上部构造 跨　径：　20 米 斜交角：　10°	汽车—超20级、挂车—120 汽车—20级、挂车—100 2×净—11、2×净—9.75 净—7、净—9	
边板（Ⅱ）普通钢筋构造图(四)	图　号	73

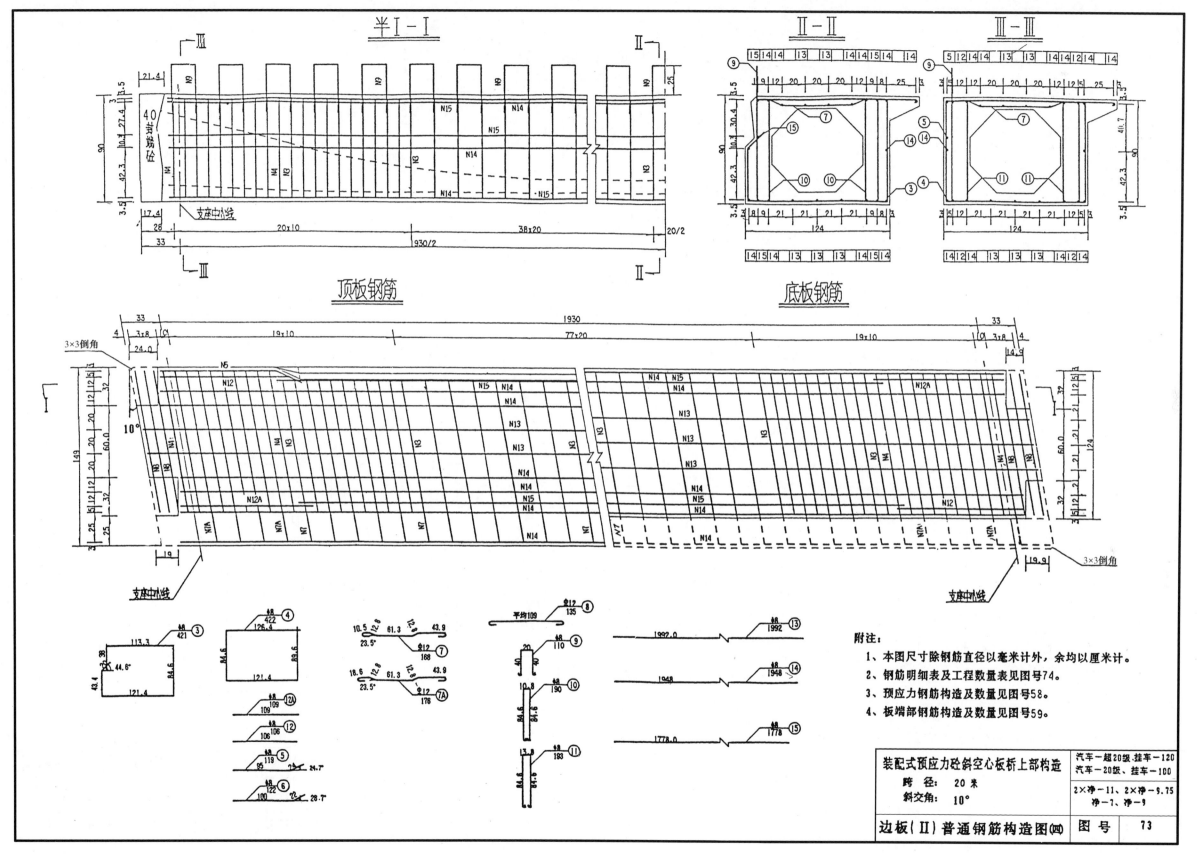

一块边板(Ⅱ)钢筋明细表及工程数量表

钢筋编号	钢筋直径(mm)	40° 单根长(cm)	40° 根数	40° 共长(m)	40° 共重(kg)	30° 单根长(cm)	30° 根数	30° 共长(m)	30° 共重(kg)	20° 单根长(cm)	20° 根数	20° 共长(m)	20° 共重(kg)	10° 单根长(cm)	10° 根数	10° 共长(m)	10° 共重(kg)
1	φ8	—	—	—		—	—	—		—	—	—		—	—	—	
2	φ8	—	—	—		—	—	—		—	—	—		—	—	—	
3	φ8	417	98	408.7		417	98	408.7		432	98	423.4		421	98	412.6	
4	φ8	418	12	50.2	218.4	418	14	58.5	219.2	434	20	86.8	203.4	422	20	84.4	198.2
4A	φ8	496	18	89.3		460	18	82.8		—	—	—		—	—	—	
4B	φ8	—	—	—		—	—	—		—	—	—		—	—	—	
5	φ8	115	2	2.3		117	2	2.3		119	2	2.4		119	2	2.4	
6	φ8	126	2	2.5		125	2	2.5		123	2	2.5		122	2	2.4	
7	Φ12	165	87	143.6		165	87	143.6		174	88	153.1		168	88	147.8	
7A	Φ12	173	6	10.4		173	8	13.8		183	10	18.3		176	10	17.6	
7B	Φ12	217	5	10.9		196	5	9.8		—	—	—		—	—	—	
7C	Φ12	185	5	9.3	179.4	167	5	8.4	177.8	—	—	—	167.6	—	—	—	161.3
7D	Φ12	148	1	1.5		—	—	—		—	—	—		—	—	—	
7E	Φ12	—	—	—		—	—	—		—	—	—		—	—	—	
8	Φ12	166	16	26.6		154	16	24.6		144	12	17.3		135	12	16.2	
9	φ8	110	48	52.8		110	48	52.8		110	48	52.8		110	48	52.8	
10	φ8	190	90	171.0		190	90	171.0		191	90	171.9		190	90	171.0	
11	φ8	193	8	15.4		193	8	15.4		194	8	15.5		193	8	15.4	
12	φ8	103	5	5.2		103	5	5.2		105	5	5.3		106	5	5.3	
12A	φ8	118	5	5.9	258.2	113	5	5.7	257.9	111	5	5.6	258.4	109	5	5.5	257.8
13	φ8	1992	5	99.6		1992	5	99.6		1992	5	99.6		1992	5	99.6	
14	φ8	1948	10	194.8		1948	11	214.3		1948	10	194.8		1948	11	214.3	
14A	φ8	2019	1	20.2		—	—	—		1978	1	19.8		—	—	—	
15	φ8	1778	5	88.9		1778	5	88.9		1778	5	88.9		1778	5	88.9	
40号砼 (m^3)		13.8				13.8				13.8				13.8			

注：

1、本表只列入预制板普通钢筋数量，板端构造钢筋见图号59 。预应力钢筋见图号58 。

2、40号砼数量已包括封锚及封端部分数量。

3、N7(N7A、N7B、N7C、N7D、N7E)钢筋间距为20cm；N10(N11)钢筋间距为40cm。

装配式预应力砼斜空心板桥上部构造 跨径：20米 斜交角：10°、20°、30°、40°	汽车—超20级.挂车—120 汽车—20级、挂车—100 2×净—11、2×净—9.75 净—7、净—9
一块边板(Ⅱ)工程数量表	图号 74

钢 筋 明 细 表

跨径 (m)	斜度 φ°	直径 (mm)	l_1 (cm)	根数 n	间距K (cm)	共长 (m)	共重 (kg)
10	40	φ12	42.9	8	10	30.89	27.5
	30	φ12	34.6	8	10	24.91	22.2
	20	φ12	28.6	8	10	20.59	18.3
	10	φ12					
13	40	φ12	42.9	8	10	30.89	27.5
	30	φ12	34.6	8	10	24.91	22.2
	20	φ12	28.6	8	10	20.59	18.3
	10	φ12					
16	40	φ14	42.9	10	10	47.19	57.2
	30	φ14	34.6	10	10	38.06	46.1
	20	φ14	28.6	10	10	31.46	38.1
	10	φ14					
20	40	φ14	42.9	10	10	47.19	57.2
	30	φ14	34.6	10	10	38.06	46.1
	20	φ14	28.6	10	10	31.46	38.1
	10	φ14					

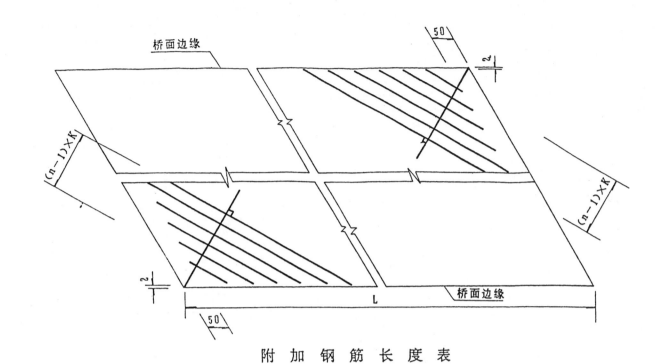

附 加 钢 筋 长 度 表

跨径 (m)	斜度 φ	l_1 (cm)	l_2 (cm)	l_3 (cm)	l_4 (cm)	l_5 (cm)	l_6 (cm)	l_7 (cm)	l_8 (cm)	l_9 (cm)	l_{10} (cm)
10	40°	42.9	85.8	128.7	171.6	214.5	257.4	300.3	343.2	—	—
	30°	34.6	69.2	103.8	138.4	173.0	207.6	242.2	276.8	—	—
	20°	28.6	57.2	85.8	114.4	143.0	171.6	200.2	228.8	—	—
	10°	—	—	—	—	—	—	—	—	—	—
13	40°	42.9	85.5	128.7	171.6	214.5	257.4	300.3	343.2	—	—
	30°	34.6	69.2	103.8	138.4	173.0	207.6	242.2	276.8	—	—
	20°	28.6	57.2	85.8	114.4	143.0	171.6	200.2	228.8	—	—
	10°	—	—	—	—	—	—	—	—	—	—
16	40°	42.9	85.8	128.7	171.6	214.5	257.4	300.3	343.2	386.1	429.0
	30°	34.6	69.2	103.8	138.4	173.0	207.6	242.2	276.8	311.4	346.0
	20°	28.6	57.2	85.8	114.4	143.0	171.6	200.2	228.8	257.4	286.0
	10°	—	—	—	—	—	—	—	—	—	—
20	40°	42.9	85.8	128.7	171.6	214.5	257.4	300.3	343.2	386.1	429.0
	30°	34.6	69.2	103.8	138.4	173.0	207.6	242.2	276.8	311.4	346.0
	20°	28.6	57.2	85.8	114.4	143.0	171.6	200.2	228.8	257.4	286.0
	10°	—	—	—	—	—	—	—	—	—	—

附注：
1. 本图尺寸除注明者外，余均以厘米计。
2. 各根钢筋的长度按下式计算，$l_i = i \cdot l_1$，式中 $i = 1, 2, 3, \cdots n$。
3. 本附加钢筋绑扎于桥面钢筋网之上。
4. 表中数据为净—9，净—7的情况，2×净—11和2×净—9.75的情况为表中所列数据2倍。
5. K值为附加钢筋间距。

装配式预应力砼斜空心板桥上部构造
跨径：10，13，16，20米
斜交角：10°、20°、30°、40°

汽车—超20级、挂车—120
汽车—20级、挂车—100

2×净—11、2×净—9.75
净—7、净—9

附加钢筋构造　　图号 75

参 数 表

净 空	2×净—11（半幅）	2×净-9.75（半幅）	净—9+2×1.50m	净—9+2×1.00m	净—7+2×1.00m
B′（cm）	1249	1049	1174	1124	924
a （cm）	4.5	4.5	7.0	7.0	7.0
m	248	200	232	232	182
b （cm）	9.5	14.5	17.0	22.0	12.0
n	41	24	23	36	39

注：

1、1号钢筋无粘结长度对称于桥墩中心线布置。
2、隔离层涂抹材料为沥青膏，施工时注意控制其厚度。
3、用角钢在吊环处将相邻板锁定并塞紧端缝，先浇水泥混凝土铺装和铰缝，待强度达到70%时，解除锁定，割除吊环，涂抹隔离层后，再浇桥面连续混凝土。
4、桥面连续混凝土标号为40号。
5、隔离层涂抹范围为两条油浸软木条之间。
6、②钢筋为桥面铺装钢筋，工程数量不计入本项内。
7、本图尺寸除钢筋直径以毫米计外，余均以厘米计。

装配式预应力砼斜空心板桥上部构造 跨 径：10，13，16，20米 斜交角：10°、20°、30°、40°	汽车—超20级、挂车—120 汽车—20级、挂车—100	
	2×净—11、2×净—9.75 净—7、净—9	
桥面连续构造图	图 号	76

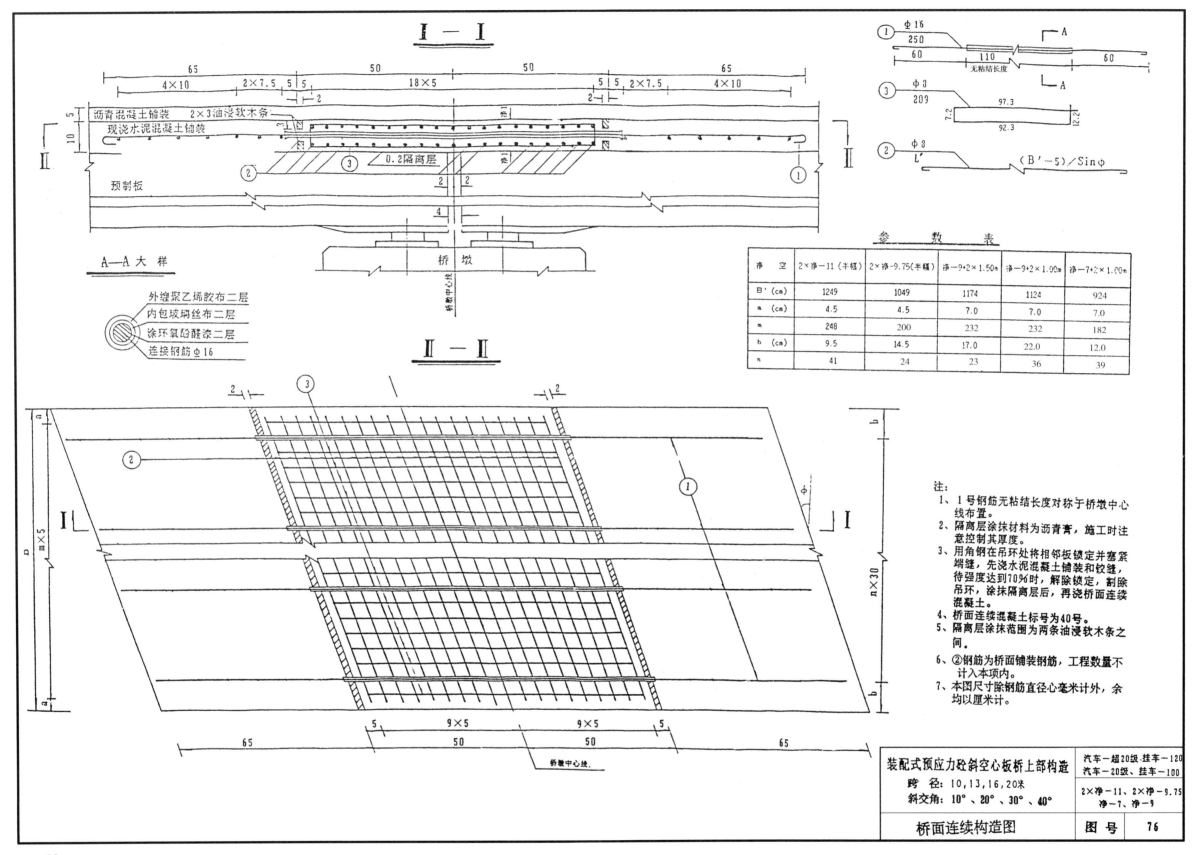

桥面连续工程数量表

斜交角 φ	钢筋编号	钢筋直径 (mm)	2×净－11(半幅) 每根长 (cm)	根数	共长 (m)	共重 (kg)	2×净－9.75(半幅) 每根长 (cm)	根数	共长 (m)	共重 (kg)	净－9＋2×1.50m 每根长 (cm)	根数	共长 (m)	共重 (kg)	净－9＋2×1.00m 每根长 (cm)	根数	共长 (m)	共重 (kg)	净－7＋2×1.00m 每根长 (cm)	根数	共长 (m)	共重 (kg)
40°	1	φ16	250	42	105.0	165.7	250	35	87.5	138.1	250	39	97.5	153.9	250	37	92.5	146.0	250	31	77.5	122.3
	2	φ 8	1634	38	620.9	450.8	1373	38	521.7	378.6	1536	38	583.7	422.9	1471	38	559.0	404.9	1210	38	459.8	332.7
	3	φ 8	209	249	520.4		209	209	436.8		209	233	487.0		209	223	466.1		209	183	382.5	
30°	1	φ16	250	42	105.0	165.7	250	35	87.5	138.1	250	39	97.5	153.9	250	37	92.5	146.0	250	31	77.5	122.3
	2	φ 8	1446	38	549.5	422.6	1216	38	462.1	355.1	1360	38	516.8	396.5	1302	38	494.8	379.6	1071	38	407.0	311.9
	3	φ 8	209	249	520.4		209	209	436.8		209	233	487.0		209	223	466.1		209	183	382.5	
20°	1	φ16	250	42	105.0	165.7	250	35	87.5	138.1	250	39	97.5	153.9	250	37	92.5	146.0	250	31	77.5	122.3
	2	φ 8	1334	38	506.9	405.8	1121	38	426.0	340.8	1254	38	476.5	380.6	1201	38	456.4	364.4	988	38	375.4	299.4
	3	φ 8	209	249	520.4		209	209	436.8		209	233	487.0		209	223	466.1		209	183	382.5	
10°	1	φ16	250	42	105.0	165.7	250	35	87.5	138.1	250	39	97.5	153.9	250	37	92.5	146.0	250	31	77.5	122.3
	2	φ 8	1273	38	483.7	396.6	1070	38	406.6	333.1	1197	38	454.9	372.1	1146	38	435.5	356.1	943	38	358.3	292.6
	3	φ 8	209	249	520.4		209	209	436.8		209	233	487.0		209	223	466.1		209	183	382.5	
40号砼(m)			1.2				1.1				1.2				1.1				0.9			

装配式预应力砼斜空心板桥上部构造 跨 径: 10,13,16,20米 斜交角: 10°、20°、30°、40°	汽车－超20级.挂车－120 汽车－20级、挂车－100 2×净－11、2×净－9.75 净－7、净－9	
桥面连续工程数量表	图 号	77

I — I

铺装层钢筋平面

附注：

1、本图尺雨除钢筋直径以毫米计外，余均以厘米计。
2、浇筑桥面混凝土前必须对预制板顶面进行拉毛处理，并冲刷干净，以利有效结合。
3、桥面铺装包括10厘米现浇40号砼和5厘米沥青混凝土。
4、B′值及工程数量表见图号79。

装配式预应力砼斜空心板桥上部构造 跨　径：10,13,16,20米 斜交角：10°、20°、30°、40°	汽车—超20级.挂车—120 汽车—20级、挂车—100 2×净—11、2×净—9.75 净—7、净—9	
桥面铺装构造图	图号	78

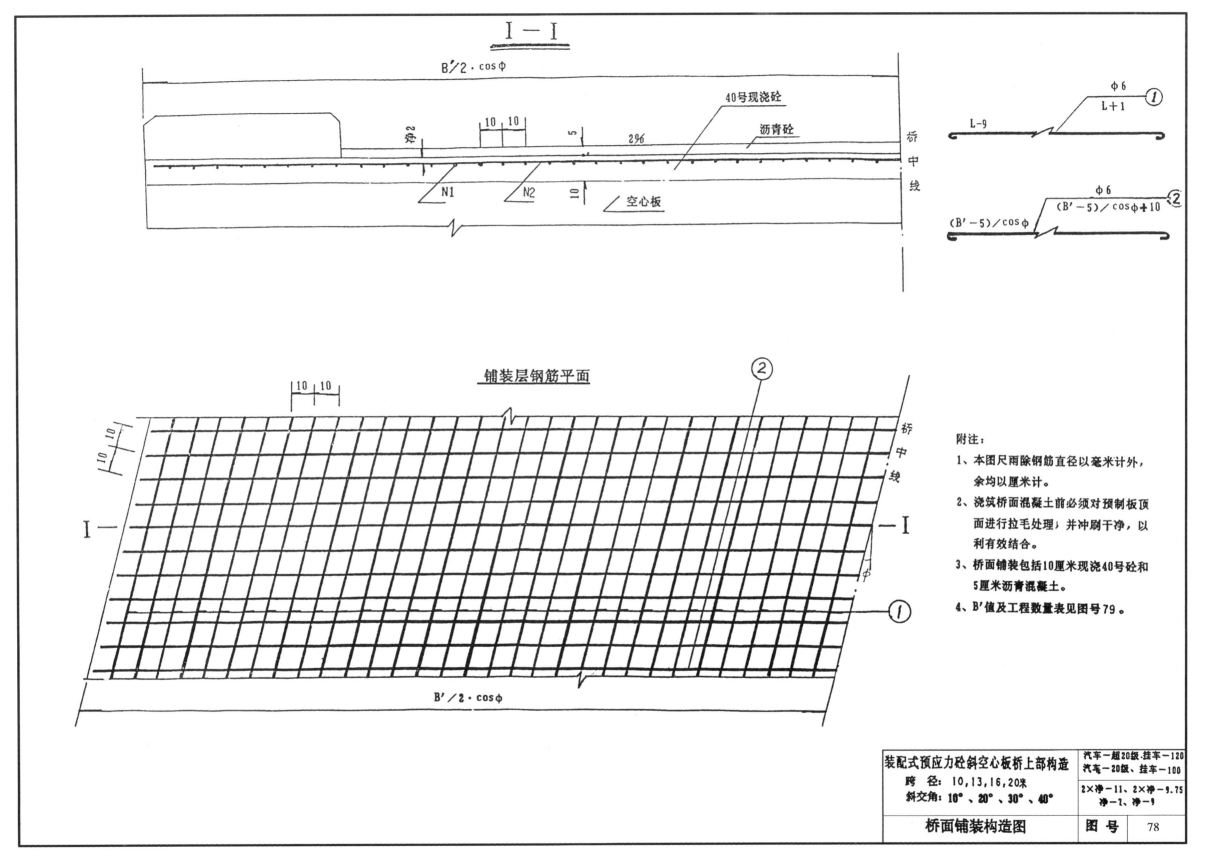

一孔桥面铺装工程数量表

跨径 (m)	斜交角 (°)	钢筋编号	钢筋直径 (mm)	2×净-11（半幅）B′=1249 单根长 (cm)	根数	共长 (m)	共重 (kg)	砼 (m³)	2×净-9.75（半幅）B′=1049 单根长 (cm)	根数	共长 (m)	共重 (kg)	砼 (m³)	净-9+2×1.50m B′=1174 单根长 (cm)	根数	共长 (m)	共重 (kg)	砼 (m³)	净-9+2×1.00m B′=1124 单根长 (cm)	根数	共长 (m)	共重 (kg)	砼 (m³)	净-7+2×1.00m B′=924 单根长 (cm)	根数	共长 (m)	共重 (kg)	砼 (m³)
10	40	1	φ6	1001	163	1631.6	725.0	12.5/5.5	1001	137	1371.4	609.0	10.5/4.9	1008	153	1531.5	681.0	11.7/4.5	1001	147	1471.5	653.2	11.2/4.5	1001	121	1211.2	537.5	9.2/3.5
		2	φ6	1634	100	1634.0			1373	100	1373.0			1536	100	1536.0			1471	100	1471.0			1210	100	1210.0		
	30	1	φ6	1001	144	1441.4	641.0		1001	121	1211.2	538.8		1001	136	1361.4	604.2		1001	130	1301.3	577.9		1001	107	1071.1	475.5	
		2	φ6	1446	100	1446.0			1216	100	1216.0			1360	100	1360.0			1302	100	1302.0			1071	100	1071.0		
	20	1	φ6	1001	133	1331.3	591.7		1001	112	1121.1	497.7		1001	125	1251.3	556.2		1001	120	1201.2	533.3		1001	98	981.0	437.1	
		2	φ6	1334	100	1334.0			1121	100	1121.0			1254	100	1254.0			1201	100	1201.0			988	100	988.0		
	10	1	φ6	1001	127	1271.3	564.8		1001	107	1071.1	475.3		1001	119	1191.2	530.2		1001	114	1141.1	507.7		1001	94	940.9	418.2	
		2	φ6	1273	100	1273.0			1070	100	1070.0			1197	100	1197.0			1146	100	1146.0			943	100	943.0		
13	40	1	φ6	1301	163	2120.6	942.3	16.2/7.2	1301	137	1782.4	791.9	13.6/6.3	1301	153	1990.5	885.2	15.3/5.9	1301	147	1912.5	849.1	14.6/5.9	1301	121	1574.2	698.7	12.0/4.6
		2	φ6	1634	130	2124.2			1373	130	1784.9			1536	130	1996.8			1471	130	1912.3			1210	130	1573.0		
	30	1	φ6	1301	144	1873.4	833.2		1301	121	1574.2	700.4		1301	136	1769.4	785.3		1301	130	1691.3	751.2		1301	107	1392.1	618.1	
		2	φ6	1446	130	1879.8			1216	130	1580.8			1360	130	1768.0			1302	130	1692.6			1071	130	1392.3		
	20	1	φ6	1301	133	1730.3	769.1		1301	112	1457.1	647.0		1301	125	1626.3	722.9		1301	120	1561.2	693.2		1301	98	1275.0	568.2	
		2	φ6	1334	130	1734.2			1121	130	1457.3			1254	130	1630.2			1201	130	1561.3			988	130	1284.4		
	10	1	φ6	1301	127	1652.3	734.2		1301	107	1392.1	617.8		1301	119	1548.2	689.2		1301	114	1483.1	660.0		1301	94	1222.9	543.6	
		2	φ6	1273	130	1654.9			1070	130	1391.0			1197	130	1556.1			1146	130	1489.8			943	130	1225.9		
16	40	1	φ6	1601	163	2609.6	1159.7	20.0/8.8	1601	137	2193.4	974.6	16.8/7.8	1601	153	2449.5	1089.4	18.8/7.2	1601	147	2353.5	1045.0	18.0/7.2	1601	121	1937.2	859.9	14.8/5.6
		2	φ6	1634	160	2614.4			1373	160	2196.8			1536	160	2457.6			1471	160	2353.6			1210	160	1936.0		
	30	1	φ6	1601	144	2305.4	1025.4		1601	121	1937.2	862.0		1601	136	2177.4	966.5		1601	130	2081.3	924.5		1601	107	1713.1	760.7	
		2	φ6	1446	160	2313.6			1216	160	1945.6			1360	160	2176.0			1302	160	2083.2			1071	160	1713.6		
	20	1	φ6	1601	133	2129.3	946.5		1601	112	1793.1	796.2		1601	125	2001.3	899.7		1601	120	1921.2	853.1		1601	98	1569.0	699.3	
		2	φ6	1334	160	2134.4			1121	160	1793.6			1254	160	2006.4			1201	160	1921.6			988	160	1580.8		
	10	1	φ6	1601	127	2033.3	903.6		1601	107	1713.1	760.4		1601	119	1905.2	848.1		1601	114	1825.1	812.2		1601	94	1504.9	669.0	
		2	φ6	1273	160	2036.8			1070	160	1712.0			1197	160	1915.2			1146	160	1833.6			943	160	1508.8		
20	40	1	φ6	2001	163	3261.6	1449.6	25.0/11.0	2001	137	2741.4	1218.2	21.0/9.8	2001	153	3061.5	1361.6	23.5/9.0	2001	147	2941.5	1306.1	22.5/9.0	2001	121	2421.2	1074.7	18.5/7.0
		2	φ6	1634	200	3268.0			1373	200	2746.0			1536	200	3072.0			1471	200	2842.0			1210	200	2420.0		
	30	1	φ6	2001	144	2881.4	1281.7		2001	121	2621.3	1121.8		2001	136	2721.4	1208.0		2001	130	2601.3	1155.6		2001	107	2141.1	950.8	
		2	φ6	1446	200	2892.0			1216	200	2432.0			1360	200	2720.0			1302	200	2604.0			1071	200	2142.0		
	20	1	φ6	2001	133	2661.3	1183.1		2001	112	2241.1	995.2		2001	125	2501.3	1112.1		2001	120	2401.2	1066.3		2001	98	1961.0	874.0	
		2	φ6	1334	200	2668.0			1121	200	2242.0			1254	200	2508.0			1201	200	2402.0			988	200	1976.0		
	10	1	φ6	2001	127	2541.3	1129.4		2001	107	2141.1	950.4		2001	119	2381.2	1060.1		2001	114	2281.1	1015.2		2001	94	1880.9	836.3	
		2	φ6	1273	200	2546.0			1070	200	2140.0			1197	200	2394.0			1146	200	2292.0			943	200	1886.0		

注：砼数量中“/”以上为40号现浇砼用量，以下为沥青混凝土用量。

装配式预应力砼斜空心板桥上部构造 跨　径：10，13，16，20米 斜交角：10°、20°、30°、40°	汽车—超20级、挂车—120 汽车—20级、挂车—100 2×净—11、2×净—9.75 净—7、净—9
一孔桥面铺装工程数量表	图号　79

附注：

1．本图尺寸除钢筋直径以毫米计，余均以厘米计。
2．钢筋大样中2号钢筋四个数值分别为斜交角为50°、60°、70°、80°的情况。
3．4号钢筋伸出与栏杆栅钢筋相焊接现浇栏杆栅接缝处。
4．5号钢筋伸出与栏杆柱钢筋焊接现浇栏杆用。
5．钢板焊在3号钢筋上。

装配式预应力砼斜空心板桥上部构造 跨　径：10，13，16，20米 斜交角：10°、20°、30°、40°	汽车－20级 挂车－100	
	净－9、净－7	
1.00米人行道板构造（一）	图号	80

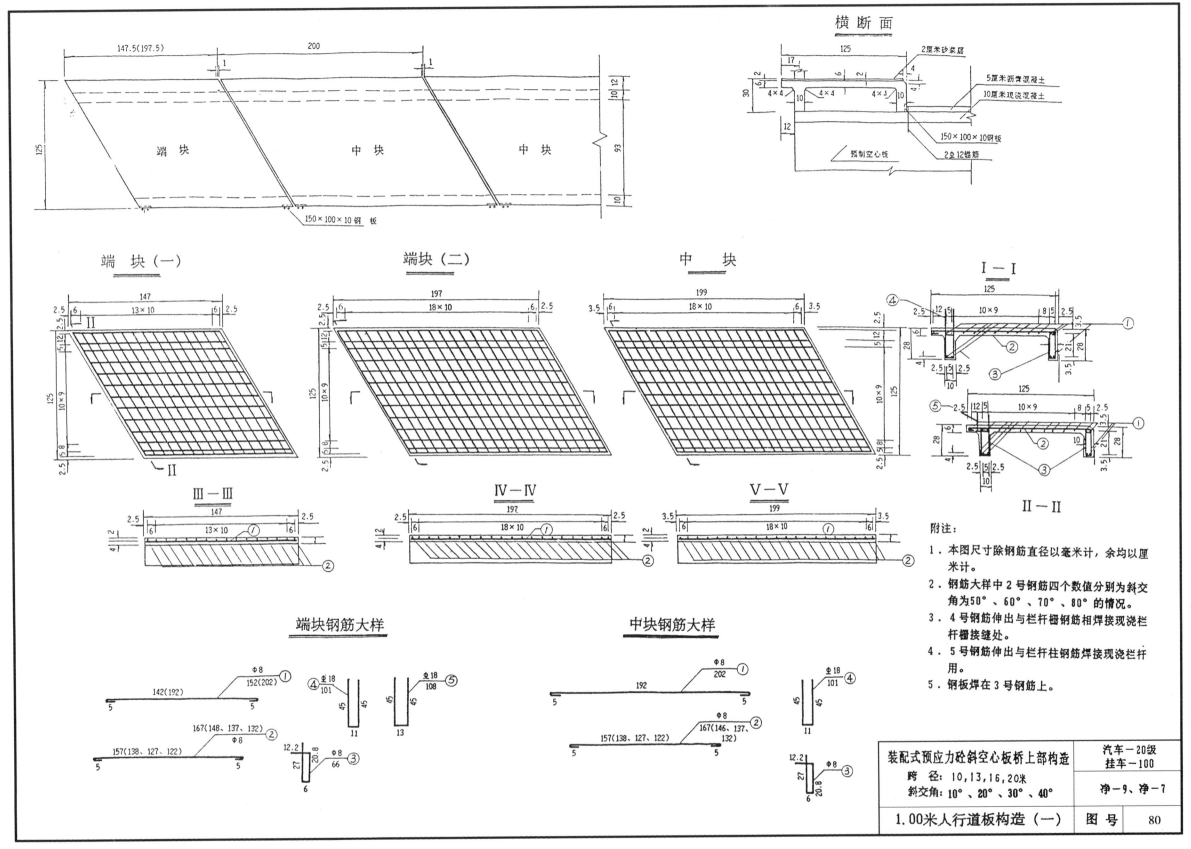

端块材料明细表(1.5米，2.0米)

斜交角(φ)	钢筋(板) 编号	直径(毫米)	每根长度(厘米)	根数(根)	共长(米)	共重(公斤)	20号混凝土用量(立方米)
40°	1	φ8	152(202)	17	25.84(34.34)	10.2(13.6)	0.175(0.234)
	2	φ8	167	16(21)	26.72(35.07)	10.6(13.9)	
	3	φ8	66	32(42)	21.12(27.72)	8.3(10.9)	
	4	Φ18	101	1	1.01	2.0	
	5	Φ18	103	2	2.06	4.1	
	锚筋	Φ12	25	4	1.00	0.9	
	钢板	2块	▱ 150×100×10				
30°	1	φ8	152(202)	17	25.84(34.34)	10.2(13.6)	0.175(0.234)
	2	φ8	140	16(21)	23.60(31.00)	9.1(12.3)	
	3	φ8	66	32(42)	21.12(27.72)	8.3(10.9)	
	4	Φ18	101	1	1.01	2.0	
	5	Φ18	103	2	2.06	4.1	
	锚筋	Φ12	25	4	1.00	0.9	
	钢板	2块	▱ 150×100×10				
20°	1	φ8	152(202)	17	25.04(34.34)	10.2(13.6)	0.175(0.234)
	2	φ8	137	16(21)	21.92(28.77)	8.7(11.4)	
	3	φ8	66	32(42)	21.12(27.72)	8.3(10.9)	
	4	Φ18	101	1	1.01	2.0	
	5	Φ18	103	2	2.06	4.1	
	锚筋	Φ12	25	4	1.00	0.9	
	钢板	2块	▱ 150×100×10				
10°	1	φ8	152(202)	17	25.84(34.34)	10.2(13.6)	0.175(0.234)
	2	φ8	132	16(21)	21.12(27.72)	8.3(10.9)	
	3	φ8	66	32(42)	21.12(27.72)	8.3(10.9)	
	4	Φ18	101	1	1.01	2.0	
	5	Φ18	103	2	2.06	4.1	
	锚筋	Φ12	25	4	1.00	0.9	
	钢板	2块	▱ 150×100×10				

中块材料明细表(2.0米)

斜交角(φ)	钢筋(板) 编号	直径(毫米)	每根长度(厘米)	根数(根)	共长(米)	共重(公斤)	20号混凝土用量(立方米)
40°	1	φ8	202	17	34.34	13.6	0.237
	2	φ8	167	21	35.07	13.9	
	3	φ8	66	42	27.72	10.9	
	4	Φ18	101	2	2.02	4.1	
	锚筋	Φ12	25	4	1.00	0.9	
	钢板	2块	▱ 150×100×10				
30°	1	φ8	202	17	34.34	13.6	0.237
	2	φ8	148	21	31.08	12.3	
	3	φ8	66	42	27.72	10.9	
	4	Φ18	101	2	2.02	4.0	
	锚筋	Φ12	25	4	1.00	0.9	
	钢板	2块	▱ 150×100×10				
20°	1	φ8	202	17	34.34	13.6	0.237
	2	φ8	137	21	28.77	11.4	
	3	φ8	66	42	27.72	10.9	
	4	Φ18	101	2	2.02	4.0	
	锚筋	Φ12	25	4	1.00	0.9	
	钢板	2块	▱ 150×100×10				
10°	1	φ8	202	17	34.34	13.6	0.237
	2	φ8	132	21	27.72	10.9	
	3	φ8	66	42	27.72	10.9	
	4	Φ18	101	2	2.02	4.0	
	锚筋	Φ12	25	4	1.00	0.9	
	钢板	2块	▱ 150×100×10				

一孔人行道板材料用量

跨径(米)	斜交角(φ)	钢筋(板)(公斤，块) φ8	Φ12	Φ18	钢板(块)	20号混凝土用量(立方米)
10	40°	384.0	8.9	48.4	20	2.358
	30°	368.0	8.9	48.4	20	
	20°	359.0	8.9	48.4	20	
	10°	354.0	8.9	48.4	20	
13	40°	500.4	12.5	64.4	28	3.070
	30°	479.6	12.5	64.4	28	
	20°	467.8	12.5	64.4	28	
	10°	461.2	12.5	64.4	28	
16	40°	614.4	14.2	72.4	32	3.700
	30°	588.8	14.2	72.4	32	
	20°	574.4	14.2	72.4	32	
	10°	566.4	14.2	72.4	32	
20	40°	768.0	17.8	88.4	40	4.720
	30°	736.0	17.8	88.4	40	
	20°	718.0	17.8	88.4	40	
	10°	708.0	17.8	88.4	40	

附注

本材料用量表不包括2cm砂浆层用量。

装配式预应力砼斜空心板桥上部构造 跨 径：10，13，16，20米 斜交角：10°、20°、30°、40°	汽车—20级 挂车—100 净—9、净—7	
1.00米人行道构造(二)	图 号	81

横断面

端块（一）　端块（二）　中块

I — I

II — II

III — III　IV — IV　V — V

端块钢筋大样　中块钢筋大样　钢板焊接大样

附　注：

1．本图尺寸除钢筋直径以毫米计，余均以厘米计。
2．钢筋大样中 2 号钢筋四个数分别为斜交角为50°、60°、70°、80° 的情况。
3．4 号钢筋预埋与栏杆栅钢筋相焊接现浇栏杆接缝。
4．5 号钢筋预埋与栏杆柱钢筋焊接现浇栏杆用。
5．钢板焊在 3 号钢筋上。
6．II — II 断面中，括号内为需预埋 5 号钢筋的端块的情形。

装配式预应力砼斜空心板桥上部构造 跨　径：10，13，16，20米 斜交角：10°、20°、30°、40°	汽车－20级 挂车－100	
	净－9、净－7	
1.50米人行道板构造（一）	图　号	82

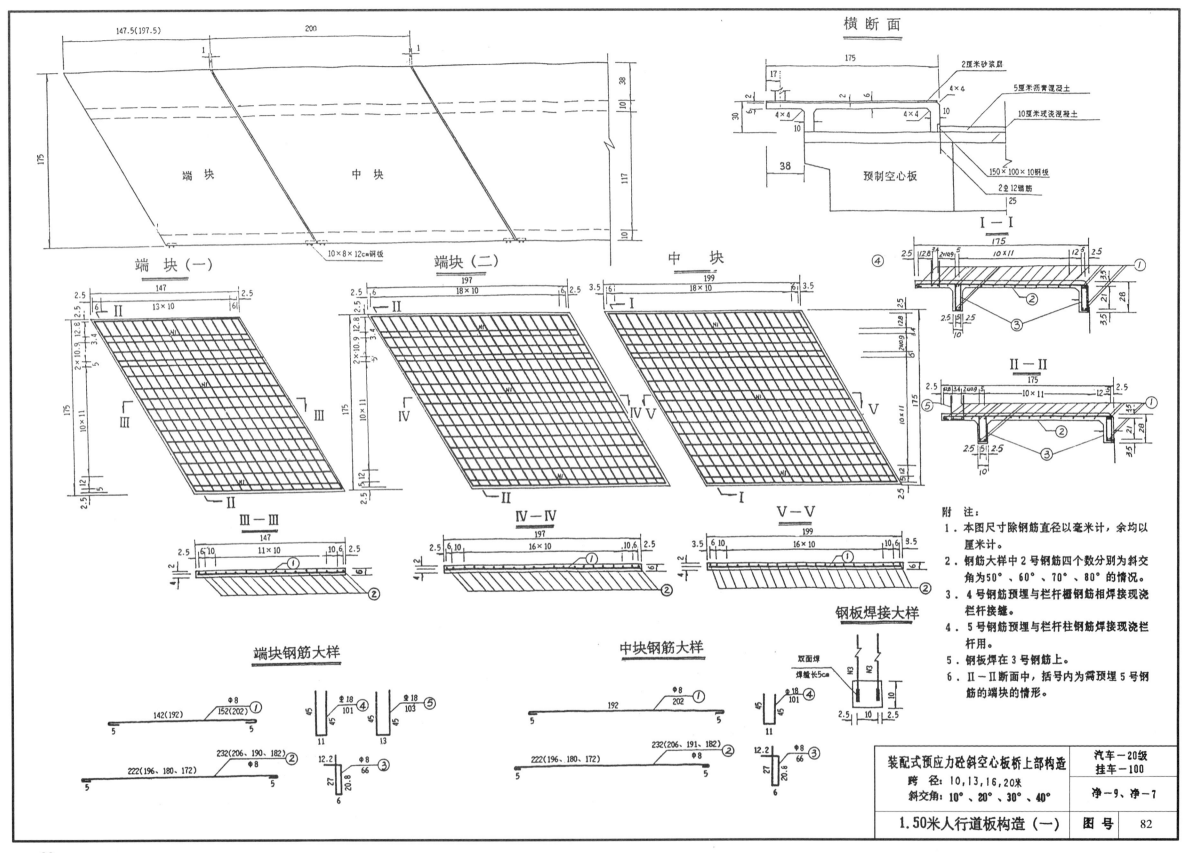

端块材料明细表

斜交角 (ϕ)	钢				筋(板)		20号混凝土用量 (立方米)
	编号	直径 (毫米)	每根长度 (厘米)	根数 (根)	共长 (米)	共重 (公斤)	
40°	1	ϕ8	152(202)	22	33.44(44.44)	13.2(17.6)	0.219 (0.294)
	2	ϕ8	232	16(21)	37.12(48.72)	14.7(19.2)	
	3	ϕ8	66	32(42)	21.12(27.72)	8.3(10.9)	
	4	Φ18	101	1	1.01	2.0	
	5	Φ18	103	2	2.06	4.1	
	锚筋	Φ12	25	4	1.00	0.9	
	钢板	2块	▱ 150×100×10				
30°	1	ϕ8	152(202)	22	33.44(44.44)	13.2(17.6)	0.219 (0.294)
	2	ϕ8	206	16(21)	32.96(43.26)	13.0(17.1)	
	3	ϕ8	66	32(42)	21.12(27.72)	8.3(10.9)	
	4	Φ18	101	1	1.01	2.0	
	5	Φ18	103	2	2.06	4.1	
	锚筋	Φ12	25	4	1.00	0.9	
	钢板	2块	▱ 150×100×10				
20°	1	ϕ8	152(202)	22	33.44(44.44)	13.2(17.6)	0.219 (0.294)
	2	ϕ8	190	16(21)	30.40(39.90)	12.0(15.8)	
	3	ϕ8	66	32(42)	21.12(27.72)	8.3(10.9)	
	4	Φ18	101	1	1.01	2.0	
	5	Φ18	103	2	2.06	4.1	
	锚筋	Φ12	25	4	1.00	0.9	
	钢板	2块	▱ 150×100×10				
10°	1	ϕ8	152(202)	22	33.44(44.44)	13.2(17.6)	0.219 (0.294)
	2	ϕ8	182	16(21)	29.12(38.22)	11.5(15.1)	
	3	ϕ8	66	32(42)	21.12(27.72)	8.3(10.9)	
	4	Φ18	101	1	1.01	2.0	
	5	Φ18	103	2	2.06	4.1	
	锚筋	Φ12	25	4	1.00	0.9	
	钢板	2块	▱ 150×100×10				

中块材料明细表

斜交角 (ϕ)	钢				筋(板)		20号混凝土用量 (立方米)
	编号	直径 (毫米)	每根长度 (厘米)	根数 (根)	共长 (米)	共重 (公斤)	
40°	1	ϕ8	202	22	44.44	17.6	0.297
	2	ϕ8	232	21	48.72	19.2	
	3	ϕ8	66	42	27.72	10.9	
	4	Φ18	101	2	2.02	4.0	
	锚筋	Φ12	25	4	1.00	0.9	
	钢板	2块	▱ 150×100×10				
30°	1	ϕ8	202	22	44.44	17.6	0.297
	2	ϕ8	206	21	43.26	17.1	
	3	ϕ8	66	42	27.72	10.9	
	4	Φ18	101	2	2.02	4.0	
	锚筋	Φ12	25	4	1.00	0.9	
	钢板	2块	▱ 150×100×10				
20°	1	ϕ8	202	22	44.44	17.6	0.297
	2	ϕ8	190	21	39.90	15.8	
	3	ϕ8	66	42	27.72	10.9	
	4	Φ18	101	2	2.02	4.0	
	锚筋	Φ12	25	4	1.00	0.9	
	钢板	2块	▱ 150×100×10				
10°	1	ϕ8	202	22	44.44	17.6	0.297
	2	ϕ8	182	21	38.22	15.1	
	3	ϕ8	66	42	27.72	10.9	
	4	Φ18	101	2	2.02	4.0	
	锚筋	Φ12	25	4	1.00	0.9	
	钢板	2块	▱ 150×100×10				

一孔人行道板材料用量

跨径 (米)	斜交角 (ϕ)	钢筋(板)(公斤,块)				20号混凝土用量 (立方米)
		ϕ8	Φ12	Φ18	钢板 (块)	
10	40°	477.0	8.9	48.4	20	2.958
	30°	456.0	8.9	48.4	20	
	20°	443.0	8.9	48.4	20	
	10°	436.0	8.9	48.4	20	
13	40°	622.2	12.5	64.4	28	3.046
	30°	594.0	12.5	64.4	28	
	20°	577.0	12.5	64.4	28	
	10°	568.0	12.5	64.4	28	
16	40°	763.2	14.2	72.4	32	4.740
	30°	729.6	14.2	72.4	32	
	20°	708.8	14.2	72.4	32	
	10°	697.6	14.2	72.4	32	
20	40°	954.0	17.8	88.4	40	5.920
	30°	912.0	17.8	88.4	40	
	20°	806.0	17.8	88.4	40	
	10°	872.0	17.8	88.4	40	

附注:

本材料用量表不包括2cm砂浆层用量。

装配式预应力砼斜空心板桥上部构造 跨径: 10,13,16,20米 斜交角: 10°、20°、30°、40°	汽车—20级 挂车—100	
	净—9、净—7	
1.50米人行道构造(二)	图号	83

注：

1、图中尺寸以毫米计。

2、横向钢筋垂直于边线布置，斜桥则在端部调整成扇形布置。

3、N7钢筋为预埋的护栏锚固钢筋。

4、联接钢板焊接于护栏钢管端，尺寸同预埋钢板Ⅱ。

比例尺

装配式预应力砼斜空心板桥上部构造 跨　径：10，13，16，20米 斜交角：10°、20°、30°、40°	汽车－超20级、挂车－120 2×净－11 2×净－9.75	
外侧护栏构造图(一)	图　号	84

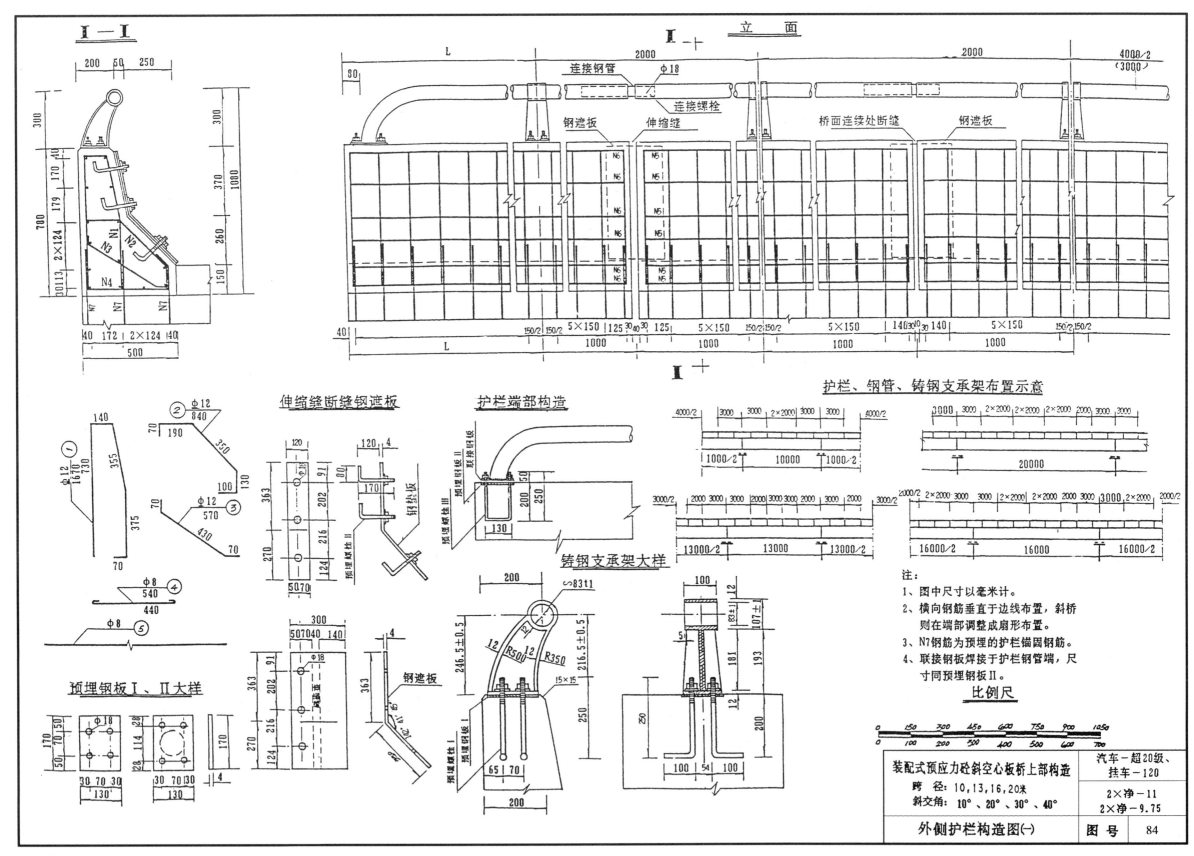

一孔外侧护栏材料数量表

名称	规格 (mm)	单件重 (kg)	1－10.00米		1－13.00米	
			件数	重量(kg)	件数	重量(kg)
护栏钢管	φ80×4×4000	29.988	2	59.98		
	φ80×4×3000	22.491	4	89.96	6	134.95
	φ80×4×2000	14.994			4	59.98
连接钢管	φ70×4×380	2.474	2	4.95	2	4.95
铸钢支承架	ZG25	14.257	10	142.57	12	171.08
预埋螺栓Ⅰ	M16×350	0.588	40	23.52	48	28.22
预埋螺栓Ⅱ	M16×250	0.420	6	2.52	6	2.52
连接螺栓	M16×90	0.170	2	0.34	2	0.34
钢板	□130×170×4	0.694	10	6.94	12	8.33
钢遮板	□702×300×4	6.613	2	13.23	2	13.23
钢垫板	□702×120×4	2.645	2	5.29	2	5.29
螺母	M 16	0.033	48	1.58	56	1.85
垫圈	φ18	0.013	48	0.62	56	0.73

名称	规格 (mm)	单件重 (kg)	1－16.00米		1－20.00米	
			件数	重量(kg)	件数	重量(kg)
护栏钢管	φ80×4×4000	29.988	4	119.95	6	179.93
	φ80×4×3000	22.491	4	89.96	4	29.96
	φ80×4×2000	14.994	2	29.99	2	29.99
连接钢管	φ70×4×380	2.474	2	4.95	2	4.95
铸钢支承架	ZG25	14.257	16	228.11	20	285.14
预埋螺栓Ⅰ	M16×350	0.588	64	37.63	80	47.04
预埋螺栓Ⅱ	M16×250	0.420	6	2.52	6	2.52
连接螺栓	M16×90	0.170	2	0.34	2	0.34
钢板	□130×170×4	0.694	16	11.10	20	13.88
钢遮板	□702×300×4	6.613	2	13.23	2	13.23
钢垫板	□702×12 ×4	2.645	2	5.29	2	5.29
螺母	M 16	0.033	72	2.38	88	2.90
垫圈	φ13	0.013	72	0.94	88	1.14

一孔外侧护栏钢筋、砼数量表

跨径	钢筋编号	直径 (mm)	长度 (cm)	根数	共长 (m)	共重 (kg)	25号砼 (m^3)
1－10.00米	1	ф12	167	132	220.44	195.75	5.115
	2	ф12	84	132	110.88	98.46	
	3	ф12	57	132	75.24	66.81	
	4	φ8	54	132	71.28	28.16	
	5	φ8	996	14	139.44	55.08	
	7	ф12	72	264	190.08	168.79	
1－13.00米	1	ф12	167	170	283.90	252.10	6.649
	2	ф12	84	170	142.80	126.81	
	3	ф12	57	170	96.90	86.05	
	4	φ8	54	170	91.80	36.26	
	5	φ8	1296	14	181.44	71.67	
	7	ф12	72	340	244.80	217.38	
1－16.00米	1	ф12	167	210	350.70	311.42	8.184
	2	ф12	84	210	176.40	156.64	
	3	ф12	57	210	119.70	106.29	
	4	φ8	54	210	113.40	44.79	
	5	φ8	1596	14	223.44	88.26	
	7	ф12	72	420	302.40	268.53	
1－20.00米	1	ф12	167	262	437.54	388.54	10.230
	2	ф12	84	262	220.08	195.43	
	3	ф12	57	262	149.34	132.61	
	4	φ8	54	262	141.48	55.88	
	5	φ8	1996	14	279.44	110.38	
	7	ф12	72	524	377.28	335.02	

装配式预应力砼斜空心板桥上部构造 跨径：10、13、16、20米 斜交角：10°、20°、30°、40°	汽车－超20级、挂车－120 2×净－11 2×净－9.75	
外侧护栏构造图(二)	图号	85

注：

1、图中尺寸以毫米计。

2、波形梁搭横方向应与行车方向一致。

3、横向钢筋垂直于边缘布置，斜桥则在端部调整成扇形布置。

4、N4钢筋为预埋的护栏锚固筋。

5、括弧内尺寸适用于500毫米宽护栏座。

装配式预应力砼斜空心板桥上部构造 跨 径：10，13，16，20米 斜交角： 10°、20°、30°、40°	汽车—超20级 挂车—120	
	2×净—11、 2×净—9.75	
内侧护栏构造图(一)	图 号	86

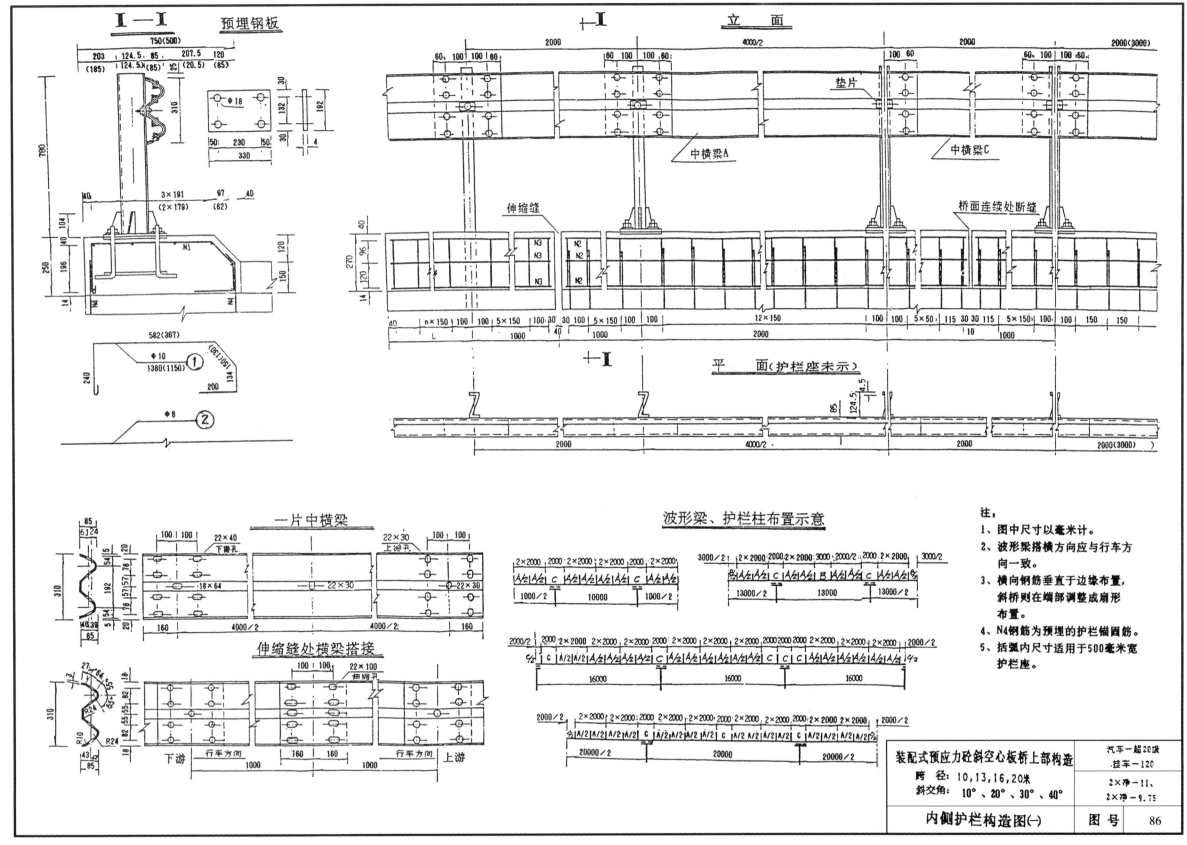

一孔内侧护栏材料数量表

名称	规格 (mm)	单件重 (kg)	1－10.00米		1－13.00米	
			件数	重量(kg)	件数	重量(kg)
Z型支柱	50×124.5×4.5	5.928	10	59.28	12	71.14
钢板	□330×192×4	1.990	30	59.70	36	71.64
中横梁A	310×85×4320	49.040	4	196.16	4	196.16
中横梁B	310×85×3320	37.638			2	75.38
中横梁C	310×85×2320	26.336	2	52.67	2	52.67
连接螺栓	M16×35	0.088	10	0.88	12	1.06
拼接螺栓	M16×30	0.081	48	3.89	64	5.18
预埋螺栓	M16×350	0.550	40	22.00	48	26.40
螺母	M 16	0.0563	98	5.52	124	6.98
垫圈	φ 18	0.017	98	1.67	124	2.11
垫片	□76×44×4	0.105	10	1.05	12	1.26
加劲板	t＝6	0.188	40	7.52	48	9.02

名称	规格 (mm)	单件重 (kg)	1－16.00米		1－20.00米	
			件数	重量(kg)	件数	重量(kg)
Z型支柱	50×124.5×4.5	5.928	16	94.85	20	118.56
钢板	□330×192×4	1.990	48	95.52	60	119.40
中横梁A	310×85×4320	49.040	6	294.24	8	392.32
中横梁B	310×85×3320	37.638				
中横梁C	310×85×2320	26.336	4	105.34	4	115.34
连接螺栓	M16×35	0.088	16	1.41	20	1.76
拼接螺栓	M16×30	0.081	80	6.48	96	7.78
预埋螺栓	M16×350	0.550	64	35.20	80	44.00
螺母	M 16	0.0563	160	9.01	196	11.03
垫圈	φ 18	0.017	160	2.72	196	3.33
垫片	□76×44×4	0.105	16	1.68	20	2.10
加劲板	t＝6	0.188	64	12.03	80	15.04

一孔内侧护栏钢筋、砼数量表

跨径	钢筋编号	直径 (mm)	长度 (cm)	根数	共长 (m)	共重 (kg)	25号砼 (m^3)
1－10.00米	1	φ10	138 (115)	132	182.16 (151.80)	112.39 (93.66)	3.756 (2.456)
	2	φ 8	996	7 (6)	69.72 (59.76)	27.54 (23.61)	
	4	Φ12	72	264	190.08	168.79	
1－13.00米	1	φ10	138 (115)	170	234.60 (195.50)	144.75 (120.62)	4.883 (3.193)
	2	φ 8	1296	7 (6)	90.72 (77.76)	35.83 (30.72)	
	4	Φ12	72	340	244.80	217.38	
1－16.00米	1	φ10	138 (115)	210	289.80 (241.50)	178.81 (149.01)	6.010 (3.930)
	2	φ 8	1596	7 (6)	111.72 (95.76)	44.13 (37.83)	
	4	Φ12	72	420	302.40	268.53	
1－20.00米	1	φ10	138 (115)	262	361.56 (301.30)	223.08 (185.90)	7.512 (4.912)
	2	φ 8	1996	7 (6)	139.72 (119.76)	55.19 (47.38)	
	4	Φ12	72	524	377.28	335.02	

注：括号内材料数量为50厘米护栏的数量。

装配式预应力砼斜空心板桥上部构造 跨径：10、13、16、20米 斜交角：10°、20°、30°、40°	汽车－超20级、挂车－120 2×净－11 2×净－9.75	
内侧护栏构造图(二)	图号	87

立　面

栏杆柱大样

栏杆栅钢筋

一根栏杆柱材料用量

钢			筋			20 号
编号	直　径 (mm)	长　度 (cm)	根　数 (根)	共　长 (m)	共　重 (Kg)	混凝土 (m³)
5	Φ18	231	2	4.62	9.23	0.039
6	Φ8	66	7	4.62	1.82	

一孔栏杆材料用量(不包括栏杆柱)

跨　径	钢	筋	(Kg)	20号混凝土
(m)	Φ8	Φ10	Φ18	(m³)
10	13.8	207.0	89.5	0.90
13	17.7	263.4	125.3	1.16
16	22.0	331.2	143.0	1.44
20	27.6	414.0	178.8	1.80

一段(2米)栏杆栅材料用量

钢			筋			20 号
编号	直　径 (mm)	长　度 (cm)	根　数 (根)	共　长 (m)	共　重 (Kg)	混凝土 (m³)
1	Φ10	196	8	15.68	9.67	0.09
2	Φ18	224	2	4.48	8.95	
3	Φ10	224	8	17.92	11.05	
4	Φ8	7	50	3.50	1.39	

一段(1.5米)栏杆栅材料用量

钢			筋			20一号
编号	直　径 (mm)	长　度 (cm)	根　数 (根)	共　长 (m)	共　重 (Kg)	混凝土 (m³)
1	Φ10	146	8	11.68	7.20	0.066
2	Φ18	224	2	4.48	8.95	
3	Φ10	224	5	11.20	6.91	
4	Φ8	7	35	2.45	0.97	

附　注：

1．本图尺寸除钢筋直径以毫米计外，余均以厘米为单位。
2．栏杆栅分2米一段，跨径为13米的则在相邻桥孔处设1.5米一段，栏杆栅预制时，每段两端预留20厘米现浇；在相邻桥孔这上，则留40厘米现浇，并设置4厘米伸缩缝，栏杆栅的扶手处则用Φ12钢筋相接，单孔的一座桥可不设伸缩缝。
3．一座桥只在两端桥头设置栏杆柱。
4．现浇段在人行道板处伸出的钢筋焊在N_2上，由此使栏杆与人行道连成整体。

装配式预应力砼斜空心板桥上部构造 跨　径：10，13，16，20米 斜交角：10°、20°、30°、40°	汽车—20级 挂车—100	
	净—9、净—7	
普通栏杆构造图	图　号	88

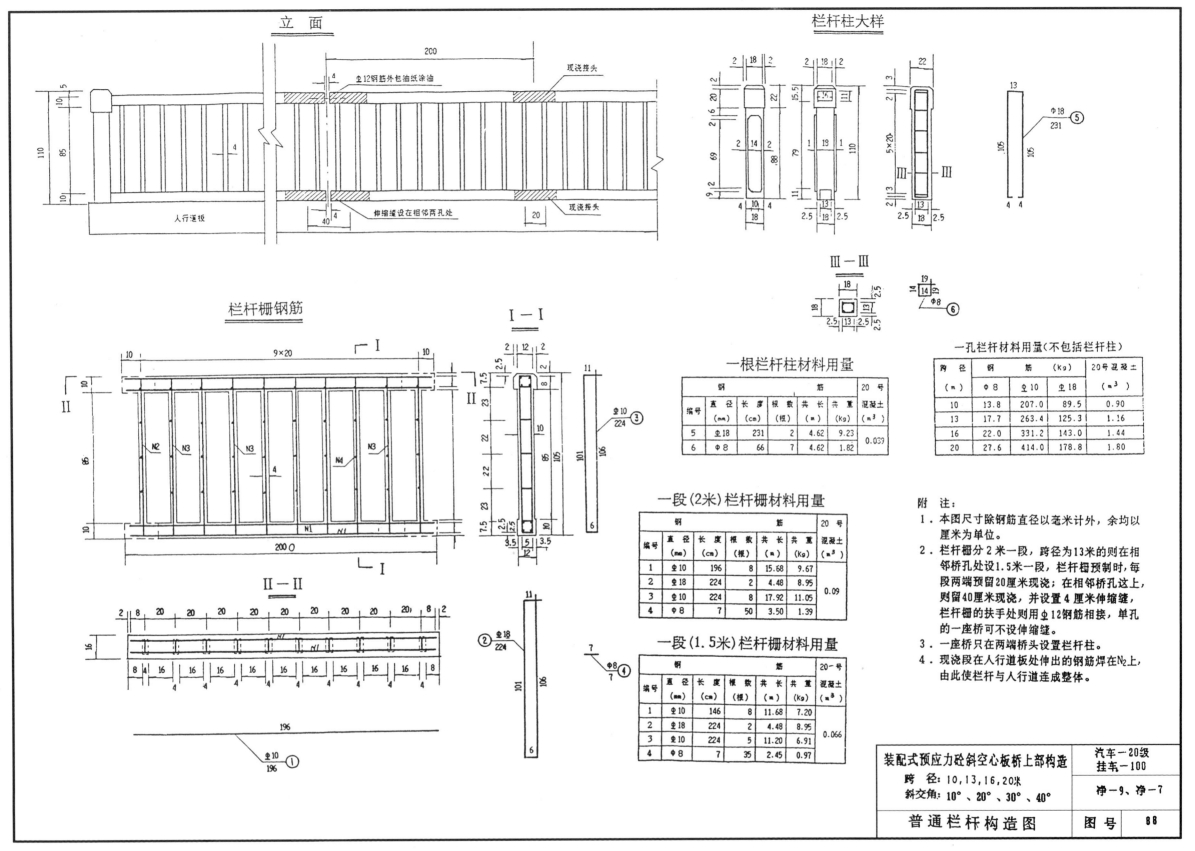

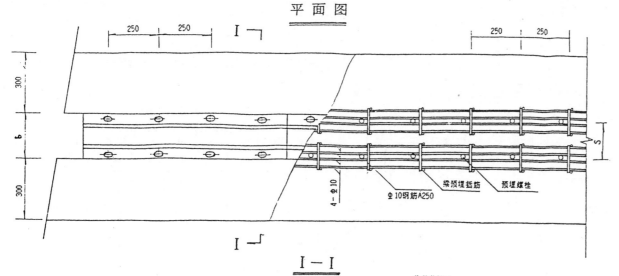

平 面 图

I—I

A

钢 筋 大 样

一块板式橡胶伸缩缝(每延米)配套附件规格、数量表

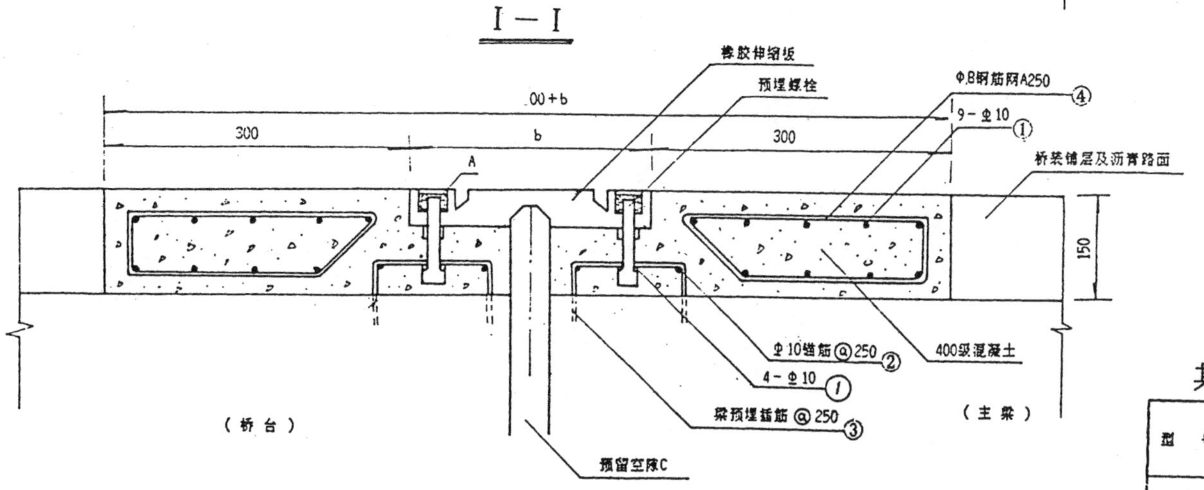

型号	橡胶板伸缩缝 长×宽×高(mm)	螺栓尺寸(mm)	配套数量(件)	弹簧垫圈尺寸(mm)	配套数量(件)	腰型华司尺寸(mm)	配套数量(件)	腰型盖帽尺寸(mm)	配套数量(件)
30	1000×230×35	M12×70	8	Φ12	8	定 制	16	定 制	8
60	1000×400×40	M14×70	8	Φ14	8	定 制	16	定 制	8

一道伸缩缝材料表(不包括橡胶板配套附件)

斜交角 / 净宽(m)	40°			30°			20°			10°		
	钢筋(Kg)	混凝土(m^3)	橡胶板(块数)	钢筋(Kg)	混凝土(m^3)	橡胶板(块数)	钢筋(Kg)	混凝土(m^3)	橡胶板(块数)	钢筋(Kg)	混凝土(m^3)	橡胶板(块数)
净—11	393.0	1.826/2.095	16	346.5	1.615/1.853	14	320.2	1.489/1.708	13	302.2	1.420/1.629	12
净—9.75	331.9	1.534/1.759	13	297.7	1.357/1.556	12	274.0	1.250/1.434	11	257.3	1.193/1.368	10
净9+2×1.00	350.6	1.643/1.885	14	307.0	1.454/1.668	12	282.5	1.339/1.537	11	273.7	1.278/1.467	11
净7+2×1.00	284.1	1.351/1.550	11	253.6	1.195/1.371	10	232.1	1.101/1.263	9	224.8	1.051/1.207	9
净9+2×1.50	369.1	1.716/1.969	15	324.4	1.518/1.742	13	299.1	1.399/1.605	12	281.9	1.335/1.532	11

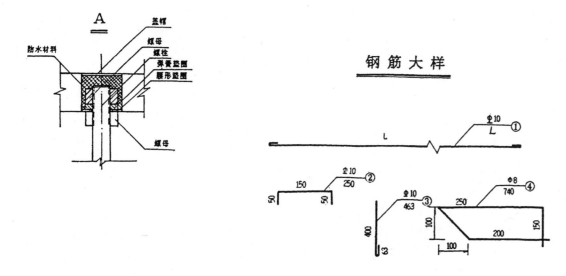

其他有关参考数据

型号	b (mm)	c (mm)	s (mm)
30	230	30～40	182
60	400	50～60	347

1号钢筋长度表(厘米)

斜交角 / L(cm) / 净宽(m)	40°	30°	20°	10°
净—11	1634	1446	1333	1272
净—9.75	1373	1215	1120	1069
净9+2×1.00	1471	1302	1200	1145
净7+2×1.00	1210	1071	987	942
净9+2×1.50	1536	1359	1253	1196

附 注:

1. 本图尺寸除注明者外余均以毫米计。
2. 橡胶伸缩板需预压缩安装，接缝两边螺栓间距S应减去预压缩量。
3. 橡胶伸缩板安装时需高于混凝土铺装层0～2毫米。
4. 桥面连续长度在50米以下用30型号橡胶板，连续长度在50米以上到100米用60型号橡胶板，100米以上则需另外考虑。
5. 材料表中混凝土数量分子为采用30型，分母为采用60型时之数量。

装配式预应力砼斜空心板桥上部构造 跨 径: 10,13,16,20米 斜交角: 10°、20°、30°、40°	汽车—超20级、挂车—120 汽车—20级、挂车—100	
	2×净—11、2×净—9.75 净—7、净—9	
桥台处板式橡胶伸缩缝构造	图 号	89

抗震锚栓构造

I — I　　II — II

每座桥台抗震锚栓钢筋用量表

跨径 (m)	锚栓直径d (mm)	2×净—11.0 锚栓数 (根)	2×净—11.0 用钢量 (Kg)	2×净—9.75 锚栓数 (根)	2×净—9.75 用钢量 (Kg)	净-9+2×1.50米 锚栓数 (根)	净-9+2×1.50米 用钢量 (Kg)	净-9+2×1.00米 锚栓数 (根)	净-9+2×1.00米 用钢量 (Kg)	净-7+2×1.00米 锚栓数 (根)	净-7+2×1.00米 用钢量 (Kg)
10	Φ20	18	49.77	14	38.71	8	22.12	8	22.12	6	16.59
13	Φ20	18	49.77	14	38.71	8	22.12	8	22.12	6	16.59
16	Φ22	18	60.29	14	46.89	8	26.80	8	26.80	6	20.10
20	Φ25	18	77.89	14	60.58	8	34.62	8	34.62	6	25.96

一孔上部构造泄水管材料数量表

跨径 (m)	2×净—11.0 规格 (mm)	2×净—11.0 数量 (只)	2×净—9.75 规格 (mm)	2×净—9.75 数量 (只)	净—9+2×1.50米 规格 (mm)	净—9+2×1.50米 数量 (只)	净—9+2×1.00米 规格 (mm)	净—9+2×1.00米 数量 (只)	净—7+2×1.00米 规格 (mm)	净—7+2×1.00米 数量 (只)
10	110×5×900	8	110×5×650	8	110×5×1900	4	110×5×1400	4	110×5×1400	4
13	110×5×900	10	110×5×650	10	110×5×1900	5	110×5×1400	5	110×5×1400	5
16	110×5×900	12	110×5×650	12	110×5×1900	6	110×5×1400	6	110×5×1400	6
20	110×5×900	16	110×5×650	16	110×5×1900	8	110×5×1400	8	110×5×1400	8

排水系统

泄水管　单位：mm

附　注：

1．本图尺寸除钢筋直径及注明以毫米计外，余均以厘米计。
2．每桥墩抗震锚栓数量为表列数量的二倍。钢套管材料数量未列入表内。
3．沥青膏由沥青中掺入20%左右废轮胎细粉而成。
4．排水系统中括号内数值供组合选择用。
5．泄水管为防堵塞，可在一端加钢筋栅栏。
6．净—7、净—9的泄水管为两侧交错布置，其间距相应扩大一倍。
7．泄水管材料采用塑料或铸铁。

装配式预应力砼斜空心板桥上部构造 跨　径：10，13，16，20米 斜交角：10°、20°、30°、40°	汽车—超20级 挂车—120 汽车—20级、挂车—100	2×净—11、2×净—9.75 净—7、净—9
抗震锚栓、排水系统构造	图号	90

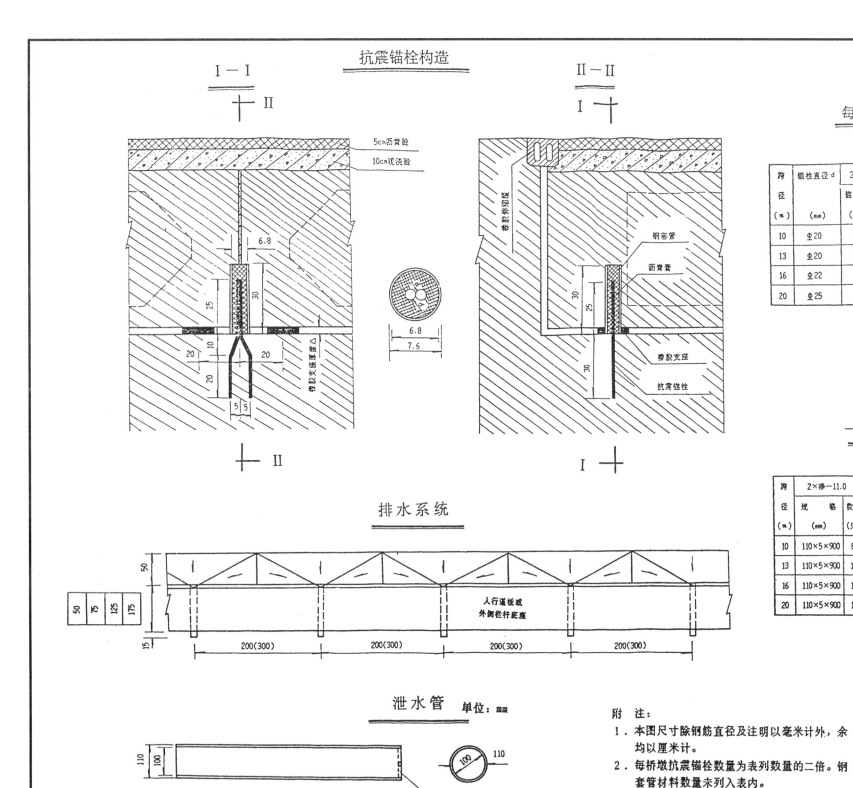

支座平面 单位：mm

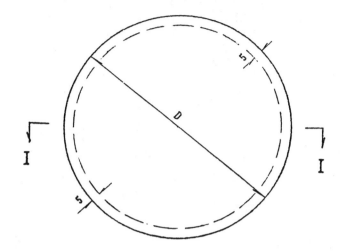

I—I 单位：mm

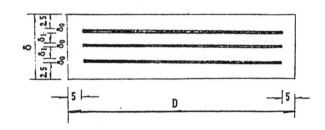

支座平面布置 单位：cm

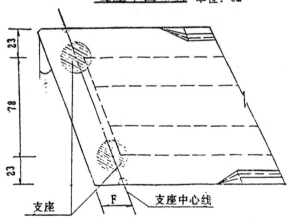

支座规格尺寸表

跨 径 (m)	10	13	16	20
直径 D (mm)	200	200	200	250
支座总厚度 δ (mm)	31	31	42	42
单层钢板厚 δ (mm)	3	3	3	3
橡胶层层数 n	2	2	3	3
中间层橡胶层厚 δ (mm)	8	8	8	8

单孔橡胶支座数量表

净 空	支座数量（块）
2×净－11	80
2×净－9.75	64
净－9＋2×1.50m	36
净－9＋2×1.00m	36
净－7＋2×1.00m	28

附注：
1、橡胶支座之技术条件应符合JT3132.2-88之规定。
2、本图所采用规格系参照交通部"公路桥梁圆形板式橡胶支座规格系列"（征求意见稿）进行设计。使用时按正式颁布的规格系列为准。
3、橡胶支座必须水平放置，如有倾斜应对支座之剪切变形进行验算。
4、保证支座与墩台及空心板底的紧密贴合，板底面及顶台顶面应平整清洁，不得沾有油污。

装配式预应力砼斜空心板桥上部构造	汽车－超20级 挂车－120 汽车－20级、挂车－100
跨径：10,13,16,20米 斜交角：10°、20°、30°、40°	2×净－11、2×净－9.75 净－7、净－9
橡胶支座构造	图号 91

中华人民共和国交通行业标准

公路桥涵标准图

装配式钢筋混凝土斜空心板桥上部构造

编　　号：JT/GQB 002-93

跨　　径：6.0、8.0、10.0、13.0 m

斜 交 角：10°、20°、30°、40°

荷　　载：汽车-20级、挂车-100

　　　　　汽车-超20级、挂车-120

净　　空：2×净-11.5 m

　　　　　2×净-9.75 m

　　　　　净-9+2×1.50 m

　　　　　净-9+2×1.00 m

　　　　　净-9+2×0.25 m

　　　　　净-7+2×1.00 m

　　　　　净-7+2×0.25 m

人民交通出版社

目　　录

名　　称	图号
说　明	
装配式钢筋混凝土斜空心板桥立体图	
斜空心板内力表	1
一孔预制斜空心板材料总表(一)	2
一孔预制斜空心板材料总表(二)	3
一孔预制斜空心板材料总表(三)	4
一孔桥面铺装及铰缝材料总表	5
一孔人行道及栏杆材料总表	6
一孔人行道、安全带及栏杆材料总表	7
一孔防撞及防冲护栏材料总表	8
一般构造图(一)	9
一般构造图(二)	10
平面构造示意图	11
斜空心板构造图(一)(跨径:6米)	12
斜空心板构造图(二)(跨径:8米)	13
斜空心板构造图(三)(跨径:10米)	14
斜空心板构造图(四)(跨径:13米)	15
一般斜空心板中、边板配筋图(跨径:6米;斜度:10°、20°)	16
悬臂斜空心边板配筋图(跨径:6米;斜度:10°、20°)	17
一般斜空心板中、边板配筋图(跨径:6米;斜度:30°、40°)	18
悬臂斜空心边板配筋图(跨径:6米;斜度:30°、40°)	19
一般斜空心板中、边板配筋图(跨径:8米;斜度:10°、20°)	20
悬臂斜空心边板配筋图(跨径:8米;斜度:10°、20°)	21
一般斜空心板中、边板配筋图(跨径:8米;斜度:30°、40°)	22
悬臂斜空心边板配筋图(跨径:8米;斜度:30°、40°)	23
一般斜空心板中、边板配筋图(跨径:10米;斜度:10°、20°)	24
悬臂斜空心边板配筋图(跨径:10米;斜度:10°、20°)	25
一般斜空心板中、边板配筋图(跨径:10米;斜度:30°、40°)	26
悬臂斜空心边板配筋图(跨径:10米;斜度:30°、40°)	27
一般斜空心板中、边板配筋图(跨径:13米;斜度:10°、20°)	28
悬臂斜空心边板配筋图(跨径:13米;斜度:10°、20°)	29
一般斜空心板中、边板配筋图(跨径:13米;斜度:30°、40°)	30

名　　称	图号
悬臂斜空心边板配筋图(跨径:13米;斜度:30°、40°)	31
斜空心板底层辅助钢筋构造图	32
单块斜空心板钢筋数量表(一)(跨径:6米、8米)	33
单块斜空心板钢筋数量表(二)(跨径:10米、13米)	34
桥面钝角加强附加钢筋构造图	35
桥面铺装及铰缝钢筋构造图	36
一孔桥面铺装材料数量表	37
一孔铰缝材料数量表	38
桥面连续构造图	39
一道桥面连续材料数量表	40
外侧防撞及防冲护栏构造图(一)	41
外侧防撞及防冲护栏构造图(二)	42
内侧防撞及防冲护栏构造图	43
1.00米、1.50米人行道及0.25米安全带构造图	44
1.00米人行道板中块配筋图	45
1.00米人行道(一)端块甲配筋图	46
1.00米人行道(二)端块甲配筋图	47
1.00米人行道(一)端块乙配筋图	48
1.00米人行道(二)端块乙配筋图	49
1.50米人行道板中块配筋图	50
1.50米人行道端块甲配筋图	51
1.50米人行道端块乙配筋图	52
0.25米安全带中块及端块乙配筋图	53
0.25米安全带端块甲配筋图	54
人行道及安全带锚固构造图	55
栏杆构造图	56
抗震设施构造图	57
防震锚栓构造图	58
橡胶支座构造示意图	59

· 100 ·

说　　明

一、技术标准与设计规范

本图编制主要依据：

（一）中华人民共和国交通部部标准《公路桥涵设计通用规范》JTJ021—89。

（二）中华人民共和国交通部部标准《公路钢筋混凝土及预应力混凝土桥涵设计规范》JTJ023—85。

（三）中华人民共和国交通部部标准《公路工程技术标准》JTJ01—88。

二、技术指标：

桥面简图	分离式								
公路等级	汽车专用一级公路		二级公路					三级公路	
行车道净宽W	2×净—7.5	2×净—7	净—9			净—7		净—7	
左侧硬路肩宽L1	1.25	0.75			1.00		0.25		0.25
右侧硬路肩宽L2	2.75	2.00			1.00		0.25		0.25
人行道净宽R			1.00	1.50		1.00		1.00	
安全带宽A	0.5(防撞护栏)	0.5(防撞护栏)			0.25		0.25		0.25
桥面全宽L	2×12.50	2×10.75	11.50	12.50	12.00	9.50	8.50	9.50	8.50
车辆荷载	汽车—超20级、20级，挂车—120、100		汽车—20级，挂车—100						
人群荷载	3.5千牛/平方米								

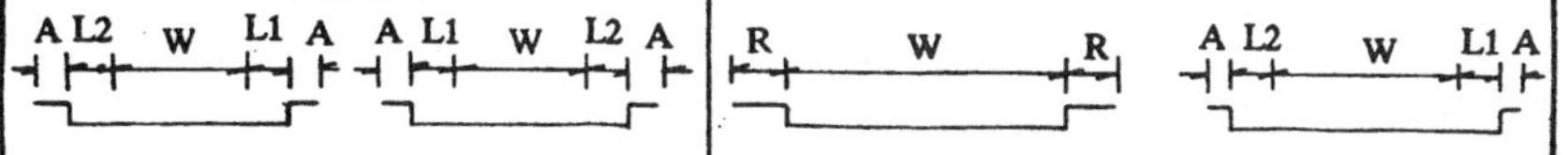

注：图中宽度尺寸均以米为单位。桥面全宽L值包括栏杆柱及人行道（安全带）外缘部分宽度（2×0.25米）。

三、主要材料：

（一）混凝土标号：行车道板、人行道（安全带）均采用25号，铰缝用30号（小石子混凝土），栏杆、扶手采用20号，铺装层用25号防水混凝土。

（二）钢筋：主筋采用Ⅱ级钢，使用时如改用其他钢种，可作等效换算。凡需焊接的钢筋均应满足可焊性的要求。

（三）支座：采用圆形橡胶支座。温度为：-25℃～60℃地区宜使用氯丁橡胶，-35℃～60℃地区宜使用天然橡胶，-40℃～60℃地区宜使用三元乙丙橡胶。橡胶硬度60°（邵氏）。

四、设计要点：

（一）行车道板采用北京土木建筑学会的"斜交铰接简支梁（板）公路桥梁通用程序"计算，按桥面铺装完成后一阶段受力设计。

（二）对于同一跨径，斜度及相同活载取不同桥面净空情况下计算得的最大内力值，作为行车道板控制设计的内力。

（三）在配筋计算时，行车道板的计算板高均计入8厘米的混凝土桥面铺装。

（四）抗震设防：上部构造须采取防震落梁措施，即在斜空心板两端头铰缝处设置防侧向位移的防震锚栓，并在墩台上设横向挡块，联孔端部支点于铰缝中设抗震锚栓，对地震高烈度地区须根据具体情况另行设计。

（五）采用较宽而深的铰缝，铰缝内配置钢筋并与预制板的伸出钢筋扎在一起，在铰缝上缘将相邻板伸出的钢筋相焊接，以防铰缝开裂严重，渗水和板体外爬等弊病。

（六）桥面铺装考虑两种形式，一种为：上层5厘米沥青铺装，下层10厘米混凝土现浇层。另一种是：单层13厘米混凝土现浇层。使用者可根据具体需要选用。抵抗斜板负弯矩的角隅钢筋均设置在桥面混凝土层内。

五、施工要点：

（一）为使桥面铺装与预制空心板紧密结合成整体，预制空心板时顶层必须拉毛，可采用垂直于跨径方向划槽，槽深0.5～1厘米，横贯桥面，每延米桥长不少于10～15道，严防板顶滞留油腻。

（二）要特别注意空心板的养生，混凝土强度达75%以后才能起吊，运输。堆放时，应在空心板端部用两点搁支，不得使上，下面倒置。

（三）浇筑铰缝桥面铺装混凝土前，必须用钢刷清除结合面上的浮皮，用水冲洗后浇筑小石子混凝土,震捣密实,然后进行混凝土桥面铺装,并切实注意钢筋网位置和捣实养护工作。

(四)桥面横坡均由墩(台)帽上加筑横坡形成。

(五)预制蕊模可采用防水纸蕊,橡胶气囊、钢管或挤压成型等工艺。

(六)焊接钢筋时,要根据“规范”JTJ023—85,严格检查焊接质量和几何尺寸。

(七)空心板采用钢丝绳捆绑吊装的施工方法。钢绳捆绑位置应尽量靠近空心板两端,不准利用抗震锚栓孔捆绑吊装。各地也可根据具体情况制定吊装方法。

(八)泄水管的设置,也可根据当地具体情况自行布设。

(九)防撞防冲护栏的混凝土应与铺装层混凝土一起现浇成型,护栏施工时应参照铺装层施工要求,采取相应措施保证护栏与预制空心板形成整体。人行道、安全带应与预制空心边板伸出的锚固钢筋焊牢。

六、使用本图注意事项:

(一)本图以提供简支板结构体系为主,凡与桥面连续有关部分,供参考使用,材料总表中未列入其数量。

(二)桥面铺装混凝土未达到设计强度80%时,不容许车辆在桥面上行驶。

七、本图主持单位:交通部公路规划设计院

编制单位:福建省交通规划设计院

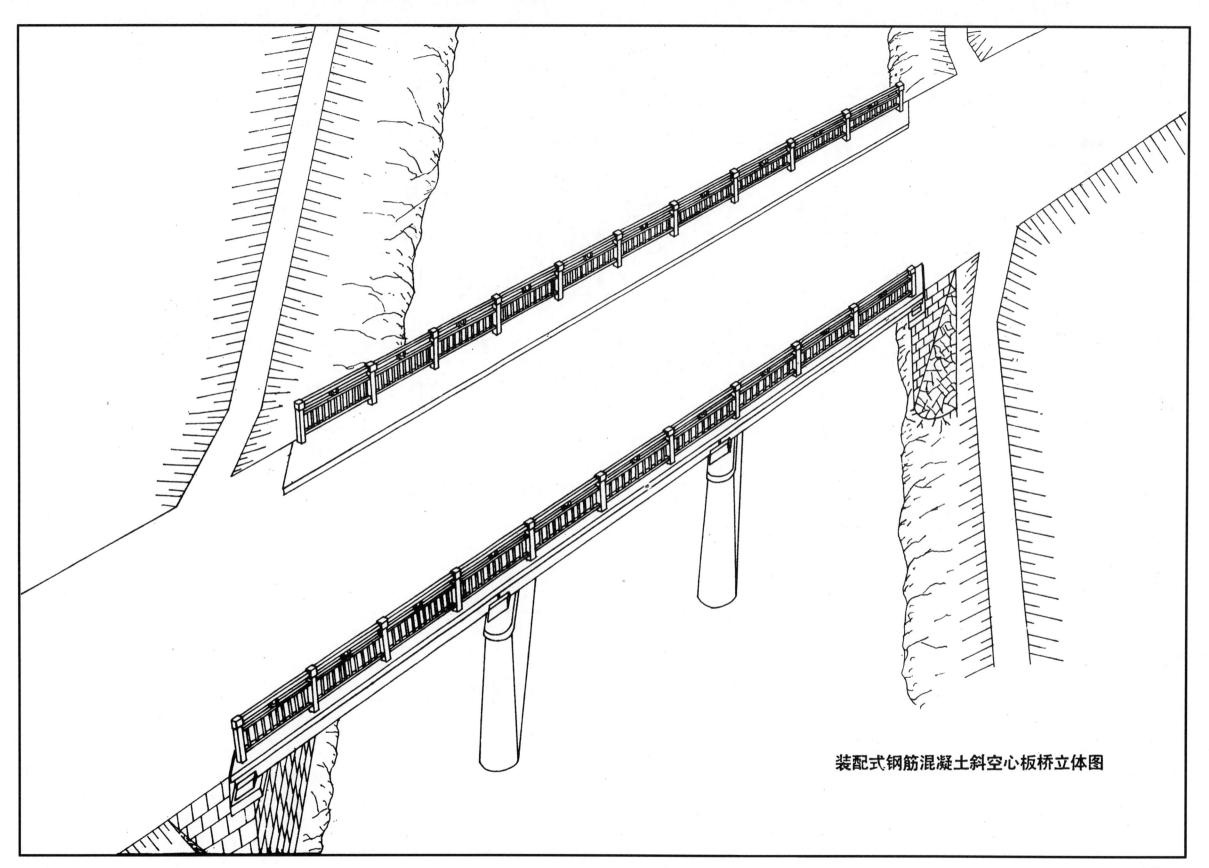

装配式钢筋混凝土斜空心板桥立体图

斜空心板内力表

跨径(米)	斜度(度)	计算跨径(米)	计算板高(厘米)	汽车—20级,挂车—100						汽车—超20级,挂车—120					
				2×净—7.5/7.0　净—9/7					混凝土标号	2×净—7.5/7.0　2×净—9/7					混凝土标号
				计算内力采用值				一块行车道板主筋实际用量(根)		计算内力采用值				一块行车道板主筋实际用量(根)	
				弯矩(KN-M)		剪力(KN)				弯矩(KN-M)		剪力(KN)			
				跨中	L/4	支点	跨中			跨中	L/4	支点	跨中		
6	10°	5.59	43	309.24	253.34	294.35	64.79	17φ16	25	310.8	257.03	313.16	78.39	17φ16	25
	20°	5.58	43	298.60	241.77	305.80	70.74	17φ16	25	299.24	246.78	316.29	82.53	17φ16	25
	30°	5.54	43	275.58	218.84	313.7	81.40	16φ16	25	276.43	221.74	319.42	94.97	16φ16	25
	40°	5.49	43	244.42	203.44	321.50	91.22	15φ16	25	248.04	204.11	322.80	106.42	15φ16	25
8	10	7.59	48	469.93	380.42	344.15	63.74	19φ18	25	480.49	391.01	347.08	78.92	19φ18	25
		7.58	48	457.05	370.37	354.51	70.70	18φ18	25	463.33	381.78	358.43	82.62	18φ18	25
	30°	7.54	48	433.99	350.97	371.68	79.77	17φ18	25	435.05	359.87	372.03	93.32	17φ18	25
	40°	7.49	48	397.35	327.44	391.91	92.29	16φ18	25	399.33	329.91	392.48	105.50	16φ18	25
10	10	9.59	53	607.51	497.58	345.15	73.13	18φ20	25	667.25	538.22	387.66	85.80	20φ20	25
	20	9.58	53	589.86	488.25	352.54	65.23	17φ20	25	646.36	529.14	391.48	78.18	19φ20	25
	30°	9.54	53	562.59	467.59	366.40	62.97	16φ20	25	609.09	507.60	395.29	75.43	18φ20	25
		9.49	53	516.49	441.36	376.96	59.19	15φ20	25	558.69	480.68	405.41	70.93	16φ20	25
13	10°	12.59	63	972.40	767.28	406.34	79.19	20φ22	25	1005.93	810.30	459.36	90.40	20φ22	25
	20°	12.58	63	951.84	757.76	411.72	69.20	19φ22	25	982.80	801.18	462.17	82.86	20φ22	25
	30°	12.54	63	920.28	734.69	417.10	67.60	18φ22	25	971.40	777.29	464.98	80.83	19φ22	25
	40	12.49	63	865.91	725.50	432.47	64.30	17φ22	25	916.14	750.88	484.58	76.80	18φ22	25

附注:

1.计算板高为预制板高加8厘米混凝土桥面铺装 。

2.表列内力值是按规范《JTJ023—85》第4、1、2条组合后采用的最大内值。

装配式钢筋混凝土斜空心板桥上部构造 跨径:6、8、10、13米 斜度:10° 20° 30° 40°	汽车—超20/20级 挂车—120/100 2×净—7.5/7.0 净—9/7
斜空心板内力表	图号 1

一孔预制斜空心板材料数量总表

荷载	跨径(米)	斜度(度)	2×净—7.5米(双桥)								2×净—7米(双桥)								净—9+2×1.00米人行道							
			中板块数	边板块数	钢筋(公斤)			混凝土(立方米)			中板块数	悬臂边板块数	钢筋(公斤)			混凝土(立方米)			中板块数	边板块数	钢筋(公斤)			混凝土(立方米)		
					I 级钢	II 级钢	合计	20号	25号	合计			I 级钢	II 级钢	合计	20号	25号	合计			I 级钢	II 级钢	合计	20号	25号	合计
汽车—20级 挂车—100	6	10°	16	4	2343.6	4756.0	7099.6	1.1	35.0	36.1	12	4	2062.4	3804.8	5867.2	0.9	29.4	30.3	7	2	1051.1	2140.2	3191.3	0.5	15.7	16.2
		20°	16	4	2840.0	4754.0	7594.0	1.1	35.0	36.1	12	4	2461.6	3803.2	6264.8	0.9	29.4	30.3	7	2	1274.5	2139.3	3413.8	0.5	15.7	16.2
		30°	16	4	3522.8	4562.0	8084.8	1.1	35.0	36.1	12	4	3088.8	3649.6	6738.4	0.9	29.4	30.3	7	2	1581.2	2052.9	3634.1	0.5	15.7	16.2
		40°	16	4	3530.4	4368.0	7898.4	1.1	35.0	36.1	12	4	3080.0	3494.4	6574.4	0.9	29.4	30.3	7	2	1584.7	1965.6	3550.3	0.5	15.7	16.2
	8	10°	16	4	3111.6	7818.0	10929.6	1.4	52.2	53.6	12	4	2739.2	6254.4	8993.6	1.1	43.8	44.9	7	2	1395.6	3518.1	4913.7	0.6	23.5	24.1
		20°	16	4	3625.2	7498.0	11123.2	1.4	52.2	53.6	12	4	3154.4	5998.4	9152.8	1.1	43.8	44.9	7	2	1626.7	3374.1	5000.8	0.6	23.5	24.1
		30°	16	4	4457.6	7318.0	11775.6	1.4	52.2	53.6	12	4	3886.0	5854.4	9740.4	1.1	43.8	44.9	7	2	2000.6	3293.1	5293.7	0.6	23.5	24.1
		40°	16	4	4463.6	6994.0	11457.6	1.4	52.2	53.6	12	4	3874.4	5595.2	9469.6	1.1	43.8	44.9	7	2	2003.4	3147.3	5150.7	0.6	23.5	24.1
	10	10°	16	4	3980.8	11152.0	15132.8	1.6	70.5	72.1	12	4	3498.8	8921.6	12420.4	1.3	59.0	60.3	7	2	1785.7	5018.4	6804.1	0.7	31.7	32.4
		20°	16	4	4512.0	10662.0	15174.0	1.6	70.5	72.1	12	4	3931.2	8529.6	12460.8	1.3	59.0	60.3	7	2	2024.8	4797.9	6822.7	0.7	31.7	32.4
		30°	16	4	5246.8	10168.0	15414.8	1.6	70.5	72.1	12	4	4590.8	8134.4	12725.2	1.3	59.0	60.3	7	2	2354.8	4575.6	6930.4	0.7	31.7	32.4
		40°	16	4	5244.4	9680.0	14924.4	1.6	70.5	72.1	12	4	4584.8	7744.0	12328.8	1.3	59.0	60.3	7	2	2353.8	4356.0	6709.8	0.7	31.7	32.4
	13	10°	16	4	5334.0	18444.0	23778.0	2.4	99.0	101.4	12	4	4665.6	14755.2	19420.8	1.9	82.8	84.7	7	2	2393.2	8299.8	10693.0	1.1	44.5	45.6
		20°	16	4	5868.0	17674.0	23542.0	2.4	99.0	101.4	12	4	5102.0	14139.2	19241.2	1.9	82.8	84.7	7	2	2633.5	7953.3	10586.8	1.1	44.5	45.6
		30°	16	4	6718.4	16898.0	23616.4	2.4	99.0	101.4	12	4	5860.4	13518.4	19378.8	1.9	82.8	84.7	7	2	3015.6	7604.1	10619.7	1.1	44.5	45.6
		40°	16	4	6706.0	16132.0	22838.0	2.4	99.0	101.4	12	4	5846.0	12905.6	18751.6	1.9	82.8	84.7	7	2	3010.1	7259.4	10269.5	1.1	44.5	45.6
汽车—超20级 挂车—120	6	10°	16	4	2343.6	4756.0	7099.6	1.1	35.0	36.1	12	4	2062.4	3804.8	5867.2	0.9	29.4	30.3	7	2	1051.1	2140.2	3191.3	0.5	15.7	16.2
		20°	16	4	2840.0	4754.0	7594.0	1.1	35.0	36.1	12	4	2461.6	3803.2	6264.8	0.9	29.4	30.3	7	2	1274.5	2139.3	3413.8	0.5	15.7	16.2
		30°	16	4	3522.8	4562,0	8084.8	1.1	35.0	36.1	12	4	3088.8	3649.6	6738.4	0.9	29.4	30.3	7	2	1581.2	2052.9	3634.1	0.5	15.7	16.2
		40°	16	4	3530.4	4368.0	7898.4	1.1	35.0	36.1	12	4	3080.0	3494.4	6574.4	0.9	29.4	30.3	7	2	1584.7	1965.6	3550.3	0.5	15.7	16.2
	8	10°	16	4	3111.6	7818.0	10929.6	1.4	52.2	53.6	12	4	2739.2	6254.5	8993.6	1.1	43.8	44.9	7	2	1395.6	3518.1	4913.7	0.6	23.5	24.1
		20°	16	4	3625.2	7498.0	11123.2	1.4	52.2	53.6	12	4	3154.4	5998.4	9152.8	1.1	43.8	44.9	7	2	1626.7	3374.1	5000.8	0.6	23.5	24.1
		30°	16	4	4457.6	7318.0	11775.6	1.4	52.2	53.6	12	4	3886.0	5854.4	9740.4	1.1	43.8	44.9	7	2	2000.6	3293.1	5293.7	0.6	23.5	24.1
		40°	16	4	4463.6	6994.0	11457.6	1.4	52.2	53.6	12	4	3874.4	5595.2	9469.6	1.1	43.8	44.9	7	2	2003.4	3147.3	5150.7	0.6	23.5	24.1
	10	10°	16	4	3980.8	12132.0	16112.8	1.6	70.5	72.1	12	4	3498.8	9705.2	13204.4	1.3	59.0	60.3	7	2	1785.7	5459.4	7245.1	0.7	31.7	32.4
		20°	16	4	4512.0	11642.0	16154.0	1.6	70.5	72.1	12	4	3931.2	9313.6	13244.8	1.3	59.0	60.3	7	2	2024.8	5238.9	7263.7	0.7	31.7	32.4
		30°	16	4	5246.8	11148.0	16394.8	1.6	70.5	72.1	12	4	4590.8	8918.4	13509.2	1.3	59.0	60.3	7	2	2354.8	5016.6	7371.4	0.7	31.7	32.4
		40°	16	4	5244.4	10170.0	15414.4	1.6	70.5	72.1	12	4	4584.8	8136.0	12720.8	1.3	59.0	60.3	7	2	2353.8	4576.5	6930.3	0.7	31.7	32.4
	13	10°	16	4	5334.0	18444.0	23778.0	2.4	99.0	101.4	12	4	4665.6	14755.2	19420.8	1.9	82.8	84.7	7	2	2393.2	8299.8	10693.0	1.1	44.5	45.6
		20°	16	4	5868.0	18446.0	24314.0	2.4	99.0	101.4	12	4	5102.0	14756.8	19858.8	1.9	82.8	84.7	7	2	2633.5	8300.7	10934.2	1.1	44.5	45.6
		30°	16	4	6718.4	17670.0	24388.4	2.4	99.0	101.4	12	4	5860.4	14136.0	19996.4	1.9	82.8	84.7	7	2	3015.6	7951.5	10967.1	1.1	44.5	45.6
		40°	16	4	6706.0	16904.0	23610.0	2.4	99.0	101.4	12	4	5846.0	13523.2	19369.2	1.9	82.8	84.7	7	2	3010.1	7606.8	10616.9	1.1	44.5	45.6

附注:

1. 跨径L=6、8米时,表中2×净-7米桥的悬臂边板为甲型悬臂边板。
2. 本表未计入绑扎铁丝数量,绑扎铁丝重量可按钢筋重量的0.5%计算。

装配式钢筋混凝土斜空心板桥上部构造	汽车—超20级/20级 挂车—120/100
跨径:6、8、10、13米,斜度:10° 20° 30° 40°	2×净—7.5/7.0、净—9+2×1.0
一孔预制斜空心板材料数量总表(一)	图号 2

一孔预制斜空心板材料数量总表

荷载	跨径(米)	斜度(度)	净—9+2×1.5米 人行道							净—7+2×1.00米 人行道						
			中板块数	边板块数	钢筋(公斤)			混凝土(立方米)			中板块数	悬臂边板块数	钢筋(公斤)			混凝土(立方米)		
					Ⅰ级钢	Ⅱ级钢	合计	20号	25号	合计			Ⅰ级钢	Ⅱ级钢	合计	20号	25号	合计
汽车—20级挂车—100	6	10°	8	2	1171.8	2378.0	3549.8	0.6	17.5	18.1	5	2	910.5	1664.6	2575.1	0.4	13.0	13.4
		20°	8	2	1420.0	2377.0	3797.0	0.6	17.5	18.1	5	2	1085.3	1663.9	2749.2	0.4	13.0	13.4
		30°	8	2	1761.4	2281.0	4042.4	0.6	17.5	18.1	5	2	1364.2	1596.7	2960.9	0.4	13.0	13.4
		40°	8	2	1765.2	2184.0	3949.2	0.6	17.5	18.1	5	2	1359.5	1528.8	2888.3	0.4	13.0	13.4
	8	10°	8	2	1555.8	3909.0	5464.8	0.7	26.1	26.8	5	2	1209.4	2736.3	3945.7	0.5	19.3	19.8
		20°	8	2	1812.6	3749.0	5561.6	0.7	26.1	26.8	5	2	1391.3	2624.3	4015.6	0.5	19.3	19.8
		30°	8	2	2228.8	3659.0	5887.8	0.7	26.1	26.8	5	2	1714.8	2561.3	4276.1	0.5	19.3	19.8
		40°	8	2	2231.8	3497.0	5728.8	0.7	26.1	26.8	5	2	1708.8	2447.9	4156.7	0.5	19.3	19.8
	10	10°	8	2	1990.4	5576.0	7566.4	0.8	35.3	36.1	5	2	1544.7	3903.2	5447.9	0.6	26.0	26.6
		20°	8	2	2256.0	5331.0	7587.0	0.8	35.3	36.1	5	2	1734.4	3731.7	5466.1	0.6	26.0	26.6
		30°	8	2	2623.4	5084.0	7707.4	0.8	35.3	36.1	5	2	2026.8	3558.8	5585.6	0.6	26.0	26.6
		40°	8	2	2622.2	4840.0	7462.2	0.8	35.3	36.1	5	2	2024.0	3388.0	5412.0	0.6	26.0	26.6
	13	10°	8	2	2667.0	9222.0	11889.0	1.2	49.5	50.7	5	2	2059.0	6455.4	8514.4	0.8	36.4	37.2
		20°	8	2	2934.0	8837.0	11771.0	1.2	49.5	50.7	5	2	2250.5	6185.9	8436.4	0.8	36.4	37.2
		30°	8	2	3359.2	8449.0	11808.2	1.2	49.5	50.7	5	2	2586.6	5914.3	8500.9	0.8	36.4	37.2
		40°	8	2	3353.0	8066.0	11419.0	1.2	49.5	50.7	5	2	2580.1	5646.2	8226.3	0.8	36.4	37.2
汽车—超20级挂车—120	6	10°	8	2	1171.8	2378.0	3549.8	0.6	17.5	18.1	5	2	910.5	1664.6	2575.1	0.4	13.0	13.4
		20°	8	2	1420.0	2377.0	3797.0	0.6	17.5	18.1	5	2	1085.3	1663.9	2749.2	0.4	13.0	13.4
		30°	8	2	1761.4	2281.0	4042.4	0.6	17.5	18.1	5	2	1364.2	1596.7	2960.9	0.4	13.0	13.4
		40°	8	2	1765.2	2184.0	3949.2	0.6	17.5	18.1	5	2	1359.5	1528.8	2888.3	0.4	13.0	13.4
	8	10°	8	2	1555.8	3909.0	5464.8	0.7	26.1	26.8	5	2	1209.4	2736.3	3945.7	0.5	19.3	19.8
		20°	8	2	1812.6	3749.0	5561.6	0.7	26.1	26.8	5	2	1391.3	2624.3	4015.6	0.5	19.3	19.8
		30°	8	2	2228.8	3659.0	5887.8	0.7	26.1	26.8	5	2	1714.8	2561.3	4276.1	0.5	19.3	19.8
		40°	8	2	2231.8	3497.0	5728.8	0.7	26.1	26.8	5	2	1708.8	2447.9	4156.7	0.5	19.3	19.8
	10	10°	8	2	1990.4	6066.0	8056.4	0.8	35.3	36.1	5	2	1544.7	4246.2	5790.9	0.6	26.0	26.6
		20°	8	2	2256.0	5821.0	8077.0	0.8	35.3	36.1	5	2	1734.4	4074.7	5809.1	0.6	26.0	26.6
		30°	8	2	2623.4	5574.0	8197.4	0.8	35.3	36.1	5	2	2026.8	3901.8	5928.6	0.6	26.0	26.6
		40°	8	2	2622.2	5085.0	7707.2	0.8	35.3	36.1	5	2	2024.0	3559.5	5583.5	0.6	26.0	26.6
	13	10°	8	2	2667.0	9222.0	11889.0	1.2	49.5	50.7	5	2	2059.0	6455.4	8514.4	0.8	36.4	37.2
		20°	8	2	2934.0	9223.0	12157.0	1.2	49.5	50.7	5	2	2250.5	6456.1	8706.6	0.8	36.4	37.2
		30°	8	2	3359.2	8835.0	12194.2	1.2	49.5	50.7	5	2	2586.6	6184.5	8771.1	0.8	36.4	37.2
		40°	8	2	3353.0	8452.0	11805.0	1.2	49.5	50.7	5	2	2580.1	5916.4	8496.5	0.8	36.4	37.2

附注：
1. 跨径L=6、8米时,表中净-7+2×1.00米人行道桥的悬臂边板为甲型悬臂边板。
2. 本表未计入绑扎铁丝数量,绑扎铁丝重量可按钢筋重量的0.5%计算。

装配式钢筋混凝土斜空心板桥上部构造

汽车—$\frac{超20}{20}$级挂车—$\frac{120}{100}$

跨径:6、8、10、13米,斜度:10° 20° 30° 40°

净—$\frac{9+2×1.5}{7+2×1.0}$

一孔预制斜空心板材料数量总表(一) 图号 3

一孔预制斜空心板材料数量总表

荷载	跨径(米)	斜度(度)	净—9+安全带								净—7+安全带							
			中板块数	甲型悬臂边板块数	钢筋(公斤)			混凝土(立方米)			中板块数	乙型悬臂边板块数	钢筋(公斤)			混凝土(立方米)		
					I级钢	II级钢	合计	20号	25号	合计			I级钢	II级钢	合计	20号	25号	合计
汽车—20级 挂车—100	6	10°	7	2	1151.9	2140.2	3292.1	0.5	16.5	17.0	4	2	801.6	1426.8	2228.4	0.3	11.5	11.8
		20°	7	2	1376.3	2139.3	3515.6	0.5	16.5	17.0	4	2	952.8	1426.2	2379.0	0.3	11.5	11.8
		30°	7	2	1724.6	2052.9	3777.5	0.5	16.5	17.0	4	2	1201.2	1368.6	2569.8	0.3	11.5	11.8
		40°	7	2	1720.5	1965.6	3686.1	0.5	16.5	17.0	4	2	1210.0	1310.4	2520.4	0.3	11.5	11.8
	8	10°	7	2	1529.8	3518.1	5047.9	0.6	24.5	25.1	4	2	1065.0	2345.4	3410.4	0.4	17.0	17.4
		20°	7	2	1763.1	3374.1	5137.2	0.6	24.5	25.1	4	2	1222.6	2249.4	3472.0	0.4	17.0	17.4
		30°	7	2	2171.2	3293.1	5464.3	0.6	24.5	25.1	4	2	1497.4	2195.4	3692.8	0.4	17.0	17.4
		40°	7	2	2165.6	3147.3	5312.9	0.6	24.5	25.1	4	2	1504.8	2098.2	3603.0	0.4	17.0	17.4
汽车—超20级 挂车—120	6	10°	7	2	1151.9	2140.2	3292.1	0.5	16.5	17.0	4	2	801.6	1426.8	2228.4	0.3	11.5	11.8
		20°	7	2	1376.3	2139.3	3515.6	0.5	16.5	17.0	4	2	952.8	1426.2	2379.0	0.3	11.5	11.8
		30°	7	2	1724.6	2052.9	3777.5	0.5	16.5	17.0	4	2	1201.2	1368.6	2569.8	0.3	11.5	11.8
		40°	7	2	1720.5	1965.6	3686.1	0.5	16.5	17.0	4	2	1210.0	1310.4	2520.4	0.3	11.5	11.8
	8	10°	7	2	1529.8	3518.1	5047.9	0.6	24.5	25.1	4	2	1065.0	2345.4	3410.4	0.4	17.0	17.4
		20°	7	2	1763.1	3374.1	5137.2	0.6	24.5	25.1	4	2	1222.6	2249.4	3472.0	0.4	17.0	17.4
		30°	7	2	2171.2	3293.1	5464.3	0.6	24.5	25.1	4	2	1497.4	2195.4	3692.8	0.4	17.0	17.4
		40°	7	2	2165.6	3147.3	5312.9	0.6	24.5	25.1	4	2	1504.8	2098.2	3603.0	0.4	17.0	17.4

附注:

1. 本表未计入绑扎铁丝数量,绑扎铁丝重量可按钢筋重量的0.5%计算。

装配式钢筋混凝土斜空心板桥上部构造	汽车-超20/20级 挂车-120/100
跨径:6、8、10、13米,斜度:10°20°30°40°	净—9+安全带 净—7+安全带
一孔预制斜空心板材料数量总表(三)	图号 4

一孔桥面铺装材料总表

斜度	跨径 / 数量 / 桥面净空	L=6米			L=8米			L=10米			L=13米		
		Ⅰ级钢筋(公斤)	25号混凝土($米^3$)	沥青混凝土($米^3$)	Ⅰ级钢筋(公斤)	25号混凝土($米^3$)	沥青混凝土($米^3$)	Ⅰ级钢筋(公斤)	25号混凝土($米^3$)	沥青混凝土($米^3$)	Ⅰ级钢筋(公斤)	25号混凝土($米^3$)	沥青混凝土($米^3$)
10°	2×净—7.5米(双桥)	791.2	15.0(19.1)	8.3	1054.0	20.0(25.5)	11.0	1316.6	25.0(31.9)	13.8	1715.4	32.5(41.5)	18.0
	2×净—7.0米(双桥)	679.4	12.9(16.4)	7.0	904.8	17.2(21.9)	9.4	1130.4	21.5(27.4)	11.7	1473.0	28.0(35.6)	15.2
	净—9+2×1.0米人行道	354.6	6.8(8.4)	2.7	472.3	9.0(11.2)	3.6	590.0	11.3(14.0)	4.5	768.7	14.6(18.1)	5.9
	净-9+2×1.5米人行道	395.6	7.5(9.1)	2.7	527.0	10.0(12.2)	3.6	658.3	12.5(15.2)	4.5	857.7	16.3(19.8)	5.9
	净—7+2×1.0米人行道	301.0	5.7(7.0)	2.1	400.9	7.6(9.3)	2.8	500.8	9.5(11.6)	3.5	652.6	12.4(15.1)	4.6
	净—9+安全带	359.5	7.2(9.2)	3.3	478.7	9.6(12.2)	4.4						
	净—7+安全带	249.6	5.1(6.5)	2.3	332.4	6.8(8.6)	3.0						
20°	2×净—7.5米(双桥)	810.6	15.0(19.1)	8.3	1079.4	20.0(25.5)	11.0	1348.4	25.0(31.9)	13.8	1757.0	32.5(41.5)	18.0
	2×净—7.0米(双桥)	695.8	12.9(16.4)	7.0	926.6	17.2(21.9)	9.4	1157.6	21.5(27.4)	11.7	1508.2	28.0(35.6)	15.2
	净—9+2×1.0米人行道	363.3	6.8(8.4)	2.7	483.8	9.0(11.2)	3.6	604.3	11.3(14.0)	4.5	787.4	14.6(18.1)	5.9
	净-9+2×1.5米人行道	405.3	7.5(9.1)	2.7	539.7	10.0(12.2)	3.6	674.2	12.5(15.2)	4.5	878.5	16.3(19.8)	5.9
	净—7+2×1.0米人行道	308.3	5.7(7.0)	2.1	410.5	7.6(9.3)	2.8	512.8	9.5(11.6)	3.5	668.2	12.4(15.1)	4.6
	净—9+安全带	368.1	7.2(9.2)	3.3	490.3	9.6(12.2)	4.4						
	净—7+安全带	255.6	5.1(6.5)	2.3	340.4	6.8(8.6)	3.0						
30°	2×净—7.5米(双桥)	846.2	15.0(19.1)	8.3	1126.8	20.0(25.5)	11.0	1407.2	25.0(31.9)	13.8	1833.8	32.5(41.5)	18.0
	2×净—7.0米(双桥)	726.4	12.9(16.4)	7.0	967.2	17.2(21.9)	9.4	1208.0	21.5(27.4)	11.7	1574.2	28.0(35.6)	15.2
	净—9+2×1.0米人行道	379.2	6.8(8.4)	2.7	504.9	9.0(11.2)	3.6	630.6	11.3(14.0)	4.5	821.7	14.6(18.1)	5.9
	净-9+2×1.5米人行道	423.1	7.5(9.1)	2.7	563.4	10.0(12.2)	3.6	703.6	12.5(15.2)	4.5	916.9	16.3(19.8)	5.9
	净—7+2×1.0米人行道	321.7	5.7(7.0)	2.1	428.3	7.6(9.3)	2.8	535.0	9.5(11.6)	3.5	697.1	12.4(15.1)	4.6
	净—9+安全带	384.4	7.2(9.2)	3.3	511.8	9.6(12.2)	4.4						
	净—7+安全带	267.0	5.1(6.5)	2.3	355.5	6.8(8.6)	3.0						
40°	2×净—7.5米(双桥)	905.6	15.0(19.1)	8.3	1205.4	20.0(25.5)	11.0	1505.2	25.0(31.9)	13.8	1961.4	32.5(41.5)	18.0
	2×净—7.0米(双桥)	777.4	12.9(16.4)	7.0	1034.6	17.2(21.9)	9.4	1292.0	21.5(27.4)	11.7	1683.6	28.0(35.6)	15.2
	净—9+2×1.0米人行道	405.9	6.8(8.4)	2.7	540.3	9.0(11.2)	3.6	674.7	11.3(14.0)	4.5	879.1	14.6(18.1)	5.9
	净-9+2×1.5米人行道	452.8	7.5(9.1)	2.7	602.7	10.0(12.2)	3.6	752.6	12.5(15.2)	4.5	980.7	16.3(19.8)	5.9
	净—7+2×1.0米人行道	344.3	5.7(7.0)	2.1	458.3	7.6(9.3)	2.8	572.2	9.5(11.6)	3.5	745.6	12.4(15.1)	4.6
	净—9+安全带	411.4	7.2(9.2)	3.3	547.6	9.6(12.2)	4.4						
	净—7+安全带	285.6	5.1(6.5)	2.3	380.2	6.8(8.6)	3.0						

一孔铰缝材料总表

斜度	跨径 / 数量 / 桥面净空	L=6米				L=8米				L=10米				L=13米			
		钢筋重量(公斤) Ⅰ级钢	Ⅱ级钢	合计	30号混凝土($米^3$)	钢筋重量(公斤) Ⅰ级钢	Ⅱ级钢	合计	30号混凝土($米^3$)	钢筋重量(公斤) Ⅰ级钢	Ⅱ级钢	合计	30号混凝土($米^3$)	钢筋重量(公斤) Ⅰ级钢	Ⅱ级钢	合计	30号混凝土($米^3$)
10° 20° 30° 40°	2×净—7.5米(双桥)	264.4	188.6	453.0	3.3	388.2	252.6	640.8	5.1	539.6	316.4	856.0	8.7	813.2	412.4	1225.6	15.3
	2×净—7.0米(双桥)	205.8	146.6	352.4	2.5	301.8	196.4	498.2	4.0	419.8	246.2	666.0	6.8	632.6	320.8	953.4	11.9
	净—9+2×1.0米人行道	117.5	83.8	201.3	1.5	172.5	112.2	284.7	2.3	239.8	140.7	380.5	3.9	361.4	183.3	544.7	6.8
	净-9+2×1.5米人行道	132.2	94.3	226.5	1.6	194.1	126.3	320.4	2.6	269.8	158.2	428.0	4.4	406.6	206.2	612.8	7.7
	净—7+2×1.0米人行道	88.2	62.9	151.1	1.1	129.4	84.2	213.6	1.7	179.9	105.5	285.4	2.9	271.1	137.5	408.6	5.1
	净—9+安全带	117.5	83.8	201.3	1.5	172.5	112.2	284.7	2.3								
	净—7+安全带	73.5	52.4	125.9	0.9	107.8	70.2	178.0	1.4								

附注:

1. 本图数量均以无桥面连续情况计算。
2. 桥面铺装材料总表中括号内数字为桥面铺装采用单层13cm厚混凝土的数量。
3. 其中钢筋数量未计入桥面角隅附加钢筋,角隅附加钢筋数量见图号35。
4. 铰缝材料总表中未计入填砂浆数量,这部分砂浆数量见图号12~15。
5. 本表未计入绑扎铁丝数据。

装配式钢筋混凝土斜空心板桥上部构造	汽车—超20级 挂车—120 汽车—20级 挂车—100
跨径:6、8、10、13米,斜度:10° 20° 30° 40°	2×净—7.5/7.0 净—9/7
一孔桥面铺装及铰缝材料数量总表	图号 5

一孔人行道及栏杆材料数量总表

型式	跨径 (m)	斜度 (度)	中块						端块甲						端块乙						栏杆				20号路缘石	钢筋 (公斤)			混凝土 (米³)			砂浆 (米³)
			块数	钢筋 (公斤)			混凝土 (米³)		块数	钢筋 (公斤)			混凝土 (米³)		块数	钢筋 (公斤)			混凝土 (米³)		钢筋 (公斤)			20号混凝土 (米³)	(米³)							
				φ12	φ8	φ6	25号	20号		φ12	φ8	φ6	25号	20号		φ12	φ8	φ6	25号	20号	φ6	φ8	φ10			Ⅰ级钢	Ⅱ级钢	合计	25号	20号	合计	合计
b=1.00m 人行道 (一)	6	10	4	8.80	54.48	23.12	1.112		2	4.40	27.24	12.70	0.532		2	2.7	6.4	3.56	0.100		32.68	25.28	23.04	0.596	0.358	185.46	38.94	224.4	1.744	0.954	2.7	0.3
		20							2	4.40	27.72	12.26	0.510		2	2.7.	7.4	4.04	0.126							186.98	38.94	225.9	1.748	0.954	2.7	
		30							2	4.40	26.16	11.96	0.486		2	2.7	9.56	4.84	0.158							188.08	38.94	227.0	1.756	0.954	2.7	
		40							2	4.40	25.62	11.56	0.458		2	2.7	11.86	5.78	0.200							190.38	38.94	229.3	1.770	0.954	2.7	
	8	10	6	13.20	81.72	34.68	1.668		同					上	同					上	48.06	37.92	30.72	0.854	0.476	252.28	51.02	303.3	2.30	1.33	3.6	0.4
		20																								253.80	51.02	304.8	2.306	1.33	3.6	
		30																								254.90	51.02	305.9	2.312	1.33	3.6	
		40																								257.20	51.02	308.2	2.326	1.33	3.7	
	10	10	8	17.60	108.96	46.24	2.224		同					上	同					上	63.32	50.56	38.40	1.112	0.596	318.98	63.1	382.1	2.856	1.708	4.6	0.5
		20																								320.50	63.1	383.6	2.860	1.708	4.6	
		30																								321.60	63.1	384.7	2.868	1.708	4.6	
		40																								323.90	63.1	387.0	2.882	1.708	4.6	
	13	10	10	22.0	142.60	61.50	2.97		2	4.40	28.68	13.48	0.566		同					上	84.38	68.60	46.08	1.450	0.774	409.20	75.18	484.4	363.6	2.224	5.9	0.6
		20							2	4.40	29.00	12.98	0.542													410.5	75.18	485.7	3.638	2.224	5.9	
		30							2	4.40	27.44	12.74	0.524													411.66	75.18	486.8	3.652	2.224	5.9	
		40							2	4.40	26.88	12.34	0.490													413.94	75.18	488.1	3.660	2.224	5.9	
b=1.00m 人行道 (二)	6	10	4	8.80	50.04	31.24	1.124		2	4.40	25.50	15.98	0.532		2	2.7	6.24	3.92	0.100		32.68	25.28	23.04	0.596	0.538	190.88	38.94	229.1	1.756	0.954	2.7	0.3
		20							2	4.40	26.14	15.70	0.510		2	2.7	7.24	4.40	0.126							192.72	38.94	231.6	1.760	0.954	2.7	
		30							2	4.40	24.94	15.16	0.486		2	2.7	9.40	5.28	0.158							194.02	38.94	232.9	1.768	0.954	2.7	
		40							2	4.40	24.66	14.70	0.458		2	2.7	11.70	6.24	0.200							196.54	38.94	235.5	1.782	0.954	2.7	
	8	10	6	13.20	75.06	46.86	1.686		同					上	同					上	48.06	37.92	30.72	0.854	0.476	259.54	51.62	310.6	2.318	1.33	3.6	0.4
		20																								261.38	51.62	312.4	2.322	1.33	3.7	
		30																								262.68	51.62	313.7	2.330	1.33	3.7	
		40																								265.20	51.62	316.2	2.344	1.33	3.7	
	10	10	8	17.60	100.08	62.48	2.248		同					上	同					上	63.32	50.56	38.40	1.112	0.596	328.08	63.1	391.2	2.880	1.708	4.6	0.5
		20																								329.92	63.1	393.0	2.884	1.708	4.6	
		30																								331.22	63.1	394.3	2.892	1.708	4.6	
		40																								333.74	63.1	396.8	2.906	1.708	4.6	
	13	10	10	22.0	130.70	83.40	3.01		2	4.40	26.62	17.04	0.566		同					上	84.38	68.60	46.08	1.450	0.774	420.90	75.18	496.1	3.676	2.224	5.9	0.6
		20							2	4.40	27.26	16.74	0.542													422.72	75.18	497.9	3.678	2.224	5.9	
		30							2	4.40	26.06	16.22	0.524													424.04	75.18	499.2	3.692	2.224	5.9	
		40							2	4.40	25.78	15.76	0.490													426.56	75.18	501.7	3.700	2.224	5.9	

附注:

1. 本表未列入泄水管,人行道或安全带的锚固钢板和钢筋数量,泄水管和锚固钢板及钢筋的一孔工程数量分别详见图号44和图号55。
2. 本表中的砂浆为人行道或安全带抹面水泥砂浆标号为12.5号。
3. 本表未计入绑扎铁丝数量,绑扎铁丝重量可按钢筋重量的0.5%计算。

装配式钢筋混凝土斜空心板桥上部构造	汽车—超20/20级 挂车—120/100
跨径:6、8、10、13米,斜度:10° 20° 30° 40°	净—7/9
一孔人行道板及栏杆材料数量总表	图号 6

一孔人行道、安全带及栏杆材料数量总表

型式	跨径(m)	斜度(度)	中块						端块甲						端块乙						栏杆				20号路缘石(米3)	钢筋(公斤)			混凝土(米3)			砂浆(米3)
			块数	钢筋(公斤)			混凝土(米3)		块数	钢筋(公斤)			混凝土(米3)		块数	钢筋(公斤)			混凝土(米3)		钢筋(公斤)			20号混凝土(米3)		Ⅰ级钢	Ⅱ级钢	合计	25号	20号	合计	合计
				φ12	φ8	φ6	25号	20号		φ12	φ8	φ6	25号	20号		φ12	φ8	φ6	25号	20号	φ6	φ8	φ10									
b=0.25m 安全带	6	10°	4	3.68	35.36	10.76	0.512		2	1.84	16.90	4.80	0.286		2	2.62	1.46	1.40	0.038		32.68	25.28	23.04	0.596	0.358	128.64	31.18	159.8	0.836	0.954	1.8	0.1
		20°							2	1.84	16.94	5.12	0.286		2	2.62	1.50	1.52	0.046							129.16	31.18	160.3	0.844	0.954	1.8	
		30°							2	1.84	16.30	4.94	0.284		2	2.62	1.92	1.66	0.056							128.90	31.18	160.1	0.852	0.954	1.8	
		40°							2	1.84	15.70	4.78	0.282		2	2.62	2.00	1.84	0.066							128.40	31.18	159.6	0.860	0.954	1.8	
	8	10°	6	5.52	53.04	16.14	0.768		同					上	同					上	48.06	37.92	30.72	0.854	0.476	179.72	40.7	220.4	1.092	1.330	2.4	0.1
		20°																								180.24	40.7	220.9	1.100	1.330	2.4	
		30°																								179.98	40.7	220.7	1.108	1.330	2.4	
		40°																								179.48	40.7	220.1	1.116	1.330	2.4	
	10	10°	8	7.36	70.72	21.52	1.024		同					上	同					上	63.32	50.56	38.40	1.112	0.596	230.68	50.22	280.9	1.348	1.708	3.1	0.2
		20°																								231.20	50.22	281.4	1.356	1.708	3.1	
		30°																								230.94	50.22	281.2	1.364	1.708	3.1	
		40°																								230.44	50.22	280.7	1.372	1.708	3.1	
	13	10°	10	9.2	91.90	29.10	1,38		2	1.84	17.58	5.24	0.290		同					上	84.38	68.60	46.68	1.450	0.774	299.66	59.74	359.4	1.708	2.224	3.9	0.2
		20°							2	1.84	17.62	5.56	0.288													300.18	59.74	359.9	1.714	2.224	3.9	
		30°							2	1.84	16.98	5.40	0.286													299.94	59.74	359.7	1.722	2.224	3.9	
		40°							2	1.84	17.06	5.20	0.284													300.08	59.74	359.8	1.730	2.224	4.0	
b=1.5m 人行道	6	10°	4	12.36	67.16	33.76	1.500		2	6.18	35.18	18.18	0.728		2	2.7	9.78	5.18	0.152		32.68	25.28	23.04	0.596	0.358	227.20	44.28	271.5	2.380	0.954	3.3	0.4
		20°							2	6.18	33.98	17.52	0.684		2	2.7	10.74	6.46	0.202							227.58	44.28	271.9	2.386	0.954	3.3	
		30°							2	6.18	31.18	16.68	0.638		2	2.7	14.10	7.80	0.262							228.64	44.28	272.9	2.400	0.954	3.4	
		40°							2	6.18	29.70	15.64	0.582		2	2.7	17.62	9.38	0.338							231.22	44.28	275.5	2.420	0.954	3.4	
	8	10°	6	18.54	100.74	50.64	2.250		同					上	同					上	48.06	37.92	30.72	0.854	0.476	305.68	58.14	363.8	3.13	1.330	4.5	0.5
		20°																								306.06	58.14	364.2	3.136	1.330	4.5	
		30°																								307.12	58.14	365.3	3.150	1.330	4.5	
		40°																								309.70	58.14	367.8	3.170	1.330	4.5	
	10	10°	8	24.72	134.32	67.52	3.000		同					上	同					上	63.32	50.56	38.40	1.112	0.596	384.04	72.0	456.0	3.880	1.708	5.6	0.7
		20°																								384.42	72.0	456.4	3.886	1.708	5.6	
		30°																								385.48	72.0	457.5	3.900	1.708	5.6	
		40°																								388.06	72.0	460.1	3.92	1.708	5.6	
	13	10°	10	30.90	176.30	89.70	4.01		2	6.18	36.86	19.24	0.780		同					上	84.38	68.60	46.68	1.450	0.774	490.04	85.86	575.9	4.942	2.224	7.2	0.9
		20°							2	6.18	35.66	18.52	0.736													490.36	85.86	576.2	4.948	2.224	7.2	
		30°							2	6.18	32.84	17.74	0.688													491.64	85.86	577.3	4.960	2.224	7.2	
		40°							2	6.18	31.38	16.70	0.632													494.06	85.86	579.9	4.980	2.224	7.2	

附注:

1. 本表未列入泄水管人行道或安全带的锚固钢板和钢筋数量,泄水管和锚固钢板及钢筋的一孔工程数量分别详见图号44和图号55。
2. 本表中的砂浆为人行道或安全带抹面水泥砂浆,标号为12.5号。
3. 本表未计入绑扎铁丝数量,绑扎铁丝重量可按钢筋重量的0.5%计算。

装配式钢筋混凝土斜空心板桥上部构造 跨径:6、8、10、13米, 斜度:10°,20°,30°,40°	汽车—超20/20级 挂车—120/100
	净-7/9
	图号 7

一孔防撞及防冲护栏材料总表（双桥）

跨径（米）	斜度	钢筋（公斤）			钢材、铁件（公斤）								25号混凝土（米³）
		Ⅰ级钢	Ⅱ级钢	合计	钢管	钢板	波形横梁	螺栓组	支承架	铸钢支承架	泄水管	合计	
6	10°	106.9	364.6	471.5	157.5	46.4	198.8	26.5	6.3	85.5	34.0	555.0	4.3
	20°	107.9	368.0	475.9									
	30°	109.5	375.3	484.8									
	40°	112.0	787.2	499.2									
8	10°	142.7	482.4	625.1	208.5	54.2	271.9	34.4	8.5	114.1	51.1	742.7	5.7
	20°	144.0	486.9	630.9									
	30°	146.1	496.4	642.5									
	40°	149.4	512.2	661.6									
10	10°	178.9	607.2	786.1	259.5	62.0	345.1	42.2	10.6	142.6	51.1	913.1	7.2
	20°	180.5	612.8	793.3									
	30°	183.2	624.9	808.1									
	40°	187.4	644.7	832.1									
13	10°	232.9	789.5	1022.4	346.6	77.6	460.0	57.9	14.8	199.6	68.1	1224.6	9.3
	20°	234.9	796.9	1031.8									
	30°	238.4	812.5	1050.9									
	40°	243.9	838.2	1082.1									

附注：

1.表中钢材计入一道防撞护栏伸缩缝的钢材、螺栓用量。

2.本表未计入绑扎铁丝数量，绑扎铁丝重量可按钢筋重量的0.5%计算。

装配式钢筋混凝土斜空心板桥上部构造	汽车—超20 挂车—120
跨径：6 8 10 13米，斜度 10° 20° 30° 40°	2×净—7.5/7.0
一孔防撞及防护栏材料总表	图号 8

2×净-7.5米半幅桥横截面(分离式)

2×净-7.0米半幅桥横截面(分离式)

净-9+2×1.00米人行道

装配式钢筋混凝土斜空心板桥上部构造 跨径: 6 8 10 13米 斜度 10° 20° 30° 40°	汽车—超20/20级 挂车—120/100 2×净—7.5/7.0 净—9/7
一般构造图(一)	图号 9

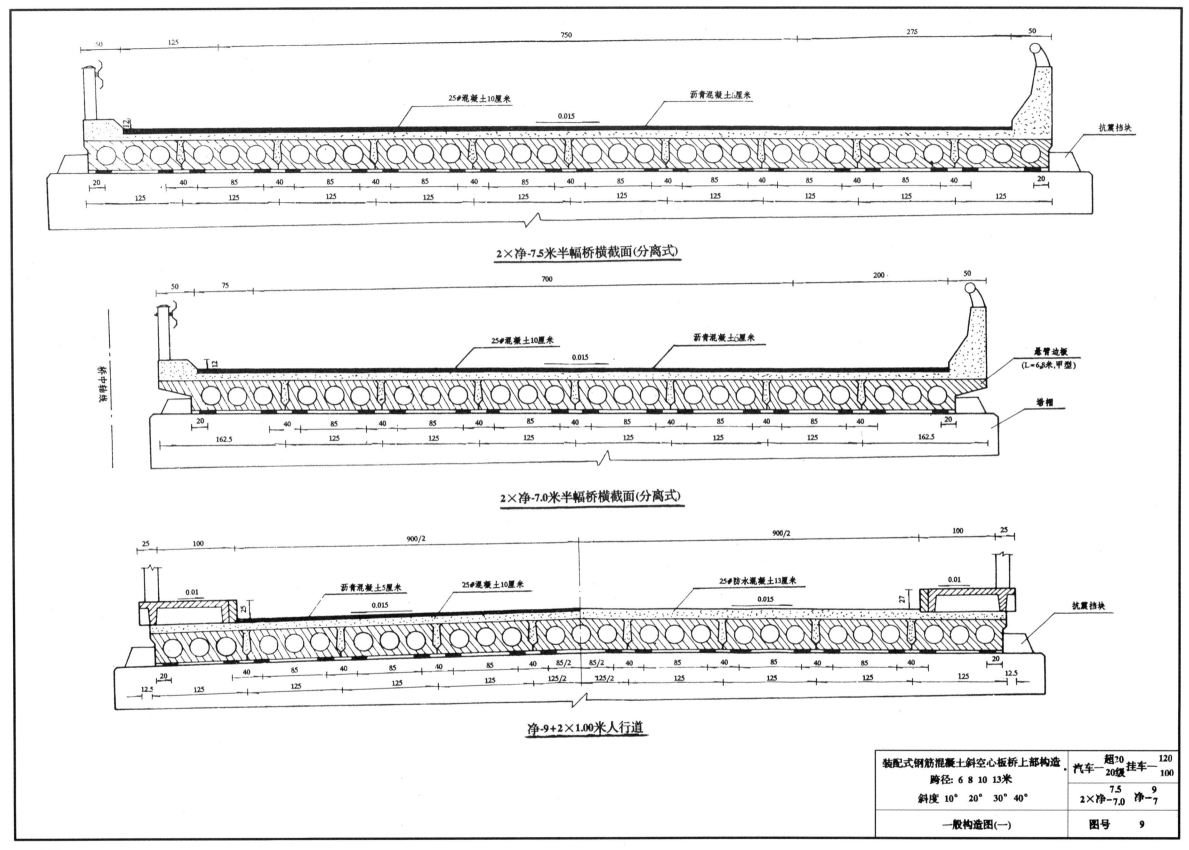

净--9+2×1.50米人行道

净--9+2×0.25米安全带(跨径≤8米)

净--7+2×1.00米人行道

附注：1、本图尺寸均以厘米为单位；
2、本图所示行车道板之圆空腔是跨径10米板的，其他跨径的圆空腔见空心板构造图；
3、桥面横坡由墩台帽调整形成；
4、泄水孔布置见人行道构造图；
5、铰缝混凝土为30号；
6、各截面图左半部表示沥青混凝土铺装方案，右半部表示防水混凝土铺装方案，建桥时根据具体情况选用；
7、2×净-7.5米和2×净-7米的横截面图中铺装层也可设置成单层厚13cm的25号防水混凝土。

净--7+2×0.25米安全带(跨径≤8米)

装配式钢筋混凝土斜空心板桥上部构造	汽车—超20 20级 挂车—120 100
跨径:6,8,10,13米 斜度:10°,20°,30°,40°	净--9/7
一般构造图(二)	图号 10

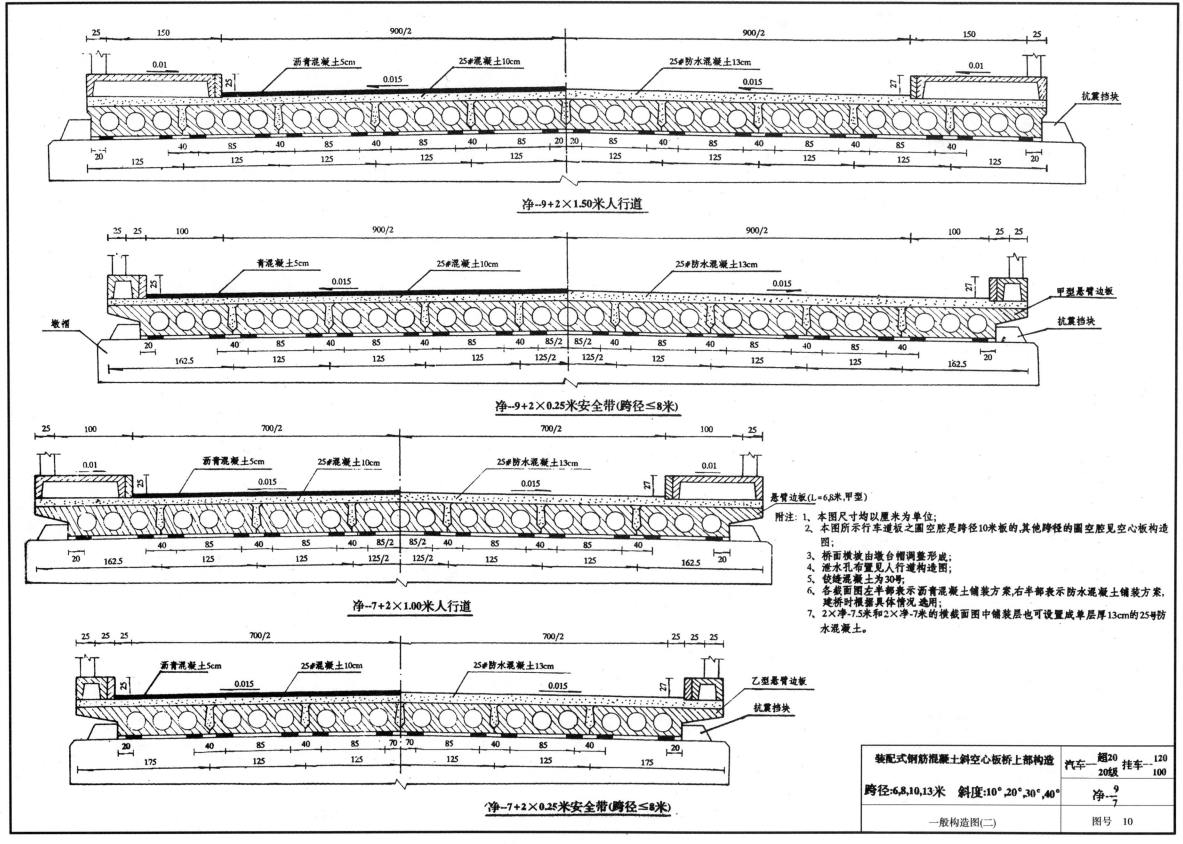

附注：

1. 本图尺寸均以厘米为单位。
2. 图中锚栓孔未示出。
3. 本图以L=6米、θ=10°、桥面净空为净-9+2×1.5米人行道的斜桥为例作图,其他不同跨径、斜度桥面净空的斜桥平面构造与本图相似。
4. 桥台栏杆座根据具体情况协调布置。

装配式钢筋混凝土斜空心板桥上部构造	汽车—超20/20 挂车—120/100
跨径:6、8、10、13米 斜度:10° 20° 30° 40°	2×净—7.5/7.0 净—9/7
平面构造示意图	图号11

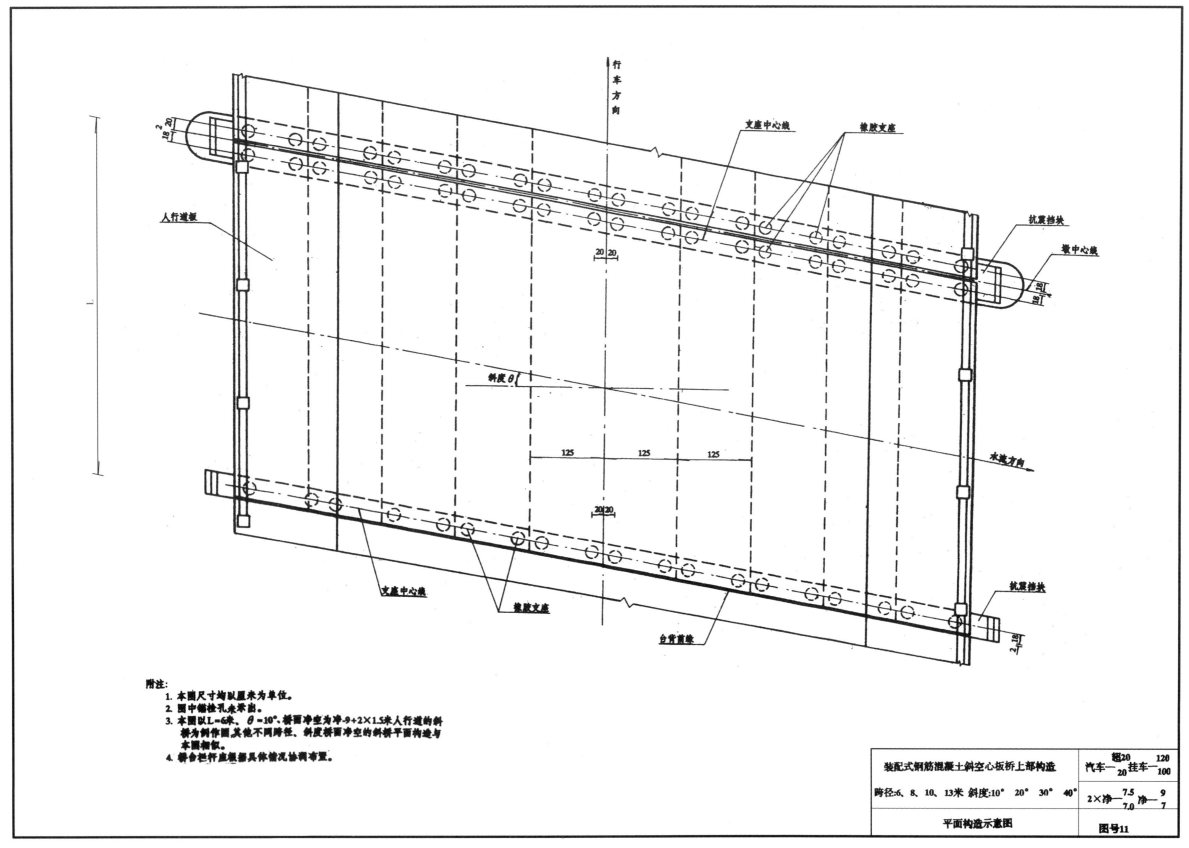

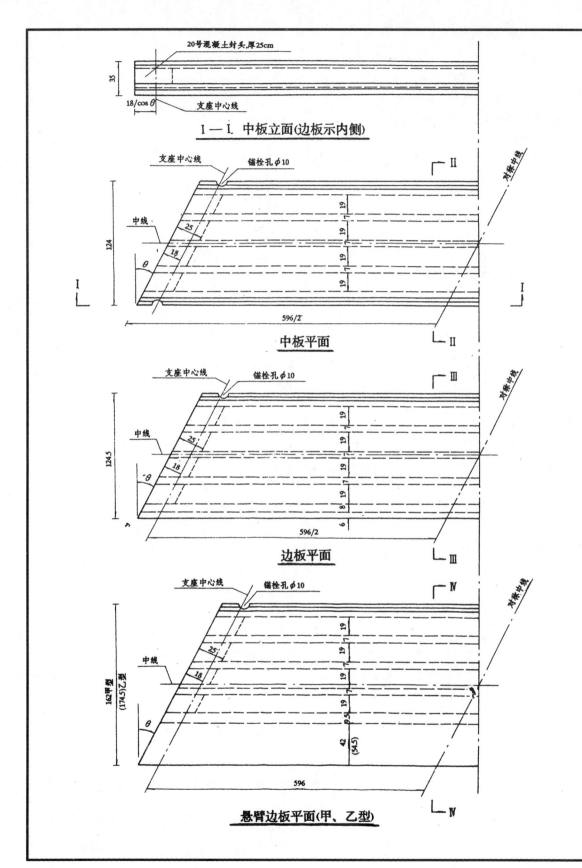

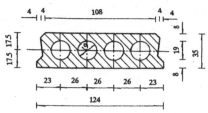

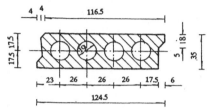

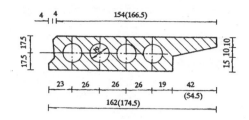

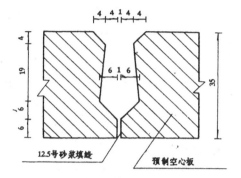

I — I 中板立面(边板示内侧)

中板平面

边板平面

悬臂边板平面(甲、乙型)

II — II 截面

IV — IV 截面

III — III 截面

铰缝大样

一道铰缝数量表

12.5号水泥砂浆(m^3)	30号混凝土(m^3)
0.0036	0.181

一块空心板混凝土数量表

封头	中板		边板		甲型悬臂边板		乙型悬臂边板	
25号混凝土(m^3)	25号混凝土(m^3)	安装重量(T)	25号混凝土(m^3)	安装重量(T)	25号混凝土(m^3)	安装重量(T)	25号混凝土(m^3)	安装重量(T)
0.057	1.747	4.51	1.751	4.52	2.121	5.45	2.233	5.73

附注：

1. 本图尺寸均以厘米为单位。
2. 浇筑铰缝混凝土前用12.5号水泥砂浆填底缝，待砂浆强度达50%后方可浇筑铰缝。
3. 内模脱模后即可浇筑25厘米厚的20号封头混凝土，注意务必封严。
4. 图中带括弧的数字为乙型悬臂边板相应的尺寸。
5. 预制空心板时板跨中应留有0.5厘米的预拱度。

装配式钢筋混凝土斜空心板桥上部构造	汽车—超20/20级 挂车—120/100
跨径：6米 斜度：10° 20° 30° 40°	2×净—7.5/7.0 净—9/7
斜空心板构造图（一）	图号 12

Ⅰ--Ⅰ中板立面(边板示内侧)

中板平面

边板平面

悬臂边板平面(甲、乙型)

Ⅱ--Ⅱ截面

Ⅳ--Ⅳ截面

Ⅲ--Ⅲ截面

铰缝大样

一道铰缝数量表

12.5水泥砂浆 (m^3)	30#混凝土 (m^3)
0.0048	0.285

一块空心板混凝土数量表

封头	中板		边板		甲型悬臂边板		乙型悬臂边板	
20#混凝土	25#混凝土 (m^3)	吊装重量 (T)	25#混凝土 (m^3)	吊装重量 (T)	25#混凝土 (m^3)	吊装重量 (T)	25#混凝土 (m^3)	吊装重量 (T)
0.068	2.61	6.70	2.614	6.71	3.113	7.95	3.262	8.33

附注：1、本图尺寸均以厘米为单位;
2、浇筑铰缝混凝土前先用12.5号水泥砂浆填底缝,待砂浆强度达50%后方可浇筑铰缝;
3、内模脱模后即可浇筑25厘米厚的20号封头混凝土,注意务必封严。
4、图中带括弧的数字为乙型悬臂边板相应的尺寸;
5、予制空心板时板跨中应留有1.0厘米的予拱度。

装配式钢筋混凝土斜空心板桥上部构造	汽车-超20/20级 挂车-120/100
跨径:8米 斜度:10° 20° 30° 40°	2×净-7.5/7.0 净-9/7
斜空心板构造图(二)	图号13

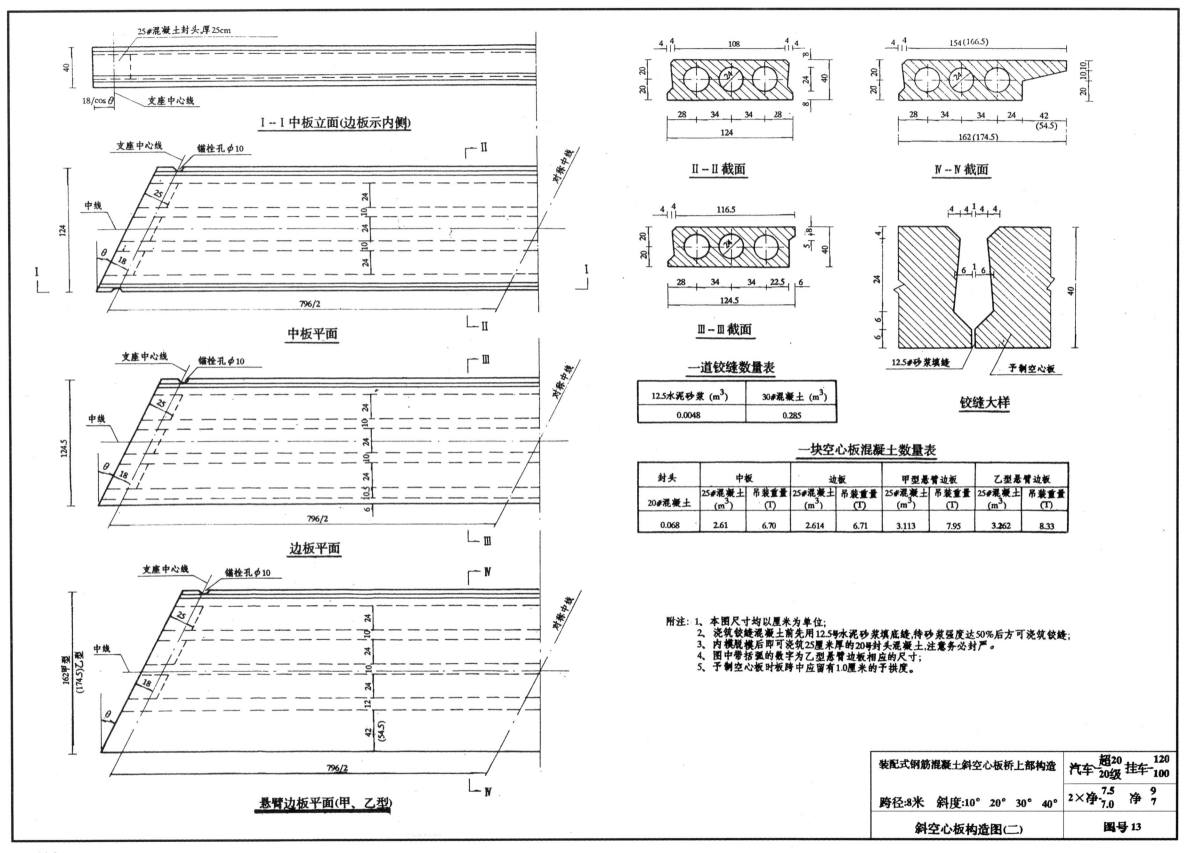

I－I 中板立面(边板示内侧)

中板平面

边板平面

甲型悬臂边板平面

II－II 截面

IV－IV 截面

III－III 截面

一道铰缝数量表

12.5#水泥砂浆 (m^3)	30#混凝土 (m^3)
0.006	0.485

铰缝大样

一块空心板混凝土数量表

封头	中板		边板		悬臂边板	
20#混凝土 (m^3)	25#混凝土 (m^3)	安装重量 (T)	25#混凝土 (m^3)	安装重量 (T)	25#混凝土 (m^3)	安装重量 (T)
0.08	3.525	9.01	3.530	9.03	4.166	10.62

附注：1、本图尺寸均以厘米为单位
2、浇筑铰缝混凝土前先用12.5#水泥砂浆填底缝,待砂浆强度达50%后方可浇筑铰缝。
3、内模脱模后即可浇筑25厘米厚的20#封头混凝土,注意务必封严
4、予制空心板时跨中应留有1.5厘米的予拱度。

装配式钢筋混凝土斜空心板桥上部构造	汽车—超20/20级 挂车—120/100
跨径:10米 斜度:10° 20° 30° 40°	2×净—7.5/7.6 净—9/7
斜空心板构造图(三)	图号 14

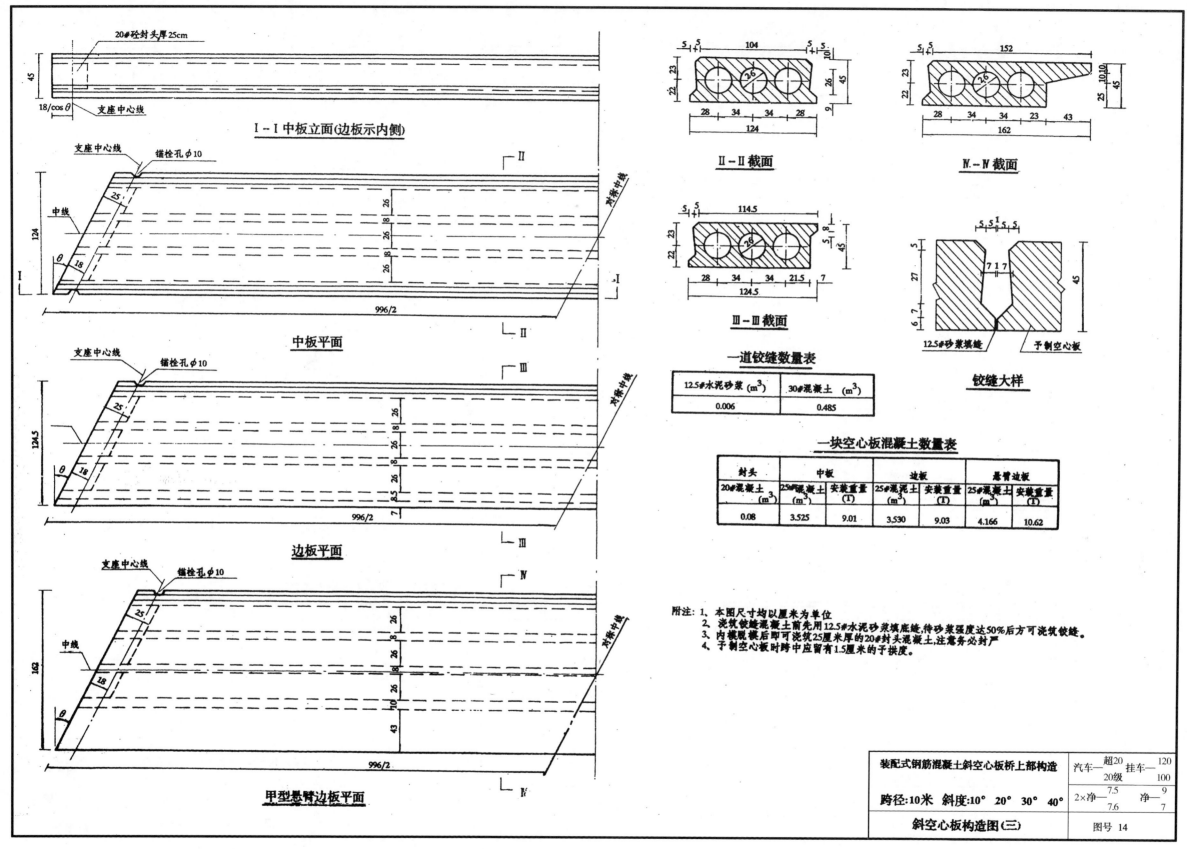

I－I 中板立面(边板示内侧)

中板平面

边板平面

甲型悬臂边板平面

II－II 截面

IV－IV 截面

III－III 截面

铰缝大样

一道铰缝数量表

12.5#水泥砂浆 (m^3)	30#混凝土 (m^3)
0.008	0.850

一块空心板混凝土数量表

封头	中板		边板		悬臂边板	
20#混凝土	25#混凝土 (m^3)	安装重量 (T)	25#混凝土 (m^3)	安装重量 (T)	25#混凝土 (m^3)	安装重量 (T)
0.119	4.956	12.69	4.923	12.61	5.829	14.87

附注：1、本图尺寸均以厘米为单位；
2、浇筑铰缝混凝土前先用12.5号水泥砂浆填底缝，待砂浆强度达50%后方可浇筑铰缝；
3、内模脱模后即可浇筑25厘米厚的20号封头混凝土，注意务必封严；
4、予制空心板时跨中应留有2.3厘米的予拱度。

装配式钢筋混凝土斜空心板桥上部构造	汽车—超20/20级 挂车—120/100
跨径：13米 斜度：10°、20°、30°、40°	2×净—7.5/7.0 净—9/7
斜空心板构造图(四)	图号 15

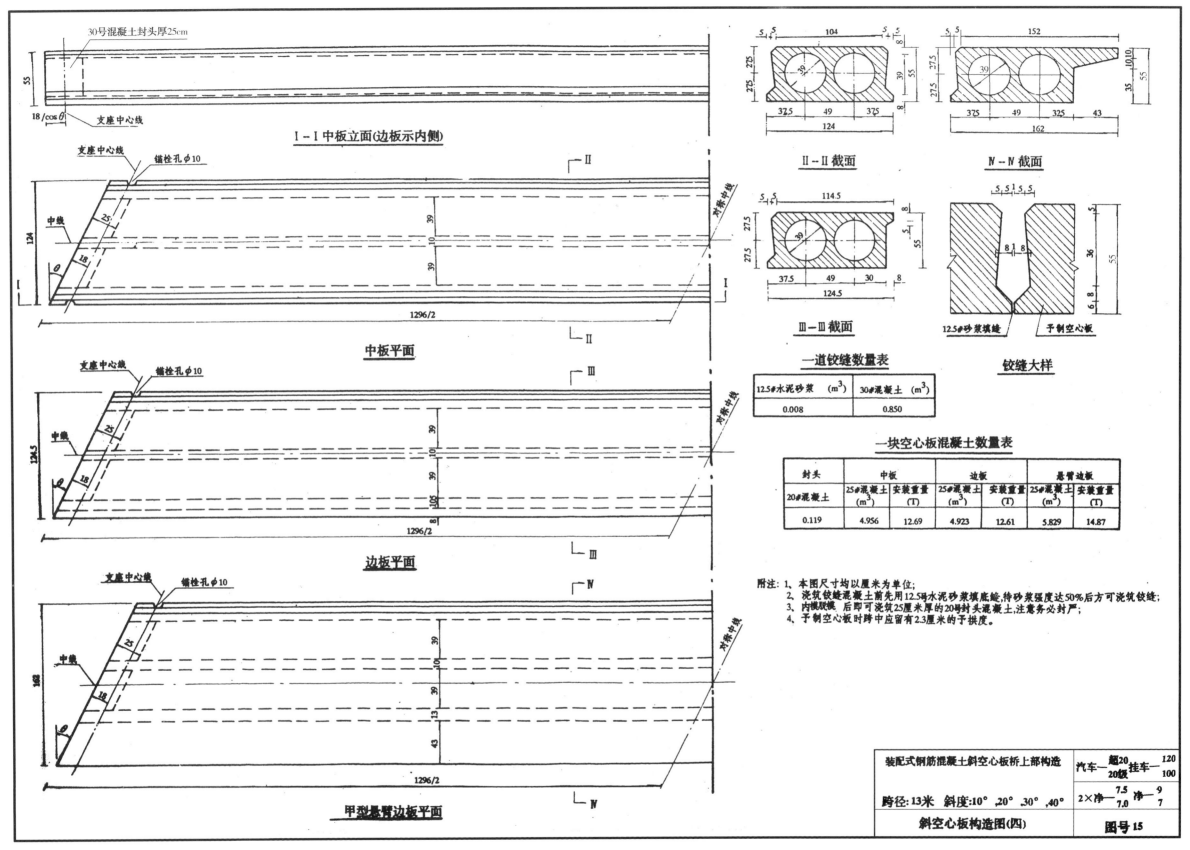

Ⅳ—Ⅳ

Ⅰ—Ⅰ(中板)　　Ⅱ—Ⅱ(中板)　　Ⅲ—Ⅲ(中板)

Ⅰ—Ⅰ(边板)　　Ⅱ—Ⅱ(边板)　　Ⅲ—Ⅲ(边板)

底层钢筋平面(中板)

单块板钢筋明细表

编号	钢筋直径(mm)	每根长度(cm)	钢筋根数			
			θ=10°		θ=20°	
			中板	边板	中板	边板
1	⌀16	593	13	13	13	13
2	⌀16	511(509)	4	4	4	4
3	⌀16	665	5	5	5	5
4	⌀16	63	20	20	20	20
5	⌀16	61	12	12	12	12
6	φ8	122(127)	49		49	
7	φ8	206(210)	98	49	98	49
6′	φ8	127(132)		49		49
7′	φ8	155(159)		49		49
8	φ8	60	42	21		22
9	φ10	596	2	1	2	1

附注:
1. 本图尺寸除钢筋直径以毫米计外,其余均以厘米为单位。括号内为斜度20°板之尺寸。
2. 辅助筋设置见图号32。
3. 部分斜筋横截面位置:N5筋均设于板侧的N2筋上。支点起第四排斜筋N4设于板中的N3筋下。
4. 焊接钢筋均采用双面焊,焊接长度按《桥规》办理。
5. N6筋与N7筋对应设置,N9筋弯曲绕过锚栓孔。
6. 待空心板就位后,N7筋与相邻板对应的钢筋绑扎。
7. 空心板采用钢绳捆绑吊装,钢绳捆绑位置应设在距空心板两端65厘米处,不准利用抗震锚栓孔捆绑吊装。

装配式钢筋混凝土斜空心板桥上部构造	汽车—超20级/20级 挂车—120/100
跨径:6米 斜度:10° 20°	2×净—7.5/7.0 净—9/7
一般斜空心板中,边板配筋图	图号 16

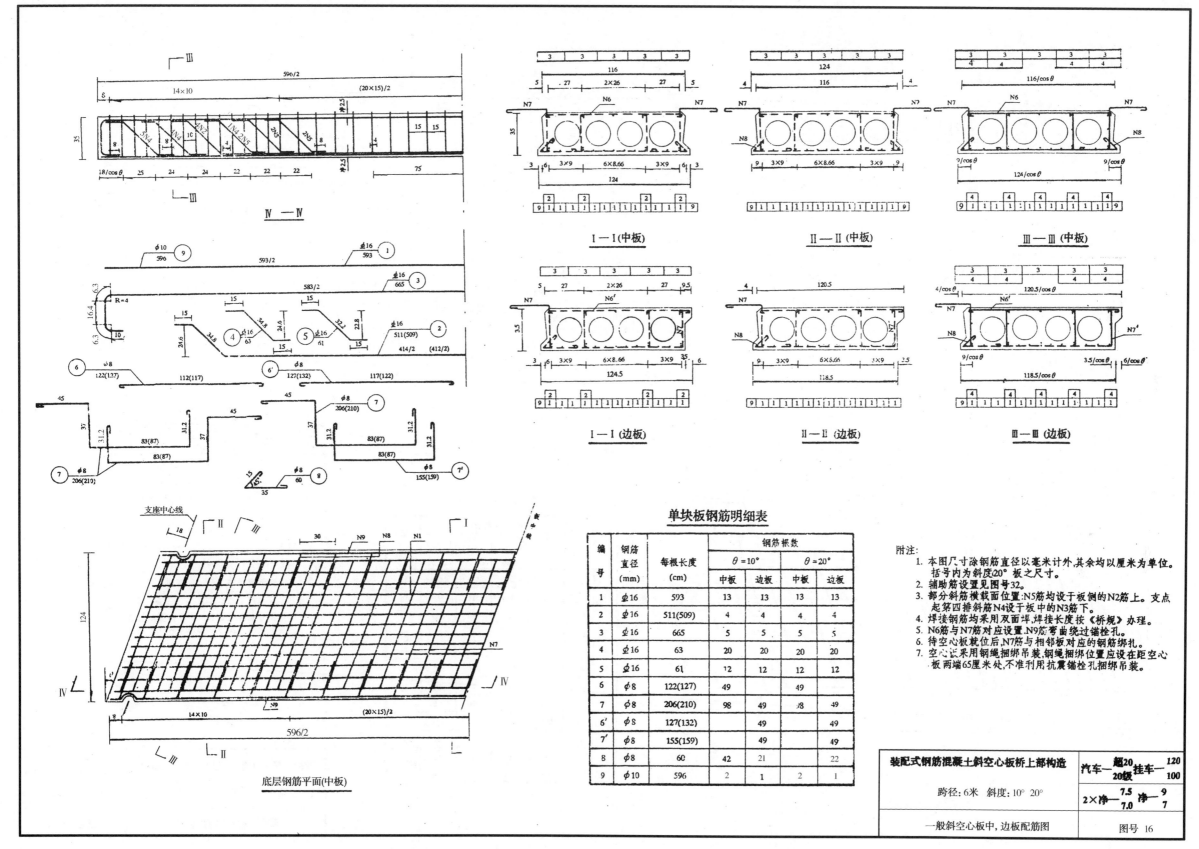

Ⅳ — Ⅳ

Ⅰ — Ⅰ

Ⅱ — Ⅱ

Ⅲ — Ⅲ

代号尺寸表

代号 \ 类型	甲型 θ=10°	甲型 θ=20°	乙型 θ=10°	乙型 θ=20°
a	42	42	54.5	54.5
b	155	162	167	175
c	44	46	56	59

顶层钢筋平面

单块板钢筋明细表

编号	直径(mm)	每根长度(cm) 甲型 θ=10°	甲型 θ=20°	乙型 θ=10°	乙型 θ=20°	每板根数
1	φ16	593	593	593	593	13
2	φ16	511	509	511	509	4
3	φ16	665	665	665	665	5
4	φ16	63	63	63	63	20
5	φ16	61	61	61	61	12
6	φ10	593	593	593	593	4
7	φ10	165	172	177	185	49
8	φ8	206	210	206	210	49
9	φ8	155	159	155	159	49
10	φ8	54	56	66	69	49
11	φ8	60	60	60	60	21
12	φ10	596	596	596	596	1

附注:

1、本图与图号16中板配套使用。待空心板就位后N8与相邻板对应的钢筋绑扎;
2、N8、N9、N10与N7筋对应设置。N11筋设置参见图号16N8筋。N12筋弯曲绕过锚栓孔。
3、其余说明见图号16附注1-4和7。

装配式钢筋混凝土斜空心板桥上部构造	汽车—超20/20级 挂车—120/100
跨径: 6米 斜度 10° 20°	2×净—7.5/7.0 净—9/7
悬臂斜空心边板配筋图	图号 17

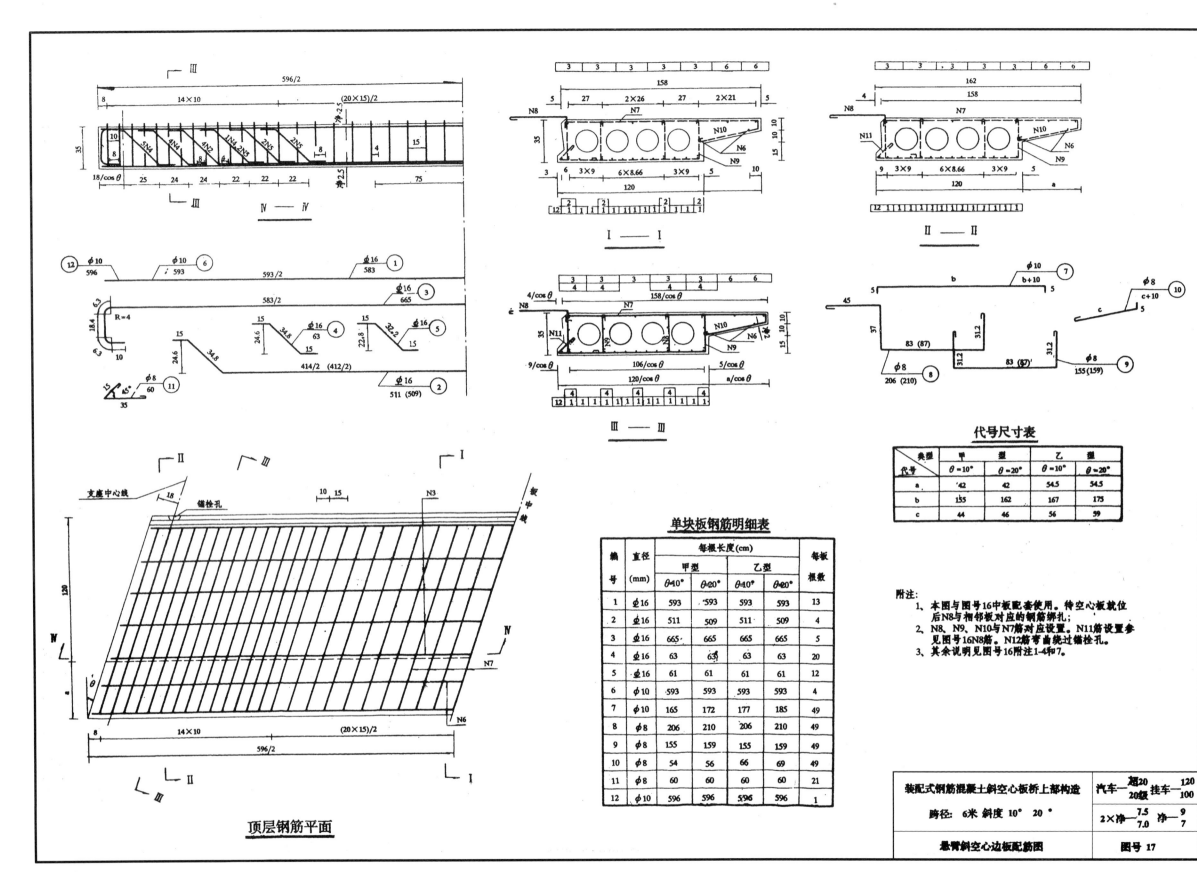

底层钢筋平面(中板)

单块板钢筋明细表

编号	钢筋直径 (mm)	每根长度 (cm)	每板根数			
			θ=30°		θ=40°	
			中板	边板	中板	边板
1	φ16	593	12	12	11	11
2	φ16	506(500)	4	4	4	4
3	φ16	665	5	5	5	5
4	φ16	63	20	20	20	20
5	φ16	61	12	12	12	12
6	φ8	120	43		41	
7	φ8	205	86	43	82	41
8	φ8	137(153)	22		22	
9	φ8	220(233)	44	22	44	22
6'	φ8	125		43		41
7'	φ8	154		43		41
8'	φ8	143(160)		22		22
9'	φ8	170(183)		22		22
10	φ8	60	42	21	42	21
11	φ10	596	2	1	2	1

附 注:

1. 本图尺寸除钢筋直径以毫米计外,其余均以厘米单位。括号内为斜度40°板之尺寸。
2. 辅助筋设置见图号32。
3. 部分斜筋横截面位置:N5筋均设于板侧的N2筋上。支点起第4排斜筋N4设于板中的N3筋下。
4. 焊接钢筋均采用双面焊,焊接长度按规范办理。
5. N6与N7、N8与N9 钢筋对应设置。
6. 待空心板就位后,N7及N9筋与相邻板对应的钢筋绑扎。
7. 空心板采用钢绳捆绑吊装,钢绳捆绑位置应设在距空心板两端65厘米处,不准利用抗震锚栓孔捆绑吊装。

装配式钢筋混凝土斜空心板桥上部构造	汽车—超20 / 20级 挂车—120 / 100
跨径:6米、斜度:30° 40°	2×净—7.5 / 7.0 净—9 / 7
一般斜空心板中、边板配筋图	图号18

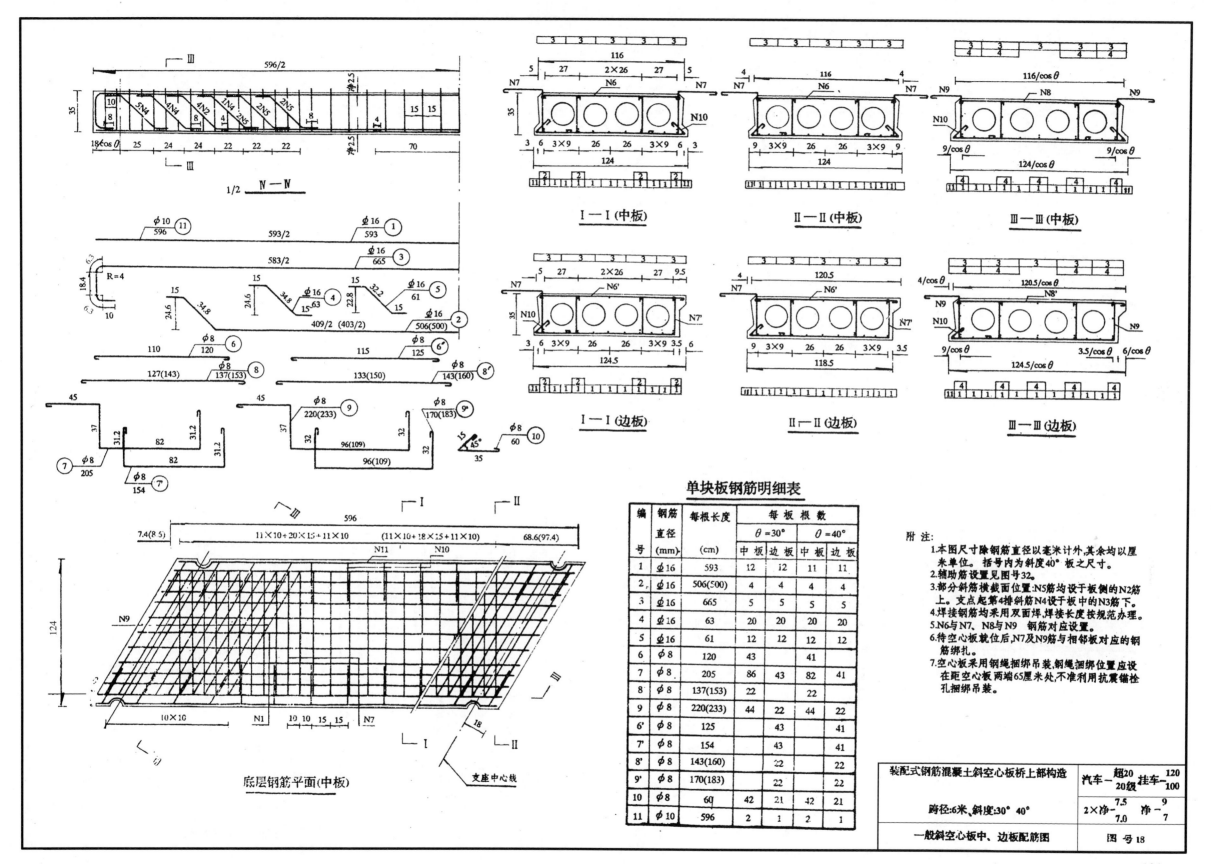

1/2 Ⅳ--Ⅳ

Ⅰ--Ⅰ

Ⅱ--Ⅱ

Ⅲ--Ⅲ

顶层钢筋平面

单块板钢筋明细表

编号	直径(mm)	甲型 θ=30° 长度	甲型 θ=30° 根数	甲型 θ=40° 长度	甲型 θ=40° 根数	乙型 θ=30° 长度	乙型 θ=30° 根数	乙型 θ=40° 长度	乙型 θ=40° 根数
1	φ16	593	12	593	11	593	12	593	11
2	φ16	506	4	500	4	506	4	500	4
3	φ16	665	5	665	5	665	5	665	5
4	φ16	63	20	63	20	63	20	63	20
5	φ16	61	12	61	12	61	12	61	12
6	φ10	593	4	593	4	593	4	593	4
7	φ10	162	42	162	38	174	42	174	38
8	φ10	186	26	208	26	199	26	224	28
9	φ8	205	42	205	38	205	42	205	38
10	φ8	154	42	154	38	154	42	154	38
11	φ8	220	26	223	26	220	26	223	28
12	φ8	170	26	183	26	170	26	183	28
13	φ8	53	42	53	38	65	42	65	38
14	φ8	60	26	66	26	74	26	82	28
15	φ8	60	21	60	21	60	21	60	21
16	φ10	596	1	596	1	596	1	596	1

代号尺寸表

类型	代号	a	b	c	d	e	f	m	n
甲型	θ=30°	42	152	43	7.8	93.2	12	17	12
	θ=40°	42	152	43	8.4	132.6	12	17	10
乙型	θ=30°	54.5	164	55	9.2	101.8	12	15	13
	θ=40°	54.5	164	55	8.2	142.8	13	15	11

附注:

1、本图与图号18中板配套使用。待空心板就位后N9及N11分别与相邻板对应的钢筋绑扎;
2、N9、N10、N13与N7筋对应设置。N11、N12、N14与N8筋对应设置，N15筋设置参见图号18 N10、N16筋弯曲绕过锚栓孔。
3、其余说明见图号18附注1-4和7。

装配式钢筋混凝土斜空心板桥上部构造 跨径：6米　斜度 30° 40°	汽车$\frac{超20}{20}$ 级:挂车$\frac{120}{100}$ 2×净$\frac{7.5}{7.0}$ 净$\frac{9}{7}$
悬臂斜空心边板配筋图	图号 19

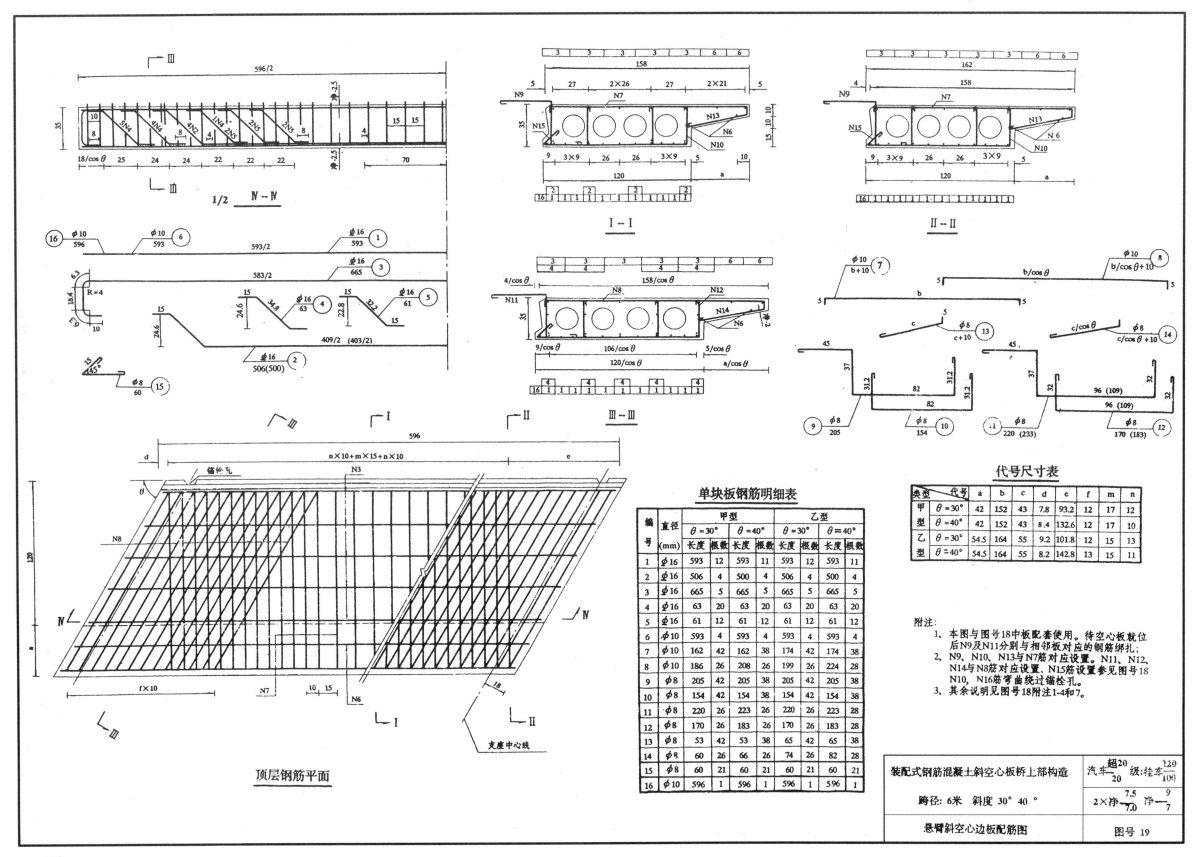

Ⅳ--Ⅳ

Ⅰ--Ⅰ(中板)

Ⅱ--Ⅱ(中板)

Ⅲ--Ⅲ(中板)

Ⅰ--Ⅰ(边板)

Ⅱ--Ⅱ(边板)

Ⅲ--Ⅲ(边板)

底层钢筋平面 (中板)

单块板钢筋明细表

编号	钢筋直径 (mm)	每根长度 (cm)	单块板根数			
			θ=10°		θ=20°	
			中板	边板	中板	边板
1	ϕ18	793	15	15	14	14
2	ϕ18	756 (754)	4	4	4	4
3	ϕ18	74	8	8	8	8
4	ϕ16	68	24	24	24	24
5	ϕ16	875	4	4	4	4
6	ϕ8	122 (127)	65		65	
7	ϕ8	207 (211)	130	65	130	65
6′	ϕ8	127 (132)		65		65
7′	ϕ8	156 (160)		65		65
8	ϕ8	60	54	27	54	27
9	ϕ10	796	2	1	2	1

附注:

1. 本图尺寸除钢筋直径以毫米计外，其余均以厘米为单位;括号内为斜度20°板之尺寸。
2. 辅助筋设置见图号32。
3. 部分斜筋横截面位置：N4筋均以对称,靠边为原则设于N2筋上。
4. 焊接钢筋均采用双面焊，焊接长度按《桥规》办理。;
5. N6与N7筋对应设置。N9筋弯曲绕过锚栓孔
6. 待空心板就位后,N7筋与相邻板对应的钢筋绑扎。
7. 空心板采用钢绳捆绑吊装,钢绳捆绑位置设在距空心板两端65厘米处,不准利用抗震锚栓孔捆绑吊装。

装配式钢筋混凝土斜空心板桥上部构造	汽车—超20 20级 挂车—120 100
跨径：8米 斜度10° 20°	2×净—7.5 7.0 净—9 7
一般斜空心板中、边板配筋图	图号 20

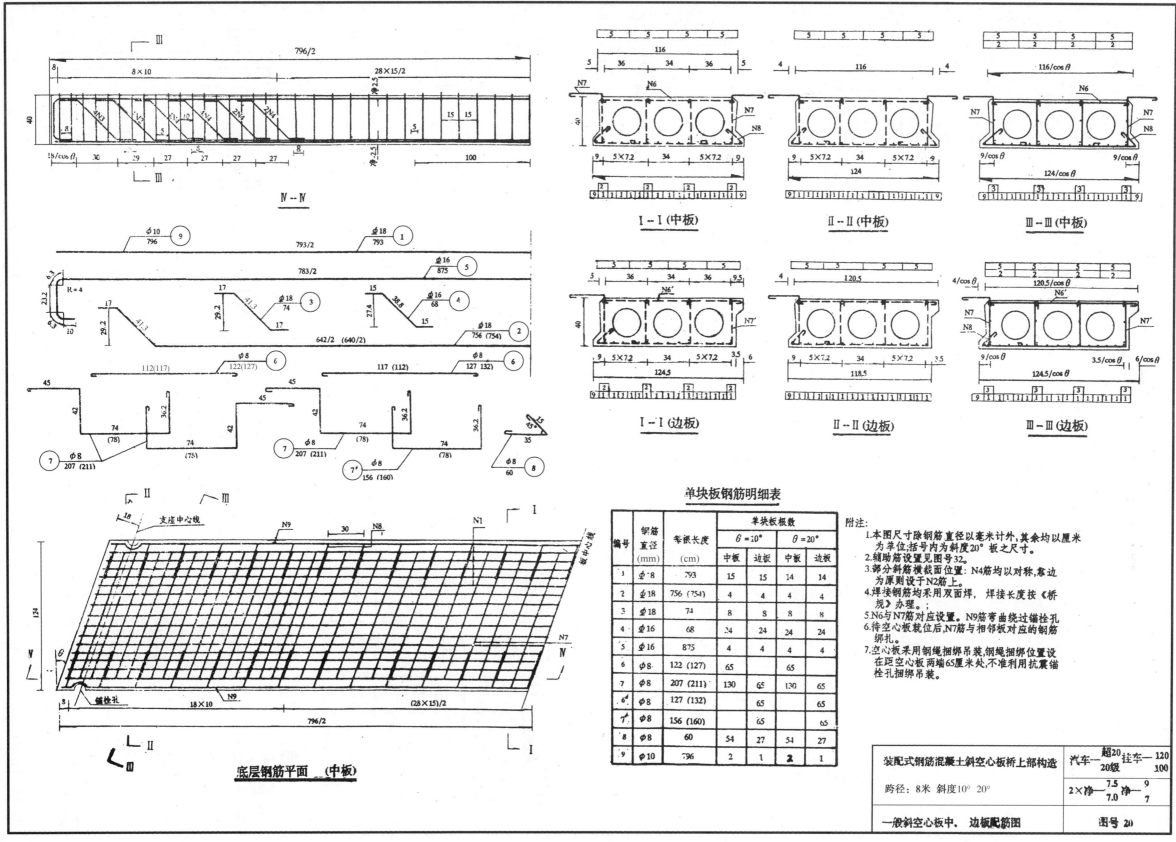

层钢筋平面

代号尺寸表

代号 \ 类型	甲型 θ=10°	甲型 θ=20°	乙型 θ=10°	乙型 θ=20°
a	42	42	54.5	54.5
b	155	162	167	175
c	44	46	56	59

单块板钢筋明细表

编号	直径 (mm)	每根长度(cm) 甲型 θ=10°	甲型 θ20°	乙型 θ=10°	乙型 θ=20°	每板根数
①	ϕ18	793	793	793	793	15 (14)
②	ϕ18	756	754	756	754	4
③	ϕ18	74	74	74	74	8
④	ϕ16	68	68	68	68	24
⑤	ϕ16	875	875	875	875	4
⑥	ϕ10	793	793	793	793	4
⑦	ϕ10	165	172	177	185	65
⑧	ϕ8	207	211	207	211	65
⑨	ϕ8	156	160	156	160	65
⑩	ϕ8	54	56	66	69	65
⑪	ϕ8	60	60	60	60	27
⑫	ϕ10	796	796	796	796	1

注:括号内为斜度20° 之根数

附注:

1、本图与图号20中板配套使用。待空心板就位后N8与相邻板对应的钢筋绑扎;
2、N8、N9、N10与N7筋对应设置。N11筋设置参见图号20N8筋。N12筋弯曲绕过锚栓孔。
3、其余说明见图号20附注1-4和7。

装配式钢筋混凝土斜空心板桥上部构造 跨径: 8米 斜度 10° 20 °	汽车—超20/20级 挂车—120/100 2×净—7.5/7.0 净—9/7
悬臂斜空心边板配筋图	图号 21

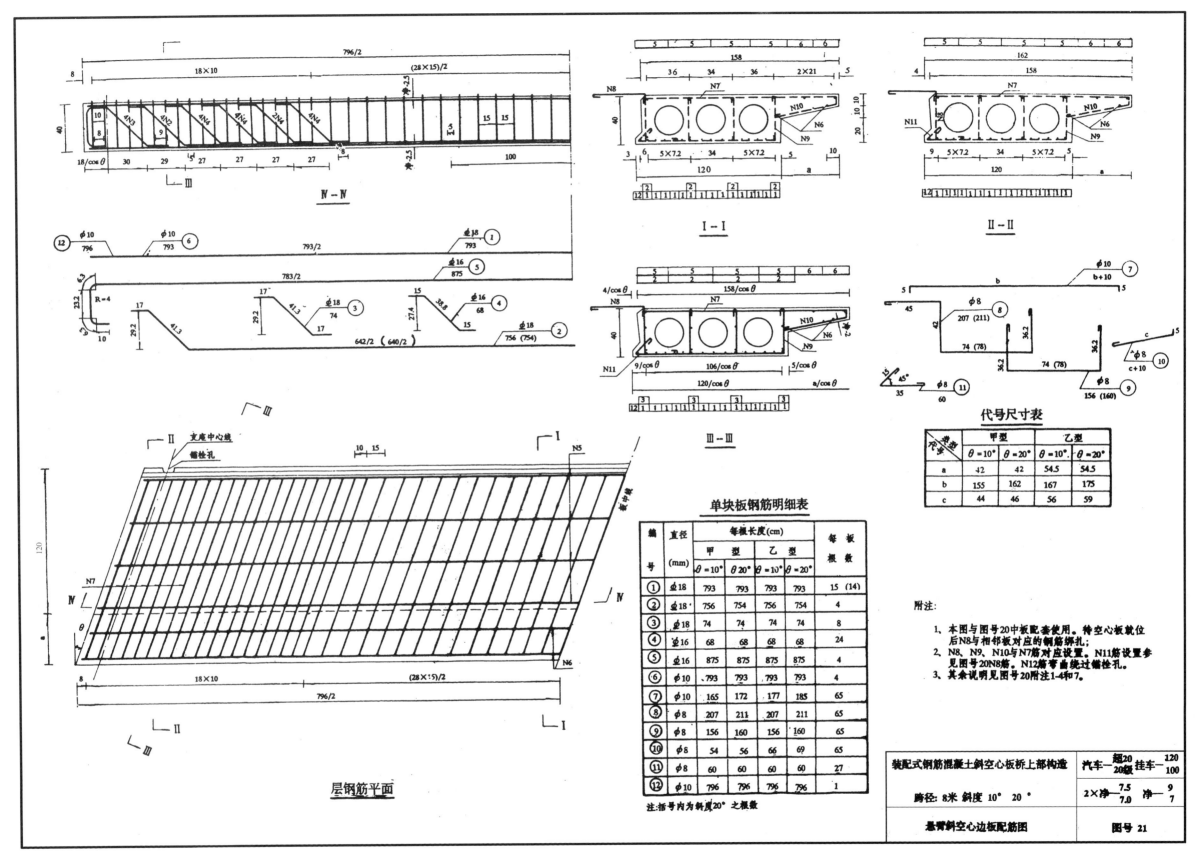

单块板钢筋明细表

编号	钢筋直径 (mm)	每根长度 (cm)	单块板根数			
			$\theta=30°$		$\theta=40°$	
			中板	边板	中板	边板
1	ϕ18	793	13	13	12	12
2	ϕ18	692(687)	4	4	4	4
3	ϕ18	74	16	16	16	16
4	ϕ16	68	24	24	24	24
5	ϕ16	875	4	4	4	4
6	ϕ8	120	61		59	
7	ϕ8	206	122	61	118	59
8	ϕ8	137 (153)	24		24	
9	ϕ8	220(231)	48	24	48	24
6′	ϕ8	125		61		59
7′	ϕ8	155		61		59
8′	ϕ8	143(160)		24		24
9′	ϕ8	170(181)		24		24
10	ϕ8	60	54	27	45	27
11	ϕ10	796	2	1	2	1

附注：

1. 本图尺寸除钢筋直径以毫米计外，其余均以厘米为单位。括号内为斜度40°板之尺寸。
2. 辅助筋设置见图号32。
3. 部分斜钢筋横面位置:N4筋均以对称靠边原则设于N2筋上。
4. 焊接钢筋均采用双面焊，焊接长度按“桥规”办理。
5. N6与N7、N8与N9筋对应设置，N11筋弯曲绕过锚栓孔。
6. 待空心板就位后，N7及N9筋与相邻板对应的钢筋绑扎。
7. 空心板采用钢绳捆绑吊装，钢绳捆绑位置应设在距空心板两端65厘米处，不准利用抗震锚栓孔捆绑吊装。

装配式钢筋混凝土斜空心板桥上部构造	汽车—超20/20级 挂车—120/100
跨径：8米　斜度：30° 40°	2×净—7.5/7.0 净—9/7
一般斜空心板中、边板配筋图	图号　22

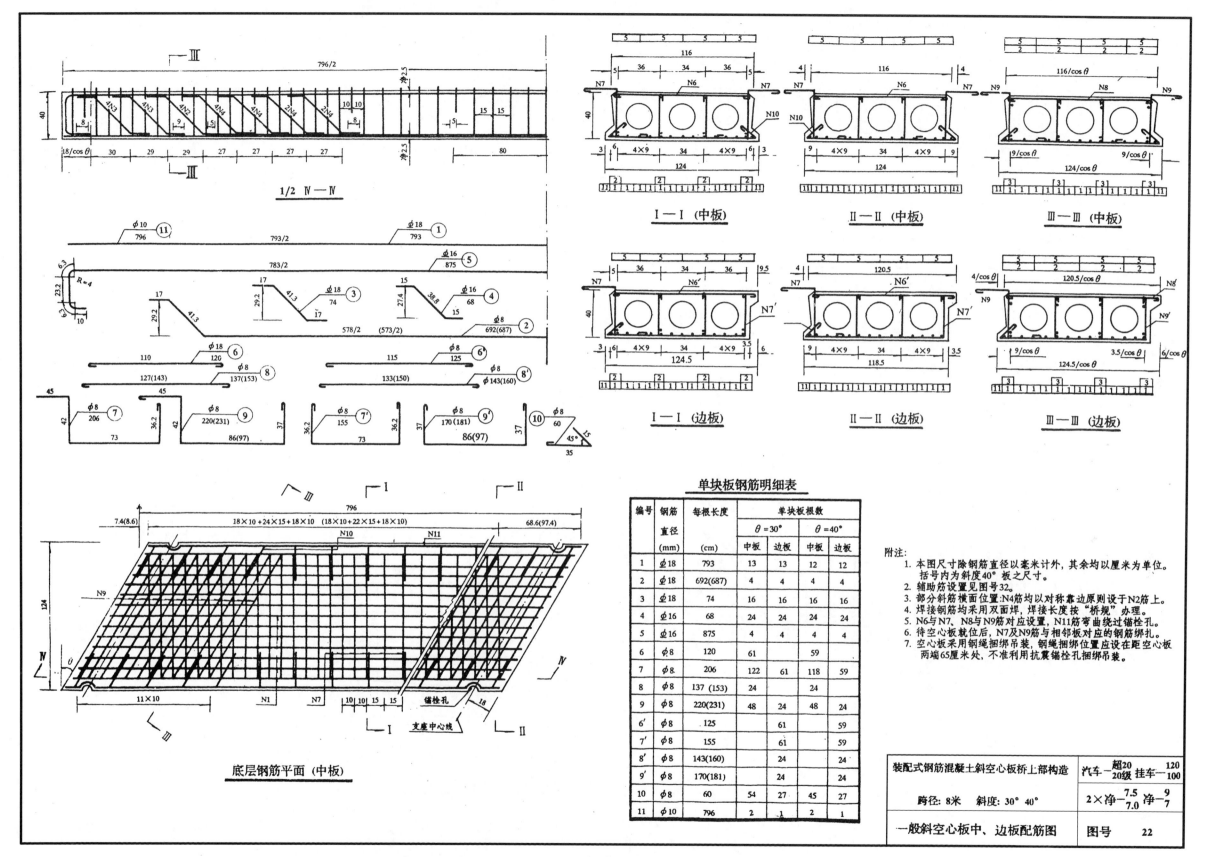

顶层钢筋平面

单块板钢筋明细表

编号	直径 (mm)	甲型 θ=30° 长度	甲型 θ=30° 根数	甲型 θ=40° 长度	甲型 θ=40° 根数	乙型 θ=30° 长度	乙型 θ=30° 根数	乙型 θ=40° 长度	乙型 θ=40° 根数
1	Φ18	793	13	793	12	793	13	793	12
2	Φ18	692	4	687	4	692	4	687	4
3	Φ18	74	16	74	16	74	16	74	16
4	Φ16	68	24	68	24	68	24	68	24
5	Φ16	875	4	875	4	875	4	875	4
6	φ10	793	4	793	4	793	4	793	4
7	φ10	162	60	162	56	174	58	174	54
8	φ10	186	26	208	26	199	26	224	28
9	φ8	206	60	206	56	206	58	206	54
10	φ8	155	60	155	56	155	58	155	54
11	φ8	220	26	231	26	220	26	231	28
12	φ8	170	26	181	26	170	26	181	28
13	φ8	53	60	53	56	65	58	65	54
14	φ8	60	26	66	26	74	26	82	28
15	φ8	60	27	60	27	60	27	60	27
16	φ10	796	1	796	1	796	1	796	1

代号尺寸表

类型	代号	a	b	c	d	e	f	m	n
甲型	θ=30°	42	152	43	7.8	93.2	12	21	19
	θ=40°	42	152	43	8.4	132.6	12	21	17
乙型	θ=30°	54.5	164	55	9.2	101.8	12	23	17
	θ=40°	54.5	164	55	8.3	142.8	13	23	15

附注：

1. 本图与图号22中板配套使用。待空心板就位后N9及N11与相邻板对应的钢筋绑扎。
2. N9、N10、N13与N17筋对应设置，N11、N12、N14与N8筋对应设置。N15筋设置参见图号22N10筋，N16筋弯曲绕过锚栓孔。
3. 其余见图号22附注1～4和7。

装配式钢筋混凝土斜空心板桥上部构造	汽车—超20/20级 挂车—120/100
跨径：8米 斜度：30° 40°	2×净—7.5/7.0 净—9/7
悬臂斜空心边板配筋图	图号 23

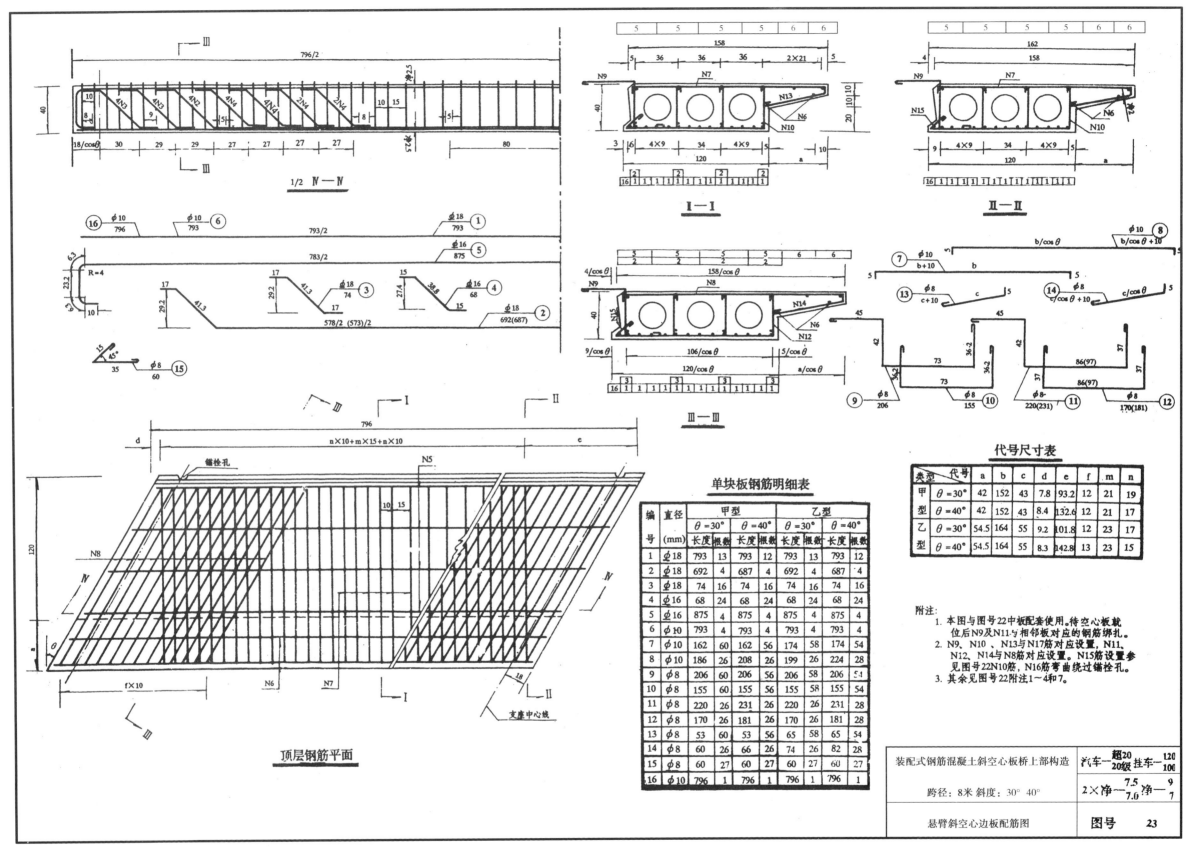

Ⅳ—Ⅳ

底层钢筋平面(中板)

Ⅰ—Ⅰ(中板)　Ⅱ—Ⅱ(中板)　Ⅲ—Ⅲ(中板)

Ⅰ—Ⅰ(边板)　Ⅱ—Ⅱ(边板)　Ⅲ—Ⅲ(边板)

单块板钢筋明细表

编号	钢筋直径(mm)	每根长度(cm)	钢筋根数							
			汽—20,挂—100				汽—超20,挂—120			
			θ=10°		θ=20°		θ=10°		θ=20°	
			中板	边板		边板	中板	边板	中板	边板
1	φ20	993	14	14	13	13	16	16	15	15
2	φ20	954(952)	4	4	4	4	4	4	4	4
3	φ20	91(92)	8	8	8	8	8	8	8	8
4	φ16	74	24	24	24	24	24	24	24	24
5	φ18	78	4	4	4	4	4	4	4	4
6	φ16	1084	4	4	4	4	4	4	4	4
7	φ8	119(124)	81		81		81		81	
8	φ8	216(220)	162	81	162	81	162	81	162	81
7′	φ8	126(132)		81		81		81		81
8′	φ8	165(169)		81		81		81		81
9	φ8	60	68	34	68	34	68	34	68	34
10	φ10	996	2	1	2	1	2	1	2	1

附注:

1. 本图尺寸除钢筋直径以毫米计外，其余均以厘米为单位。括号内为斜度20°板之尺寸。
2. 辅助筋设置见图号32。
3. 待空心板就位后，N8钢筋与邻板相对应的钢筋绑扎。
4. 焊接钢筋均采用双面焊，焊接长度按“桥规”办理。
5. N7与N8钢筋对应设置。
6. N1钢筋尽量以均匀、对称方式布置。
7. 中板斜筋以靠边及与横截面中线对称的原则布置，N3筋参照Ⅰ—Ⅰ截面的N2的筋设置。边板斜筋参照中板布置。
8. N1筋弯曲绕过锚栓孔。
9. 空心板采用钢绳捆绑吊装，钢绳捆绑位置应设在距空心板两端65厘米处，不准利用抗震锚栓孔捆绑吊装。

装配式钢筋混凝土斜空心板桥上部构造	汽车—超20/20级 挂车—120/100
跨径：10米 斜度：10° 20°	2×净—7.5/7.0 净—9/7
一般斜空心板中、边板配筋图	图号 24

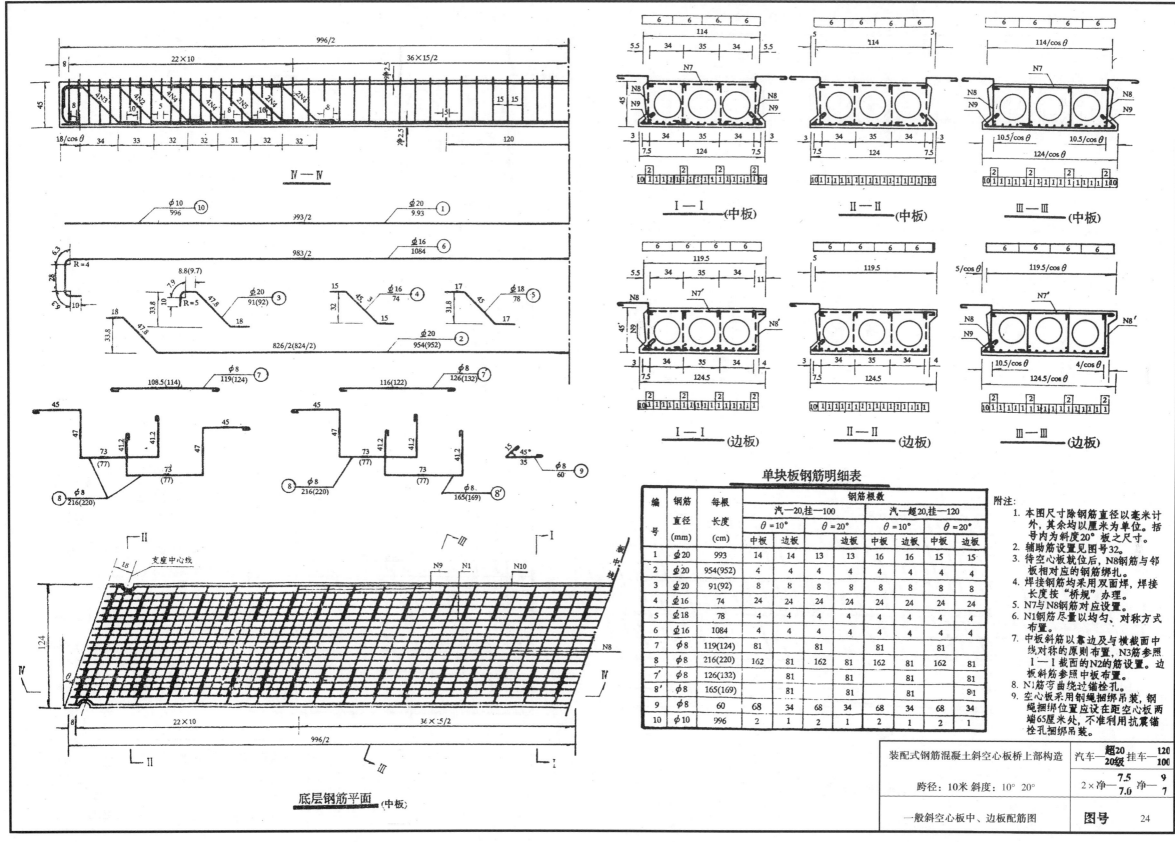

Ⅳ—Ⅳ

Ⅰ—Ⅰ

Ⅱ—Ⅱ

Ⅲ—Ⅲ

顶层钢筋平面

单块板钢筋明细表

编号	钢筋直径(mm)	每根长度(cm)	钢筋根数			
			汽—20,挂—100		汽—超20,挂—120	
			θ=10°	θ=20°	θ=10°	θ=20°
1	φ20	993	14	13	16	15
2	φ20	954(952)	4	4	4	4
3	φ20	91(92)	8	8	8	8
4	φ16	74	24	24	24	24
5	φ18	78	4	4	4	4
6	φ16	1084	4	4	4	4
7	φ10	993	4	4	4	4
8	φ10	163(171)	81	81	81	81
9	φ8	216(220)	81	81	81	81
10	φ8	165(169)	81	81	81	81
11	φ8	58(60)	81	81	81	81
12	φ8	60	34	34	34	34
13	φ10	996	1	1	1	1

附注:

1. 本图尺寸除钢筋直径以毫米计外，其余均以厘米为单位。括号内为斜度20°板之尺寸。
2. 辅助筋设置见图号32。
3. 本图与图号24中板配套使用，待空心板就位后，N9钢筋与邻板相对应的钢筋绑扎。
4. 焊接钢筋采用双面焊，焊接长度按“桥规”办理。
5. N8与N9,N10、N11钢筋对应设置。
6. N1钢筋尽量以均匀、对称方式布置。
7. 图中斜筋参照图号24中板斜筋布置。
8. N12、N13筋设置参照图号24中N9、N10钢筋。
9. 空心板采用钢绳捆绑吊装，钢绳捆绑位置应设在距空心板两端65厘米处，不准利用抗震锚栓孔捆绑吊装。

装配式钢筋混凝土斜空心板桥上部构造	汽车—超20/20级 挂车—120/100
跨径：10米 斜度：10° 20°	2×净—7.5/7.0 净—9/7
悬臂斜空心边板配筋图	图号 25

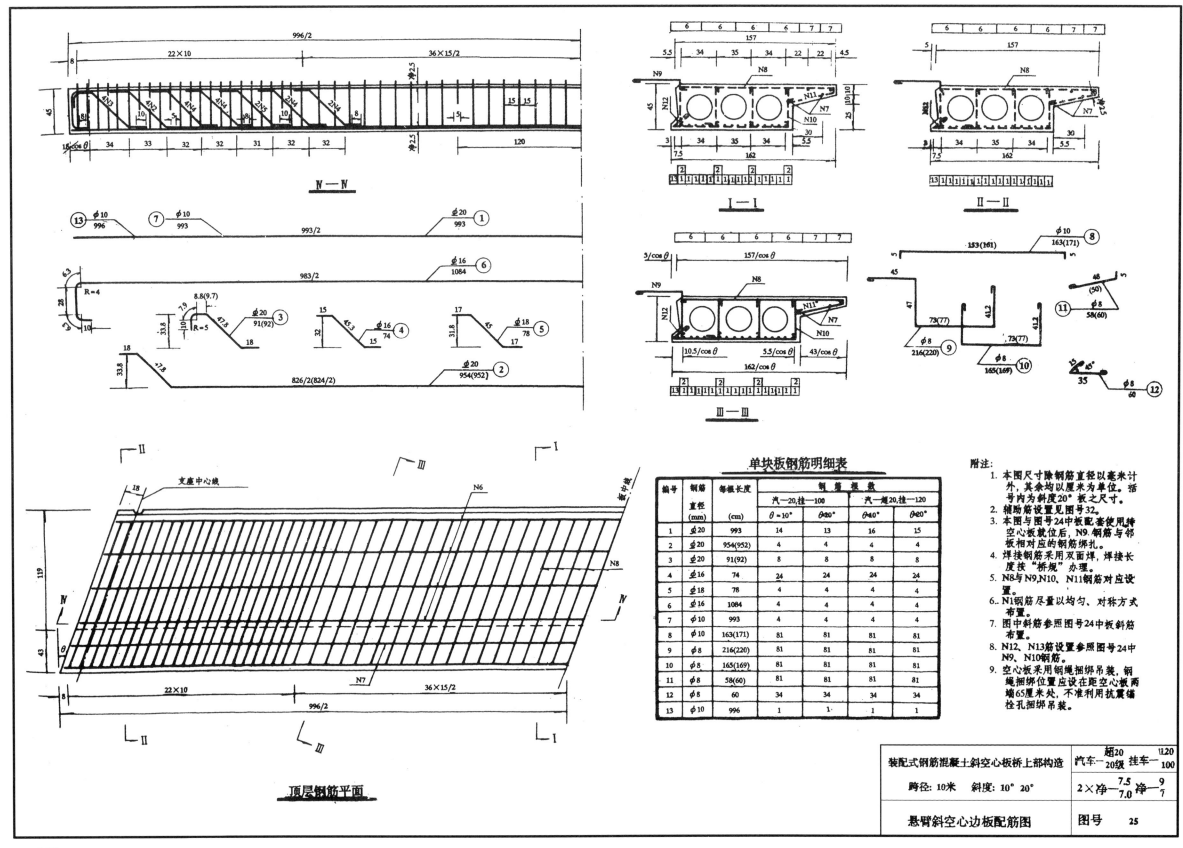

1/2 Ⅳ—Ⅳ

底层钢筋平面（中板）

Ⅰ—Ⅰ(中板)　Ⅱ—Ⅱ(中板)　Ⅲ—Ⅲ(中板)

Ⅰ—Ⅰ(边板)　Ⅱ—Ⅱ(边板)　Ⅲ—Ⅲ(边板)

单块板钢筋明细表

编号	钢筋直径 (mm)	每根长度 (cm)	钢筋根数							
			汽—20 挂—100				汽—超20,挂—120			
			θ=30°		θ=40°		θ=30°		θ=40°	
			中板	边板	中板	边板	中板	边板	中板	边板
1	φ20	993	12	12	11	11	14	14	12	12
2	φ20	948(943)	4	4	4	4	4	4	4	4
3	φ20	93(96)	8	8	8	8	8	8	8	8
4	φ16	74	24	24	24	24	24	24	24	24
5	φ18	78	4	4	4	4	4	4	4	4
6	φ16	1084	4	4	4	4	4	4	4	4
7	φ8	117	77		75		77		75	
8	φ8	215	154	77	150	75	154	77	150	75
9	φ8	134(150)	22		22		22		22	
10	φ8	227(238)	44	22	44	22	44	22	44	22
7′	φ8	124		77		75		77		75
8′	φ8	164		77		75		77		75
9′	φ8	142(159)		22		22		22		22
10′	φ8	177(188)		22		22		22		22
11	φ8	60	68	34	68	34	68	34	68	34
12	φ10	996	2	1	2	1	2	1	2	1

附注:

1. 本图尺寸除钢筋直径以毫米计外，其余均以厘米为单位。括号内为斜度40°板之尺寸。
2. 辅助筋设置见图号32。
3. 待空心板就位后N8、N10钢筋与邻板相对应以钢筋绑扎。
4. 焊接钢筋均采用双面焊，焊接长度按“桥规”办理。
5. N7与N8、N9与N10对应设置。
6. N1钢筋尽量以均匀、对称方式布置。
7. 中板斜筋以靠边及与横截面中线对称的原则布置，N3筋参照Ⅰ—Ⅰ截面的N2筋设置。边板斜筋参照中板布置。
8. N12筋弯曲绕过锚栓孔。
9. 空心板采用钢绳捆绑吊装，钢绳捆绑位置应设置在距空心板两端65厘米处，不准利用抗震锚栓孔捆绑吊装。

装配式钢筋混凝土斜空心板桥上部构造	汽车—超20/20级 挂车—120/100
跨径:10米 斜度:30°、40°	2×净—7.5/7.0 净—9/7
一般斜空心板中、边板配筋图	图号 26

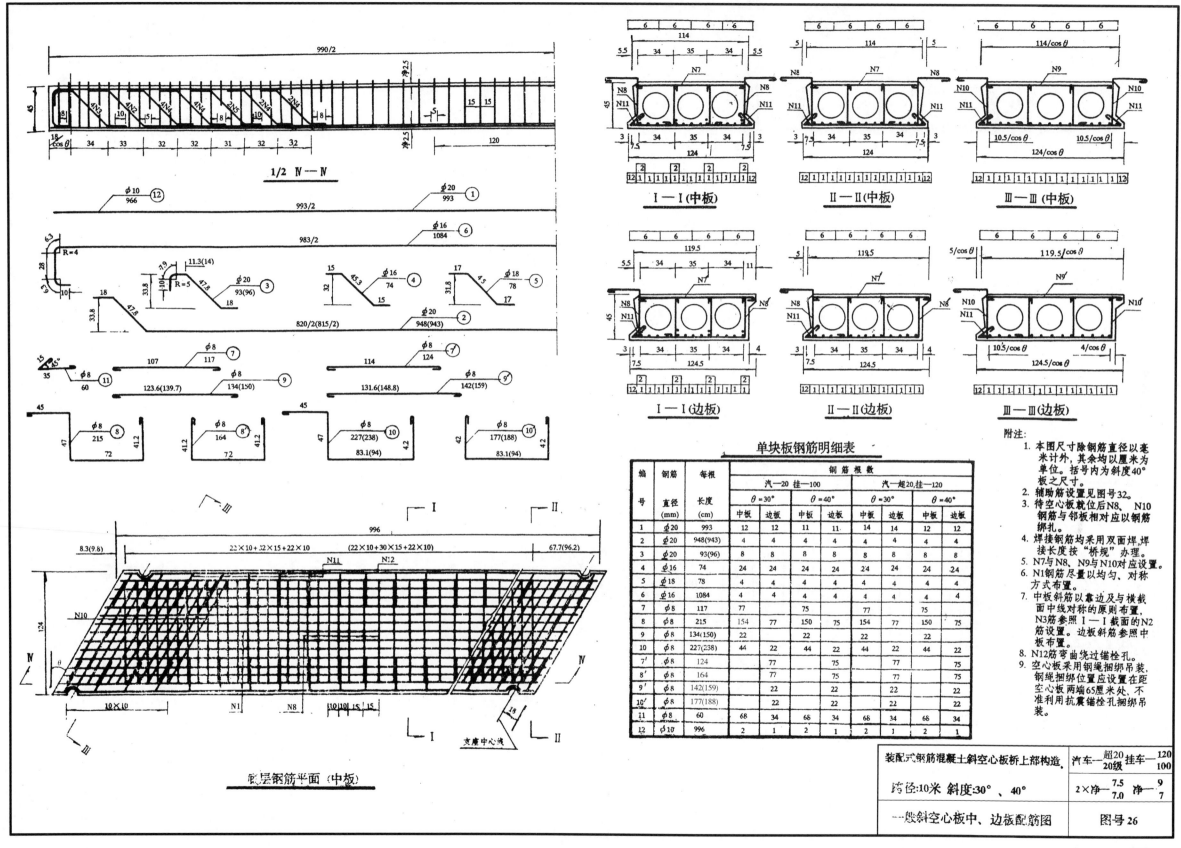

1/2 N—N

Ⅰ—Ⅰ

Ⅲ—Ⅲ

Ⅱ—Ⅱ

顶层钢筋平面

单块板钢筋明细表

编号	钢筋直径 (mm)	每根长度 (cm)	钢筋根数			
			汽—20, 挂—100		汽—超20,挂—120	
			θ=30°	θ=40°	θ=30°	θ=40°
1	φ20	993	12	11	14	12
2	φ20	948(943)	4	4	4	4
3	φ20	93(96)	8	8	8	8
4	φ16	74	24	24	24	24
5	φ18	78	4	4	4	4
6	φ16	1084	4	4	4	4
7	φ10	993	4	4	4	4
8	φ10	161	75	72	75	72
9	φ10	184(207)	26	26	26	26
10	φ8	215	75	72	75	72
11	φ8	164	75	72	75	72
12	φ8	227(238)	26	26	26	26
13	φ8	177(188)	26	26	26	26
14	φ8	57	75	72	75	72
15	φ8	64(71)	26	26	26	26
16	φ8	60	34	34	34	34
17	φ10	996	1	1	1	1

附注:

1. 本图尺寸除钢筋直径以毫米计外，其余均以厘米为单位。括号内为斜度40°板之尺寸。
2. 辅助筋设置见图号32。
3. 本图与图号26中板配套使用,待空心板就位后，N10、N12钢筋与邻板相对应的钢筋绑扎。
4. 焊接钢筋采用双面焊，焊接长度按“桥规”办理。
5. N8与N10、N11与N14、N9与N12 N13与N15对应设置。
6. N1钢筋尽量以均匀、对称方式布置。
7. 图中斜筋参照图号26中板斜筋布置。
8. N16 N17筋设置参照图号26N11 N12钢筋。
9. 空心板采用钢绳捆绑吊装，钢绳捆绑位置应设在距空心板两端65厘米处，不准利用抗震锚栓孔捆绑吊装。

装配式钢筋混凝土斜空心板桥上部构造	汽车—超20/20级 挂车—120/100
跨径:10米 斜度: 30° 40°	2×净—7.5/7.0 净—9/7
悬臂斜空心边板配筋图	图号 27

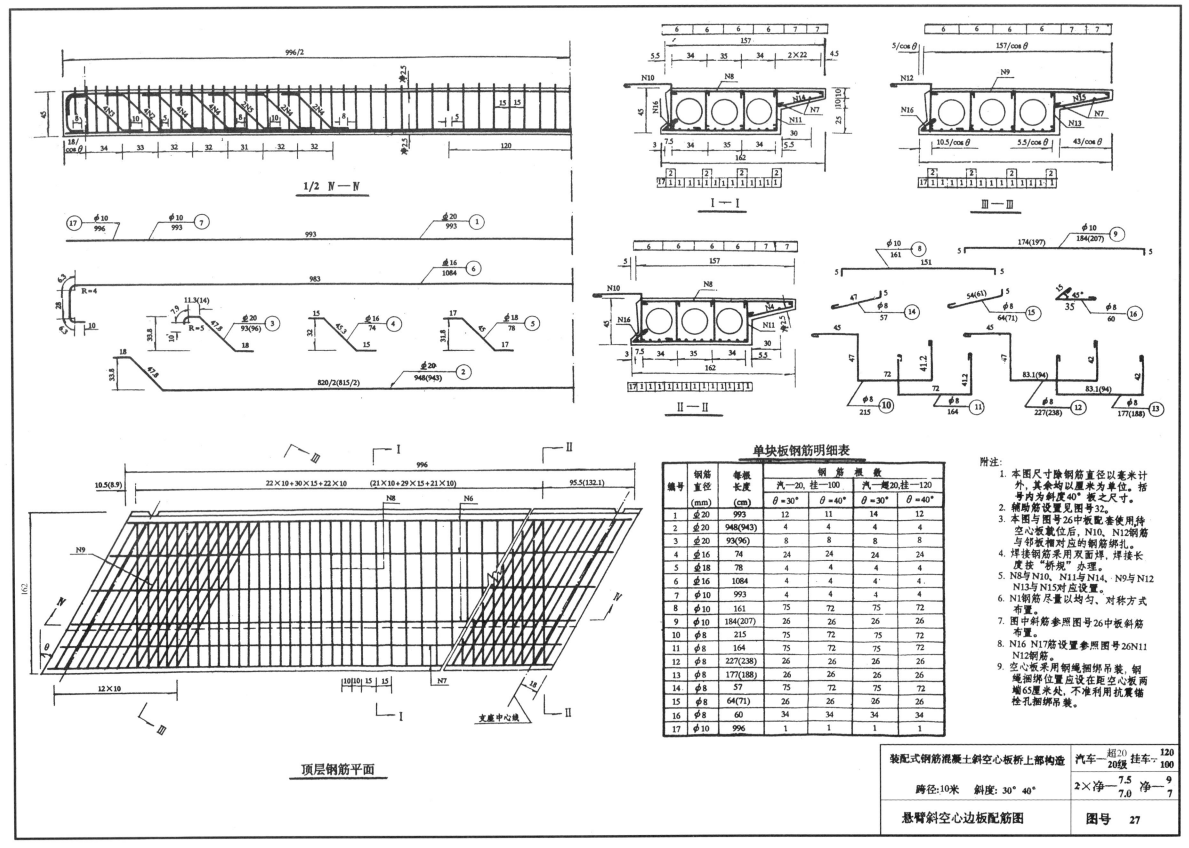

Ⅳ—Ⅳ

Ⅰ—Ⅰ (中板)　Ⅱ—Ⅱ (中板)　Ⅲ—Ⅲ (中板)

Ⅰ—Ⅰ (边板)　Ⅱ—Ⅱ (边板)　Ⅲ—Ⅲ (边板)

单块板钢筋明细表

编号	钢筋直径	每根长度	钢筋根数							
			汽—20，挂—100				汽—超20 挂—120			
			θ=10°		θ=20°		θ=10°		θ=20°	
			中板	边板	中板	边板	中板	边板	中板	边板
1	φ22	1293	17	17	16	16	17	17	17	17
2	φ22	1246(1245)	3	3	3	3	3	3	3	3
3	φ25	112(113)	6	6	6	6	6	6	6	6
4	φ20	92	10	10	10	10	10	10	10	10
5	φ18	91	6	6	6	6	6	6	6	6
6	φ16	87	8	8	8	8	8	8	8	8
7	φ18	1404	3	3	3	3	3	3	3	3
8	φ10	1293	2	2	2	2	2	2	2	2
9	φ8	118(123)	101		101		101		101	
10	φ8	218(221)	202	101	202	101	202	101	202	101
9′	φ8	126(131)		101		101		101		101
10′	φ8	167(170)		101		101		101		101
11	φ8	60	88	44	88	44	88	44	88	44
12	φ10	1296	2	1	2	1	2	1	2	1

附注:

1. 本图尺寸除钢筋直径以毫米计外,其余均以厘米为单位,括号内为斜度20°板之尺寸。
2. 辅助筋设置见图号32。
3. 待空心板就位后，N10钢筋与邻板相对应的钢筋绑扎。
4. 焊接钢筋均采用双面焊，焊接长度按"桥规"办理。
5. N9与N10钢筋对应设置。
6. N1钢筋尽量以均匀，对称方式布置。
7. 中板斜筋应靠边以及与横截面中线对称的原则布置，N3筋参照Ⅰ-Ⅰ截面的N2筋设置。边板斜筋参照中板布置。
8. N12钢筋弯曲绕过锚栓孔。
9. 空心板采用钢绳捆绑吊装，钢绳捆绑位置应设在距空心板两端65厘米处，不利用抗震锚栓孔捆绑吊装。

底层钢筋平面

装配式钢筋混凝土斜空心板桥上部构造	汽车—超20/20级 挂车—120/100
跨径:13米 斜度:10°、20°	2×净—7.5/7.0 净—9/7
一般斜空心板中边板配筋图	图号 28

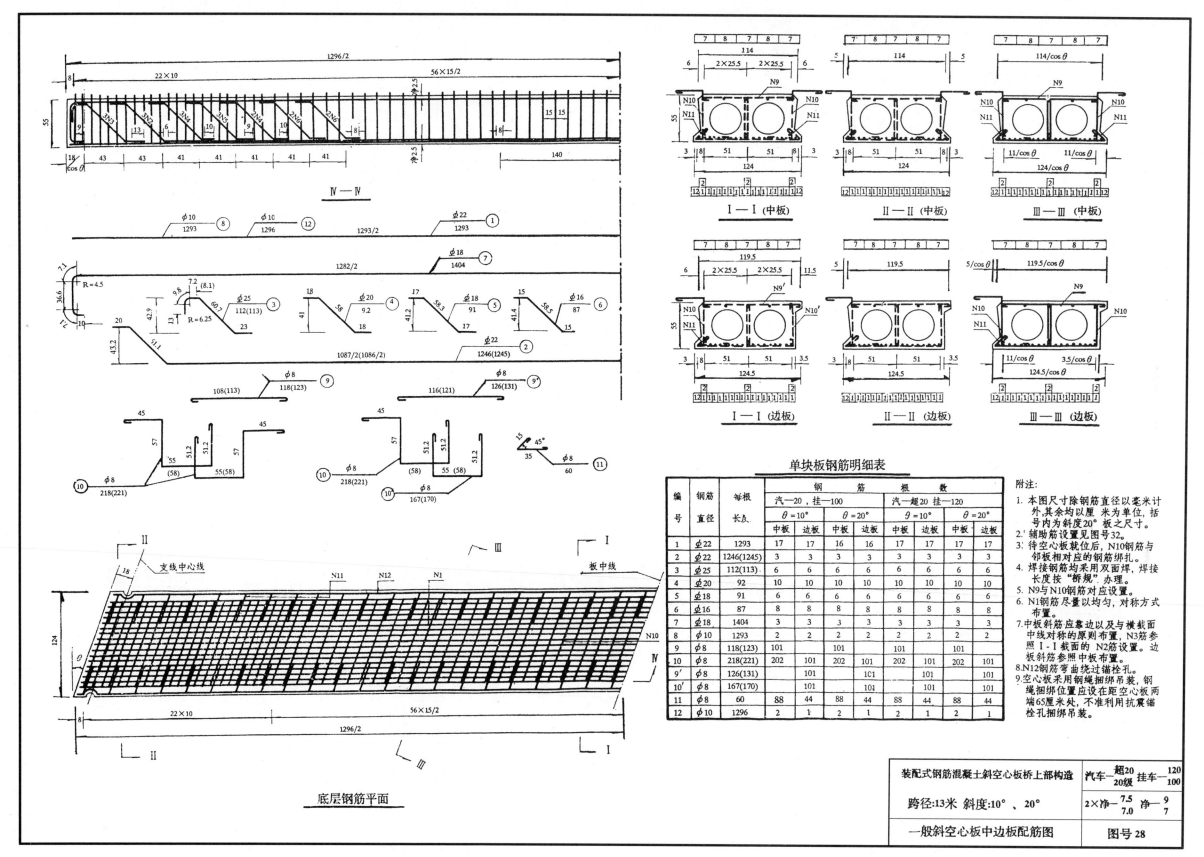

顶层钢筋平面

单块板钢筋明细表

编号	钢筋直径 (mm)	每根长度 (cm)	钢筋根数			
			汽—20 ,挂—100		汽—超20 ,挂—120	
			θ=10°	θ=20°	θ=10°	θ=20°
1	φ22	1293	17	16	17	17
2	φ22	1246(1245)	3	3	3	3
3	φ25	112(113)	6	6	6	6
4	φ20	92	10	10	10	10
5	φ18	91	6	6	6	6
6	φ16	87	8	8	8	8
7	φ18	1404	3	3	3	3
8	φ10	1293	6	6	6	6
9	φ10	163(170)	101	101	101	101
10	φ8	218(221)	101	101	101	101
11	φ8	167(170)	101	101	101	101
12	φ8	59(61)	101	101	101	101
13	φ8	60	44	44	44	44
14	φ10	1296	1	1	1	1

附注:

1. 本图尺寸除钢筋直径以毫米计外,其余均以厘米为单位。括号内为斜度20°,板之尺寸。
2. 辅助筋设置见图号32。
3. 本图与图号28中板配筋套使用。待空心板就位后,N10钢筋与邻板相对应的钢筋绑扎。
4. 焊接钢筋均采用双面焊,焊接长度按"桥规"办理。
5. N9和N10、N11钢筋对应设置。
6. N1钢筋尽量以均匀、对称方式布置。
7. 图中斜筋参照图号28中板斜筋布置。
8. N13、N14钢筋设置参照图28N11、N12钢筋。
9. 空心板采用钢绳捆绑吊装,钢绳捆绑位置应设在距空心板两端65厘米处,不准利用抗震锚栓孔捆绑吊装。

装配式钢筋混凝土斜空心板桥上部构造	汽车—超20/20级 挂车—120/100
跨径:13米 斜度:10° 20°	2×净—7.5/7.0 净—9/7
悬臂斜空心边板配筋图	图号 29

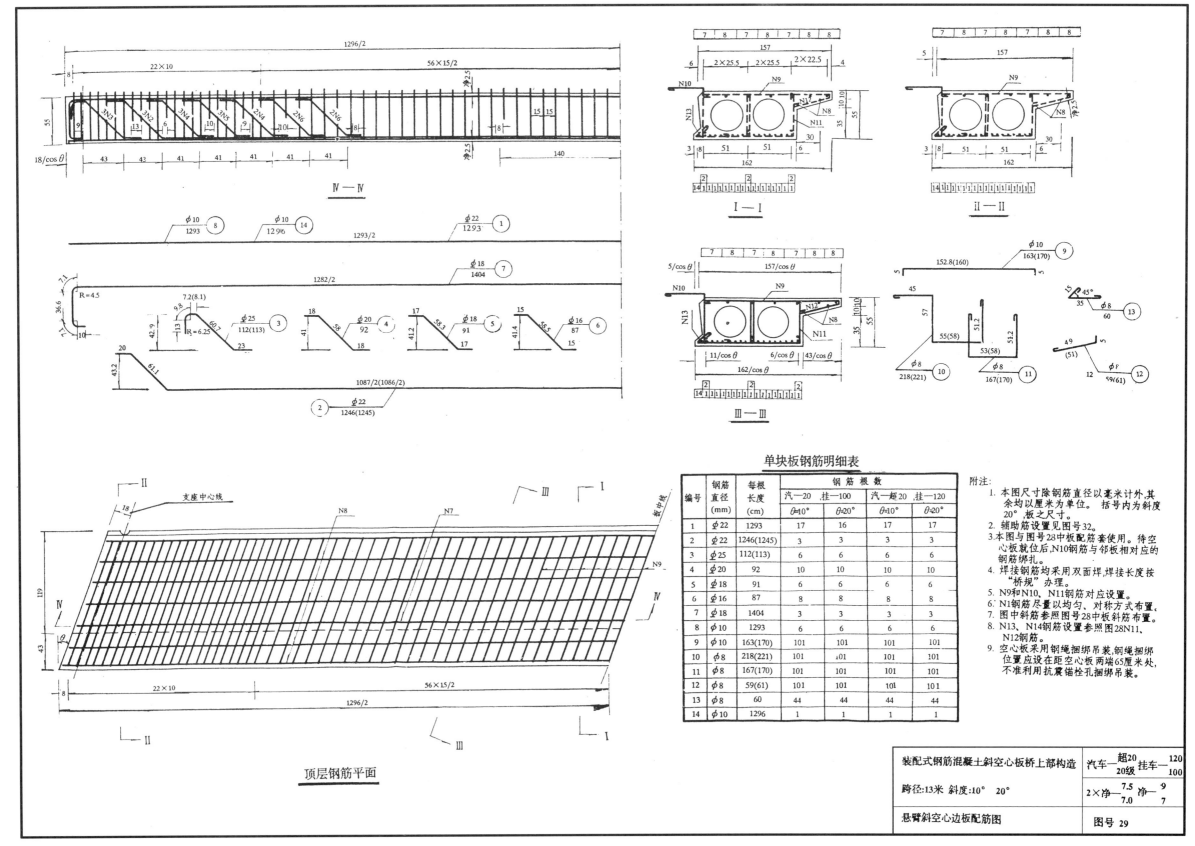

底层钢筋平面(中板)

单块板钢筋明细表

编号	钢筋直径 (mm)	每根长度 (cm)	钢筋根数							
			汽—20,挂—100				汽—超20,挂—120			
			θ=30°		θ=40°		θ=30°		θ=40°	
			中板	边板	中板	边板	中板	边板	中板	边板
1	φ22	1293	15	15	14	14	16	16	15	15
2	φ22	1241(1236)	3	3	3	3	3	3	3	3
3	φ25	114(117)	6	6	6	6	6	6	6	6
4	φ20	92	10	10	10	10	10	10	10	10
5	φ15	91	6	6	6	6	6	6	6	6
6	φ16	87	8	8	8	8	8	8	8	8
7	φ18	1404	3	3	3	3	3	3	3	3
8	φ10	1293	2	2	2	2	2	2	2	2
9	φ8	116	100		98		100		98	
10	φ8	217	200	100	196	98	200	100	196	98
11	φ8	132(148)	22		22		22		22	
12	φ8	227(235)	44	22	44	22	44	22	44	22
9′	φ8	124		100		98		100		98
10′	φ8	167		100		98		100		98
11′	φ8	142(159)		22		22		22		22
12′	φ8	177(185)		22		22		22		22
13	φ8	60	88	44	88	44	88	44	88	44
14	φ10	1296	2	1	2	1	2	1	2	1

附注:

1. 本图尺寸除钢筋直径以毫米计外,其余均以厘米为单位。括号内为斜度40°板之尺寸。
2. 辅助筋设置见图号32。
3. 待空心板就位后,N10、N12钢筋与邻板相对应的钢筋绑扎。
4. 焊接钢筋均采用双面焊,焊接长度按“桥规”办理。
5. N9与N10、N11与N12钢筋对应设置。
6. N1钢筋尽量以均匀、对称方式布置。
7. 中板斜筋以靠边及与横截面中线对称的原则布置。N3筋参照Ⅰ—Ⅰ截面的N2筋设置,边板斜筋参照中板布置。
8. N14钢筋弯曲绕过锚栓孔。
9. 空心板采用钢绳捆绑吊装,钢绳捆绑位置应设在距空心板两端65厘米处,不准利用抗震锚栓孔捆绑吊装。

装配式钢筋混凝土斜空心板桥上部构造 跨径:13米 斜度:30° 40°	汽车—超20/20级 挂车—120/100 2×净—7.5/7.0 净—9/7
一般斜空心板中、边配筋图	图号 30

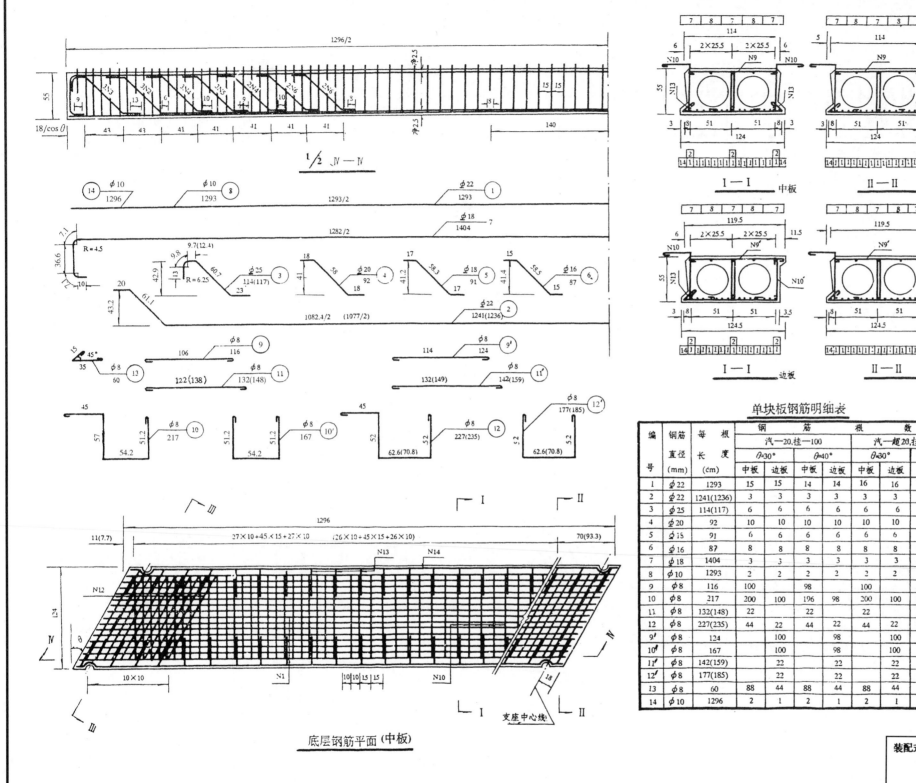

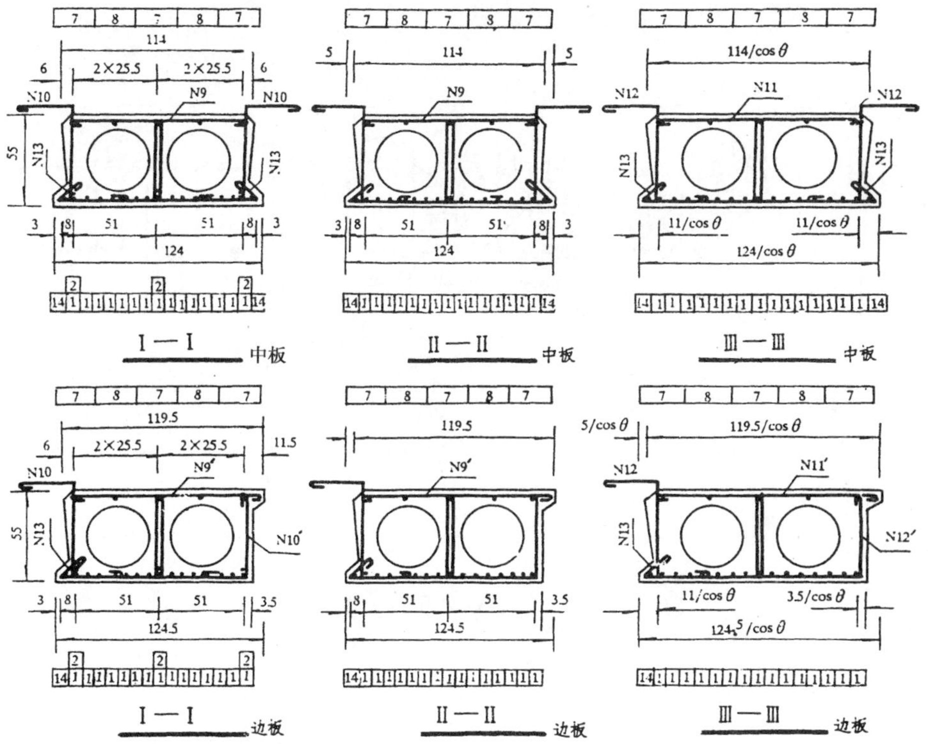

顶层钢筋平面

单块板钢筋明细表

编号	钢筋直径 (mm)	每根长度 (cm)	钢筋根数 汽—20,挂—100 θ=30°	汽—20,挂—100 θ=40°	汽—超20,挂—120 θ=30°	汽—超20,挂—120 θ=40°
1	φ22	1293	15	14	16	15
2	φ22	1241(1236)	3	3	3	3
3	φ25	114(117)	6	6	6	6
4	φ20	92	10	10	10	10
5	φ18	91	6	6	6	6
6	φ16	87	8	8	8	8
7	φ18	1404	3	3	3	3
8	φ10	1293	6	6	6	6
9	φ10	161	98	95	98	95
10	φ10	184(207)	26	26	26	26
11	φ8	217	98	95	98	95
12	φ8	167	98	95	98	26
13	φ8	227(235)	26	26	26	95
14	φ8	177(185)	26	26	26	95
15	φ8	58	98	95	98	26
16	φ8	65(73)	26	26	26	26
17	φ8	60	44	44	44	44
18	φ10	1296	1	1	1	1

附注:

1. 本图尺寸除钢筋直径以毫米计外,其余均以厘米为单位。括号内为斜度40°,板之尺寸。
2. 辅助筋设置见图号32。
3. 本图与图号30中板配套使用,待空心板就位后,N11、N13钢筋与邻板相对应的钢筋绑扎。
4. 焊接钢筋均采用双面焊,焊接长度按"桥规"办理。
5. N9与N11、N12、N10与N13、N14钢筋对应设置。
6. N1钢筋尽量以均匀、对称方式布置。
7. 图中斜筋参照图号30中板斜筋布置。
8. N17、N18钢筋设置参照图号30,N13、N14钢筋。
9. 空心板采用钢绳捆绑吊装,钢绳捆绑位置应设在距空心板两端65厘米处,不准利用抗震锚栓捆绑吊装。

装配式钢筋混凝土斜空心板桥上部构造	汽车—超20/20级 挂车—120/100
跨径:13米 斜度:30° 40°	2×净—7.5/7.0 净—9/7
悬臂斜空心边板配筋图	图号 31

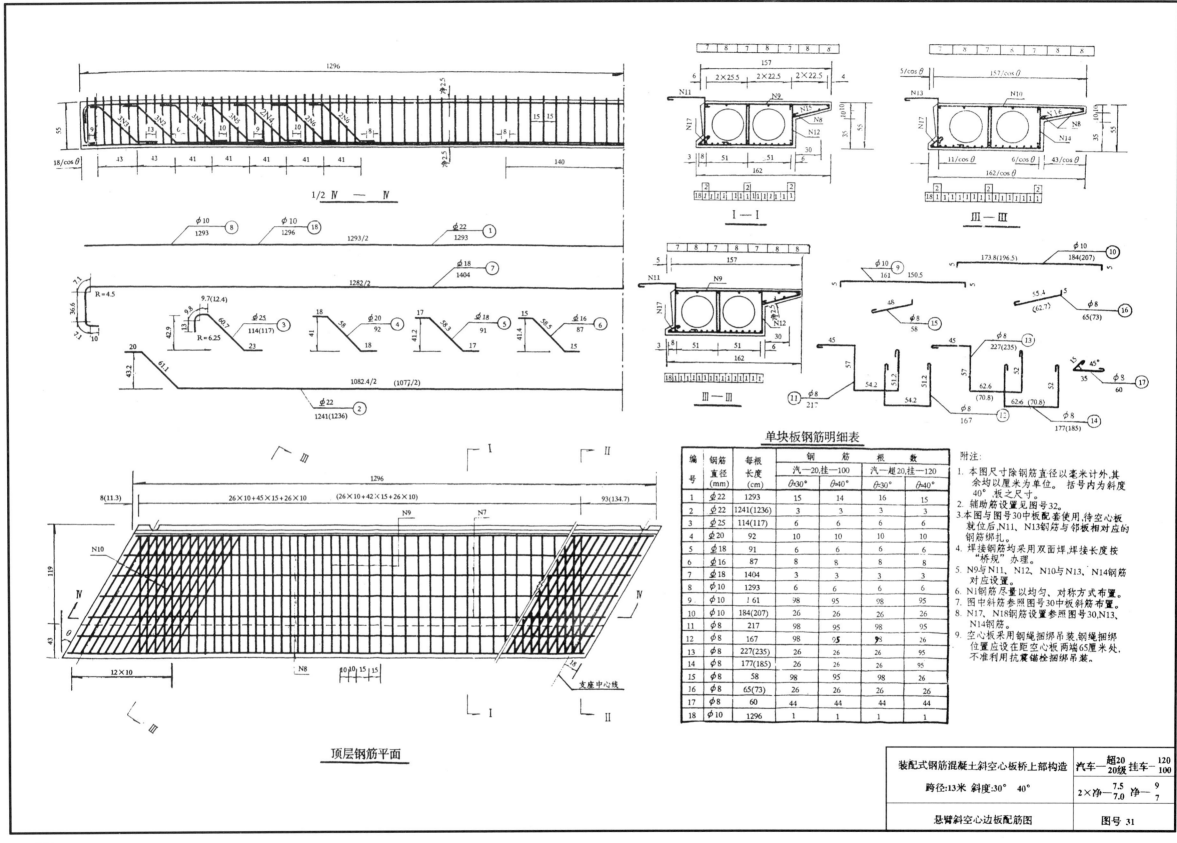

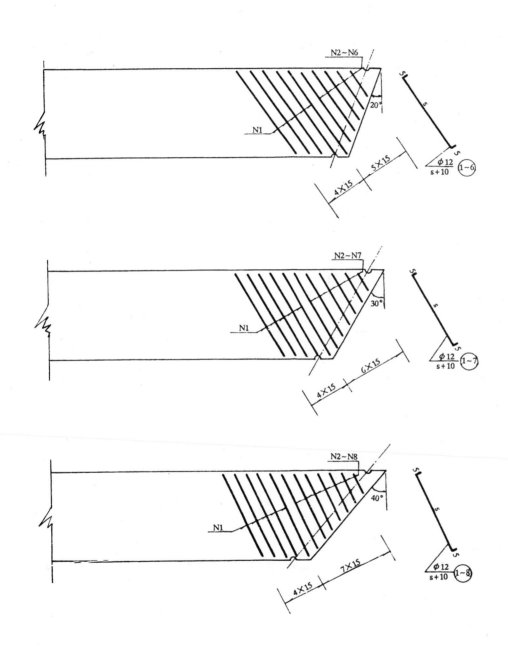

单块板底层辅助钢筋明细表

斜度	编号	直径 (mm)	中板及边板			悬臂或附安全带边板		
			s (cm)	每根长度 (cm)	每板根数	s (cm)	每板根数 (cm)	每板根数
20°	1	φ12	147	157	10	142	152	10
	2	φ12	126	136	2	121	131	2
	3	φ12	105	115	2	100	110	2
	4	φ12	84	94	2	19	89	2
	5	φ12	63	73	2	58	68	2
	6	φ12	42	52	2	37	47	2
30°	1	φ12	139	149	10	135	145	10
	2	φ12	122	132	2	118	128	2
	3	φ12	105	115	2	100	110	2
	4	φ12	87	97	2	83	93	2
	5	φ12	70	80	2	66	76	2
	6	φ12	53	63	2	48	58	2
	7	φ12	35	45	2	31	41	2
40°	1	φ12	133	143	10	128	138	10
	2	φ12	119	129	2	114	124	2
	3	φ12	105	115	2	100	110	2
	4	φ12	91	101	2	86	96	2
	5	φ12	77	87	2	72	82	2
	6	φ12	63	73	2	58	68	2
	7	φ12	49	59	2	44	54	2
	8	φ12	35	45	2	30	40	2

附注:

1. 本图尺寸除钢筋直径以毫米计外,其余均以厘米计。
2. 本图与行车道板配筋图配套使用,除斜度10° 板不设底层辅助筋外,其余均应按本图在板的两端头设置该辅助筋。
3. 该辅助筋设于行车道板底层纵向钢筋上,与板钝角的平分线平行。
4. N1筋遇锚孔时其长度可适当减短。

装配式钢筋混凝土斜空心板桥上部构造	汽车—超20/20级 挂车—120/100
跨径:6、8、10、13米 斜度:20°、30°、40°	2×净—7.5/7.0 净—9/7
斜空心板底层辅助钢筋构造图	图号 32

单块斜空心板钢筋数量表

板类	斜度(度)	6米 钢筋总长(米) φ16	φ12	φ10	φ8	6米 钢筋总重(公斤) Ⅱ级钢筋 φ16	合计	Ⅰ级钢筋 φ12	φ10	φ8	合计	8米 钢筋总长(米) φ18	φ16	φ12	φ10	φ8	8米 钢筋总重(公斤) Ⅱ级钢筋 φ18	φ16	合计	Ⅰ级钢筋 φ12	φ10	φ8	合计
中板	10	150.70		11.92	286.86	237.8	237.8		7.4	113.3	120.7	155.11	51.32		15.92	380.80	309.9	81.0	390.9		9.8	150.4	160.2
中板	20	150.62	25.10	11.92	293.23	237.7	237.7	22.3	7.4	115.8	145.5	147.10	51.32	25.10	15.92	389.25	293.9	81.0	374.9	22.3	9.8	153.8	185.9
中板	30	144.57	25.54	11.92	380.04	228.1	228.1	22.7	7.4	150.1	180.2	142.61	51.32	25.54	15.92	495.40	284.9	81.0	365.9	22.7	9.8	195.7	228.2
中板	40	138.40	26.48	11.92	378.68	218.4	218.4	23.5	7.4	149.6	180.5	134.48	51.32	26.48	15.92	493.88	268.7	81.0	349.7	23.5	9.8	195.1	228.4
边板	10	150.70		5.96	251.72	237.8	237.8		3.7	99.4	103.1	155.11	51.32		7.96	334.70	309.9	81.0	390.9		4.9	132.2	137.1
边板	20	150.62	25.10	5.96	258.09	237.7	237.7	22.3	3.7	102.0	128.0	147.10	51.32	25.10	7.96	343.15	293.9	81.0	374.9	22.3	4.9	135.5	162.7
边板	30	144.57	25.54	5.96	337.98	228.1	228.1	22.7	3.7	133.5	159.9	142.61	51.32	25.54	7.96	440.58	284.9	81.0	365.9	22.7	4.9	174.0	201.6
边板	40	138.40	26.48	5.96	337.76	218.4	218.4	23.5	3.7	133.4	160.6	134.48	51.32	26.48	7.96	440.22	268.7	81.0	349.7	23.5	4.9	173.9	202.3
悬臂边板 甲型	10	150.70		110.53	215.95	237.8	237.8		68.2	85.3	153.5	155.11	51.32		146.93	287.25	309.9	81.0	390.9		90.7	113.5	204.2
悬臂边板 甲型	20	150.62	24.10	113.96	220.85	237.7	237.7	21.4	70.3	87.2	178.9	147.10	51.32	24.10	151.48	293.75	293.9	81.0	374.9	21.4	93.5	116.0	230.9
悬臂边板 甲型	30	144.57	24.62	146.08	302.64	228.1	228.1	21.9	90.1	119.6	231.6	142.61	51.32	24.62	185.24	381.60	284.9	81.0	365.9	21.9	114.3	150.7	286.9
悬臂边板 甲型	40	138.40	25.28	145.32	294.48	218.4	218.4	22.5	89.7	116.3	228.5	134.48	51.32	25.28	184.48	372.32	268.7	81.0	349.7	22.5	113.8	147.1	283.4
悬臂边板 乙型	10	150.70		116.41	221.83	237.8	237.8		71.8	87.6	159.4	155.11	51.32		154.73	295.05	309.9	81.0	390.9		95.5	116.6	212.2
悬臂边板 乙型	20	150.62	24.10	120.33	227.22	237.7	237.7	21.4	74.2	89.8	185.4	147.10	51.32	24.10	159.93	302.20	293.9	81.0	374.9	21.4	98.7	119.4	239.5
悬臂边板 乙型	30	144.57	24.62	154.50	311.32	228.1	228.1	21.9	95.3	123.0	240.2	142.61	51.32	24.62	192.34	383.92	284.9	81.0	365.9	21.9	118.7	151.7	292.3
悬臂边板 乙型	40	138.40	25.28	158.52	313.16	218.4	218.4	22.5	97.8	123.7	244.0	134.48	51.32	25.28	196.36	384.56	268.7	81.0	349.7	22.5	121.2	151.9	295.6

附注:

本表未计入绑扎铁丝数量,绑扎铁丝重量可按钢筋重量的0.5%计算。

装配式钢筋混凝土斜空心板桥上部构造	汽车—超20/20级 挂车—120/100
跨径:6、8米 斜度:10°、20°、30°、40°	2×净-7.5/7.0 净-9/7
单块斜空心板钢筋数量表（一）	图号 33

单块斜空心板钢筋数量表

荷载	跨径(米)	板类	斜度	II级钢筋 钢筋总长(米) φ25	φ22	φ20	φ18	φ16	钢筋重量(公斤) φ25	φ22	φ20	φ18	φ16	合计	I级钢筋 钢筋总长(米) φ12	φ10	φ8	钢筋总重(公斤) φ12	φ10	φ8	合计
汽车—20级 挂车—100	10	中板	10°			184.46	3.12	61.12			454.9	6.2	96.5	557.6		19.92	487.11		12.3	192.4	204.7
			20°			174.53	3.12	61.12			430.4	6.2	96.5	533.1	25.1	19.92	497.64	22.3	12.3	196.6	231.2
			30°			164.52	3.12	61.12			405.7	6.2	96.5	508.4	25.54	19.92	591.35	22.7	12.3	233.6	268.6
			40°			154.63	3.12	61.12			381.3	6.2	96.5	484.0	26.48	19.92	588.77	23.5	12.3	232.6	268.4
		边板	10°			184.46	3.12	61.12			454.9	6.2	96.5	557.6		9.96	431.07		6.1	170.3	176.4
			20°			174.53	3.12	61.12			430.4	6.2	96.5	533.1	25.1	9.96	442.41	22.3	6.1	174.8	203.2
			30°			164.52	3.12	61.12			405.7	6.2	96.5	508.4	25.54	9.96	527.83	22.7	6.1	208.5	237.3
			40°			154.63	3.12	61.12			381.3	6.2	96.5	484.0	26.48	9.96	526.35	23.5	6.1	207.9	237.5
		悬臂边板	10°			184.46	3.12	61.12			454.9	6.2	96.5	557.6		181.71	375.99		112.1	148.5	260.6
			20°			174.53	3.12	61.12			430.4	6.2	96.5	533.1	24.10	188.19	384.09	21.4	116.1	151.7	289.2
			30°			164.52	3.12	61.12			405.7	6.2	96.5	508.4	24.62	218.27	469.08	21.9	134.7	185.3	341.9
			40°			154.63	3.12	61.12			381.3	6.2	96.5	484.0	25.28	219.42	463.54	22.5	135.4	183.1	341.0
	13	中板	10°	6.72	257.19	9.20	47.58	6.96	25.9	767.5	22.7	95.1	11.0	923.2		51.78	612.34		31.9	241.9	273.8
			20°	6.78	244.23	9.20	47.58	6.96	26.1	728.8	22.7	95.1	11.0	883.7	25.1	51.78	623.45	22.3	31.9	246.3	300.5
			30°	6.84	231.18	9.20	47.58	6.96	26.3	689.8	22.7	95.1	11.0	844.9	25.54	51.78	731.73	22.7	31.9	289.0	343.6
			40°	7.02	218.10	9.20	47.58	6.96	27.0	650.8	22.7	95.1	11.0	806.6	26.48	51.78	727.76	23.5	31.9	287.5	342.9
		边板	10°	6.72	257.19	9.20	47.58	6.96	25.9	767.5	22.7	95.1	11.0	992.2		38.82	542.51		24.0	214.3	238.3
			20°	6.78	244.23	9.20	47.58	6.96	26.1	728.8	22.7	95.1	11.0	883.7	25.1	38.82	553.62	22.3	24.0	218.7	265.0
			30°	6.84	231.18	9.20	47.58	6.96	26.3	689.8	22.7	95.1	11.0	844.9	25.54	38.82	654.52	22.7	24.0	258.5	305.2
			40°	7.02	218.10	9.20	47.58	6.96	27.0	650.8	22.7	95.1	11.0	806.6	26.48	38.82	651.62	23.5	24.0	257.4	304.9
		悬臂边板	10°	6.72	257.19	9.20	47.58	6.96	25.9	767.5	22.7	95.1	11.0	992.2		255.17	474.84		157.4	187.6	345.0
			20°	6.78	244.23	9.20	47.58	6.96	26.1	728.8	22.7	95.1	11.0	883.7	24.10	262.24	482.92	21.4	161.8	190.8	374.0
			30°	6.84	231.18	9.20	47.58	6.96	26.3	689.8	22.7	95.1	11.0	844.9	24.62	296.16	581.50	21.9	182.7	229.7	434.3
			40°	7.02	218.10	9.20	47.58	6.96	27.0	650.8	22.7	95.1	11.0	806.6	25.28	297.31	574.48	22.5	183.4	226.9	432.8
汽车—超20级 挂车—120	10	中板	10°			204.32	3.12	61.12			503.9	6.2	96.5	606.6		19.92	487.11		12.3	192.4	204.7
			20°			194.39	3.12	61.12			479.4	6.2	96.5	582.1	25.1	19.92	497.64	22.3	12.3	196.6	231.2
			30°			184.38	3.12	61.12			454.7	6.2	96.5	557.4	25.54	19.92	591.35	22.7	12.3	233.6	268.6
			40°			164.56	3.12	61.12			405.8	6.2	96.5	508.5	26.48	19.92	588.77	23.5	12.3	232.6	268.4
		边板	10°			204.32	3.12	61.12			503.9	6.2	96.5	606.6		9.96	431.07		6.1	170.3	176.4
			20°			194.39	3.12	61.12			479.4	6.2	96.5	582.1	25.1	9.96	442.41	22.3	6.1	174.8	203.2
			30°			184.38	3.12	61.12			454.7	6.2	96.5	557.4	25.54	9.96	527.83	22.7	6.1	208.5	237.3
			40°			164.56	3.12	61.12			405.8	6.2	96.5	508.5	26.48	9.96	526.25	23.5	6.1	207.9	237.5
		悬臂边板	10°			204.32	3.12	61.12			503.9	6.2	96.5	606.6		181.71	375.99		112.1	148.5	260.6
			20°			194.39	3.12	61.12			479.4	6.2	96.5	582.1	24.10	188.19	384.09	21.4	116.1	151.7	289.2
			30°			184.38	3.12	61.12			454.7	6.2	96.5	557.4	24.62	218.27	469.08	21.9	134.7	185.3	341.9
			40°			164.56	3.12	61.12			405.8	6.2	96.5	508.5	25.28	219.42	463.54	22.5	135.4	183.1	341.0
	13	中板	10°	6.72	257.19	9.20	47.58	6.96	25.9	767.5	22.7	95.1	11.0	922.2		51.78	612.34		31.9	241.9	273.8
			20°	6.78	257.16	9.20	47.58	6.96	26.1	767.4	22.7	95.1	11.0	922.3	25.1	51.78	623.45	22.3	31.9	246.3	300.5
			30°	6.84	244.11	9.20	47.58	6.96	26.3	728.4	22.7	95.1	11.0	883.5	25.54	51.78	731.72	22.7	31.9	289.0	343.6
			40°	7.02	231.03	9.20	47.58	6.96	27.0	689.4	22.7	95.1	11.0	845.2	26.48	51.78	727.76	23.5	31.9	287.5	342.9
		边板	10°	6.72	257.19	9.20	47.58	6.96	25.9	767.5	22.7	95.1	11.0	922.2		38.82	542.51		24.0	214.3	238.3
			20°	6.78	257.16	9.20	47.58	6.96	26.1	767.4	22.7	95.1	11.0	922.3	25.1	38.82	553.62	22.3	24.0	218.7	265.0
			30°	6.84	244.11	9.20	47.58	6.96	26.3	728.4	22.7	95.1	11.0	883.5	25.54	38.82	654.52	22.7	24.0	258.5	305.2
			40°	7.02	231.03	9.20	47.58	6.96	27.0	689.4	22.7	95.1	11.0	845.2	26.48	38.82	651.62	23.5	24.0	257.4	304.9
		悬臂边板	10°	6.72	257.19	9.20	47.58	6.96	25.9	767.5	22.7	95.1	11.0	922.2		255.17	474.84		157.4	187.6	345.0
			20°	6.78	257.16	9.20	47.58	6.96	26.1	767.4	22.7	95.1	11.0	922.3	24.10	262.24	482.92	21.4	161.8	190.8	374.0
			30°	6.84	244.11	9.20	47.58	6.96	26.3	728.4	22.7	95.1	11.0	883.5	24.62	296.16	581.50	21.9	182.7	229.7	434.3
			40°	7.02	231.03	9.20	47.58	6.96	27.0	689.4	22.7	95.1	11.0	845.2	25.28	297.31	574.48	22.5	183.4	226.9	432.8

附注:

本表未计入绑扎铁丝数量,绑扎铁丝重量可按钢筋重量的0.5%计算。

装配式钢筋混凝土斜空心板桥上部构造	汽车—超20级/20级 挂车—120/100
跨径: 10、13米 斜度:10°、20°、30°、40°	2×净-7.5/7.0 净-9/7
单块斜空心板钢筋数量表（二）	图号 34

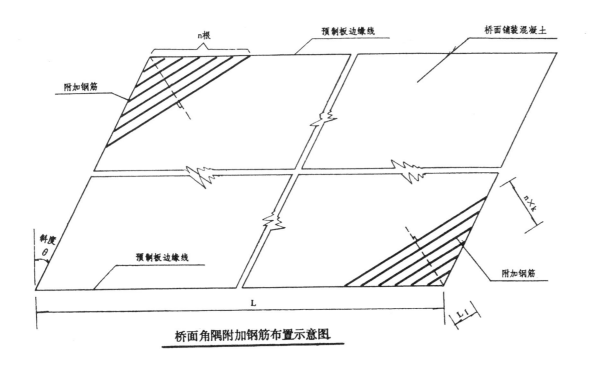

桥面角隅附加钢筋布置示意图

一孔桥面角隅附加钢筋数量表

跨径 (m)	斜度 θ	直径 (mm)	平均长度 l(cm)	根数 (n)	间距 K (cm)	共长 (m)	共重 (kg)
6	20°	ϕ12	103.0	4×2	15	8.24	7.3
	30°	ϕ12	126.0	4×2	15	10.08	9.0
	40°	ϕ12	137.6	5×2	11	13.76	12.2
8	20°	ϕ12	145.8	6×2	15	17.50	15.5
	30°	ϕ12	178.0	6×2	15	21.36	19.0
	40°	ϕ12	184.8	7×2	11	25.87	23.0
10	20°	ϕ12	167.2	7×2	15	23.41	20.8
	30°	ϕ12	204.0	7×2	15	28.56	25.4
	40°	ϕ12	208.4	8×2	11	33.34	29.6
13	20°	ϕ12	210.0	9×2	15	37.80	33.6
	30°	ϕ12	256.0	9×2	15	46.08	40.9
	40°	ϕ12	255.6	10×2	11	51.12	45.4

附加钢筋长度表

跨径 (m)	斜度 θ	L1 (cm)	L2 (cm)	L3 (cm)	L4 (cm)	L5 (cm)	L6 (cm)	L7 (cm)	L8 (cm)	L9 (cm)	L10 (cm)
6	20°	38.8	81.6	124.4	167.2						
	30°	48.0	100.0	152.0	204.0						
	40°	43.2	90.4	137.6	184.8	232.0					
8	20°	38.8	81.6	124.4	167.2	210.0	252.8				
	30°	48.0	100.0	152.0	204.0	256.0	308.0				
	40°	43.2	90.4	137.6	184.8	232.0	279.2	326.4			
10	20°	38.8	81.6	124.4	167.2	210.0	252.8	295.6			
	30°	48.0	100.0	152.0	204.0	256.0	308.0	360.0			
	40°	43.2	90.4	137.6	184.8	232.0	279.2	326.4	373.6		
13	20°	38.8	81.6	124.4	167.2	210.0	252.8	295.6	338.4	381.2	
	30°	48.0	100.0	152.0	204.0	256.0	308.0	360.0	412.0	464.0	
	40°	43.2	90.4	137.6	184.8	232.0	279.2	326.4	373.6	420.8	468.0

附注:

1. 本图尺寸除注明者外，其余均以厘米为单位。
2. 各根钢筋的长度按下式计算:
   $L1=[2K/ctg(\theta/2)]-4$　$Li=L_1 .i+4(i-1)$。
3. 本附加钢筋绑扎与桥面铺装钢筋网之下。
4. 数量表中对双桥式2×净-7.5米和2×净-7米桥的钢筋数量仅计入单桥用量。

装配式钢筋混凝土斜空心板桥上部构造 跨径:6、8、10、13米 斜度:20°、30°、40°	汽车—超20/20级 挂车—120/100 2×净—7.5/7.0 净—9/7
桥面钝角加强附加钢筋构造图	图号35

桥面铺装配筋横截面

桥面铺装配筋平面

桥面铺装配筋纵截面

铰缝钢筋构造示意

L=6m铰缝钢筋

L=8m铰缝钢筋

L=10m铰缝钢筋

L=13m铰缝钢筋

附注：

1. 本图除钢筋直径以毫米计外，其余尺寸均以厘米为单位。
2. 当采用纯混凝土铺装层时，将面层5cm沥青混凝土改为3cm的混凝土即可，这时混凝土铺装层厚13cm。
3. 本图所示均未考虑桥面连续情况。
4. 铰缝钢筋③、④号先绑扎好后放入铰缝内，并与预制板伸出的箍筋绑扎在一起，③号钢筋每隔15cm扎一根。
5. 桥面铺装钢筋和铰缝钢筋数量表分别见图37、图号38。

装配式钢筋混凝土斜空心板桥上部构造 跨径：6、8、10、13米 斜度：10° 20° 30° 40	汽车—超20/20级 挂车—120/100	
	2×净—7.5/7.0 净—9/7	
桥面铺装及铰缝钢筋构造图	图号 36	

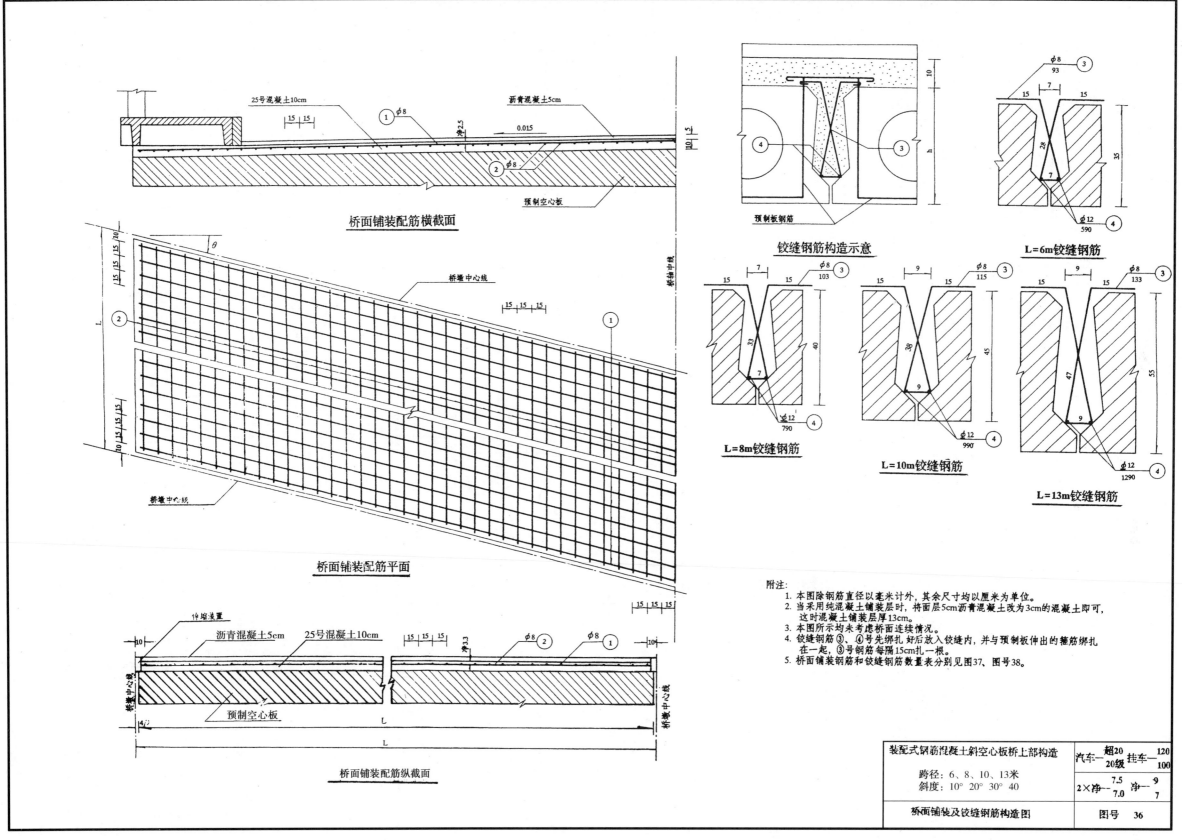

一孔桥面铺装钢筋数量表

跨径 L (m)	斜度 θ	钢筋编号	钢筋直径 (mm)	2×净—7.5(计单桥) 净—9+2×1.5人行道				2×净—7(计单桥)				净—9+2×1.0人行道				净—7+2×1.0人行道				净—9+安全带				净—7+安全带			
				一根长 (cm)	根数	总长 (m)	总重 (kg)	一根长 (cm)	根数	总长 (m)	总重 (kg)	一根长 (cm)	根数	总长 (m)	总重 (kg)	一根长 (cm)	根数	总长 (m)	总重 (kg)	一根长 (cm)	根数	总长 (m)	总重 (kg)	一根长 (cm)	根数	总长 (m)	总重 (kg)
6	10°	1	φ8	1265	40	1001.6	395.6	1088	40	860.0	339.7	1138	40	897.7	354.6	961	40	762.0	301.0	1154	40	910.0	359.5	798	40	631.9	249.6
		2		590	84			590	72			590	75			590	64			590	76			590	53		
	20°	1	φ8	1326	40	1026.0	405.3	1140	40	880.8	347.9	1193	40	919.7	363.3	1007	40	780.4	308.3	1209	40	932.0	368.1	836	40	647.1	255.6
		2		590	84			590	72			590	75			590	64			590	76			590	53		
	30°	1	φ8	1439	40	1071.2	423.1	1237	40	919.6	363.2	1294	40	960.1	379.2	1092	40	814.4	321.7	1312	40	973.2	384.4	908	40	675.9	267.0
		2		590	84			590	72			590	75			590	64			590	76			590	53		
	40°	1	φ8	1627	40	1146.4	452.8	1398	40	984.0	388.7	1463	40	1027.7	405.9	1235	40	871.6	344.3	1483	40	1041.6	411.4	1026	40	723.1	285.6
		2		590	84			590	72			590	75			590	64			590	76			590	53		
8	10°	1	φ8	1265	53	1334.1	527.0	1088	53	1145.4	452.4	1138	53	1195.6	472.3	961	53	1014.9	400.9	1154	53	1212.0	478.7	798	53	841.6	332.4
		2		790	84			790	72			790	75			790	64			790	76			790	53		
	20°	1	φ8	1326	53	1366.4	539.7	1140	53	1173.0	463.3	1193	53	1224.8	483.8	1007	53	1039.3	410.5	1209	53	1241.2	490.3	836	53	861.8	340.4
		2		790	84			790	72			790	75			790	64			790	76			790	53		
	30°	1	φ8	1439	53	1426.3	563.4	1237	53	1224.4	483.6	1294	53	1278.3	504.9	1092	53	1084.4	428.3	1312	53	1295.8	511.8	908	53	899.9	355.5
		2		790	84			790	72			790	75			790	64			790	76			790	53		
	40°	1	φ8	1627	53	1525.9	602.7	1398	53	1309.7	517.3	1463	53	1367.9	540.3	1235	53	1160.2	458.3	1483	53	1386.4	547.6	1026	53	962.5	380.2
		2		790	84			790	72			790	75			790	64			790	76			790	53		
10	10°	1	φ8	1265	66	1666.5	658.3	1088	66	1430.9	565.2	1138	66	1493.6	590.0	961	66	1267.9	500.8								
		2		990	84			990	72			990	75			990	64										
	20°	1	φ8	1326	66	1706.8	674.2	1140	66	1465.2	578.8	1193	66	1529.9	604.3	1007	66	1298.2	512.8								
		2		990	84			990	72			990	75			990	64										
	30°	1	φ8	1439	66	1781.3	703.6	1237	66	1529.2	604.0	1294	66	1596.5	630.6	1092	66	1354.3	535.0								
		2		990	84			990	72			990	75			990	64										
	40°	1	φ8	1627	66	1905.4	752.6	1398	66	1635.5	646.0	1463	66	1708.1	674.7	1235	66	1448.7	572.2								
		2		990	84			990	72			990	75			990	64										
13	10°	1	φ8	1265	86	2171.5	857.7	1088	86	1864.5	736.5	1138	86	1946.2	768.7	961	86	1652.1	652.6								
		2		1290	84			1290	72			1290	75			1290	64										
	20°	1	φ8	1326	86	2224.0	878.5	1140	86	1909.2	754.1	1193	86	1993.5	787.4	1007	86	1691.6	668.2								
		2		1290	84			1290	72			1290	75			1290	64										
	30°	1	φ8	1439	86	2321.1	916.9	1237	86	1992.6	787.1	1294	86	2080.3	821.7	1092	86	1764.7	697.1								
		2		1290	84			1290	72			1290	75			1290	64										
	40°	1	φ8	1627	86	2482.8	980.7	1398	86	2131.1	841.8	1463	86	2225.7	879.1	1235	86	1887.1	745.6								
		2		1290	84			1290	72			1290	75			1290	64										

一孔桥面铺装圬工数量表

斜度 θ	跨径 / 数量 / 桥面净空	L=6m		L=8m		L=10m		L=13m	
		25号混凝土 (米³)	沥青混凝土 (米³)	25号混凝土 (米³)	沥青混凝土 (米³)	25号混凝土 (米³)	沥青混凝土 (米³)	25号混凝土 (米³)	沥青混凝土 (米³)
10°	2×净—7.5(计单桥)	7.50(9.57)	3.45	10.00(12.76)	4.60	12.50(15.95)	5.75	16.25(20.74)	7.48
	2×净—7(计单桥)	6.45(8.21)	2.93	8.60(10.94)	3.90	10.75(13.68)	4.88	13.98(17.78)	6.34
20°	净—9+2×1.0人行道	6.75(8.37)	2.70	9.0(11.16)	3.60	11.25(13.95)	4.50	14.63(18.14)	5.85
	净—9+2×1.5人行道	7.50(9.12)	2.70	10.00(12.16)	3.60	12.50(15.20)	4.5	16.25(19.76)	4.55
30°	净—7+2×1.0人行道	5.70(6.96)	2.10	1.60(9.82)	2.80	9.5(11.60)	3.50	12.35(15.08)	4.55
40°	净—9+安全带	7.20(9.18)	3.3	9.60(12.24)	4.4				
	净—7+安全带	5.10(6.45)	2.25	6.80(8.60)	3.0				

附注:

1. 本图数量均以无桥面连续情况计算。
2. 圬工数量表中括号内数字为桥面铺装采用单层13cm厚混凝土的数量。
3. 对双桥式2×净—7.5米和2×净—7米的桥表中仅计入单桥数量。
4. 表中钢筋数量未计入桥面角隅附加钢筋。桥面角隅附加钢筋数量见图号35。
5. 钢筋数量表中①、②编号钢筋见图号36。

装配式钢筋混凝土斜空心板桥上部构造	汽车—超20/20级 挂车—120/100
跨径:6、8、10、13米, 斜度:10° 20° 30° 40°	2×净—7.5/7.0 净—9/7
一孔桥面铺装材料数量表	图号 37

一孔铰缝钢筋明细表

跨径 (m)	钢筋编号	钢筋直径 (mm)	2×净-7.5(计单桥) 净-9+2×1.5 人行道			2×净-7(计单桥)			净-9+2×1.0人行道 净-9+安全带			净-7+2×1.0人行道			净-7+安全带		
			一根长 (cm)	根数	总长 (m)	一根长 (cm)	根数	总长 (m)	一根长 (cm)	根数	总长 (m)	一根长 (cm)	根数	总长 (m)	一根长 (cm)	根数	总长 (m)
6	3	φ8	93	40×9	334.8	93	40×7	260.4	93	40×8	297.6	93	40×6	223.2	93	40×5	186.0
	4	φ12	590	2×9	106.2	590	2×7	82.6	590	2×8	94.4	590	2×6	70.8	590	2×5	59.0
8	3	φ8	103	53×9	491.3	103	53×7	382.1	103	53×8	436.7	103	53×6	327.5	103	53×5	273.0
	4	φ12	790	2×9	142.2	790	2×7	110.6	790	2×8	126.4	790	2×6	94.8	790	2×5	79.0
10	3	φ8	115	66×9	683.1	115	66×7	531.3	115	66×8	607.2	115	66×6	455.4			
	4	φ12	990	2×9	178.2	990	2×7	138.6	990	2×8	158.4	990	2×6	118.8			
13	3	φ8	133	86×9	1029.4	133	86×7	800..6	133	86×8	915.0	133	86×6	686.3			
	4	φ12	1290	2×9	232.2	1290	2×7	180.6	1290	2×8	206.4	1290	2×6	154.8			

一孔铰缝材料数量表

跨径 (m)	钢筋直径 (mm)	2×净-7.5(计单桥) 净-9+2×1.5 人行道		2×净-7(计单桥)		净-9+2×1.0人行道 净-9+安全带		净-7+2×1.0人行道		净-7+安全带	
		钢筋总重 (kg)	30号混凝土 (米³)	钢筋总重 (kg)	30号混凝土 (米³)	钢筋总重 (kg)	30号混凝土 (米³)	钢筋总重 (kg)	30号混凝土 (米³)	钢筋总重 (kg)	30号混凝土 (米³)
6	φ8	132.2	1.63	102.9	1.27	117.5	1.45	88.2	1.09	73.5	0.91
	φ12	94.3		73.3		83.8		62.9		52.4	
8	φ8	194.1	2.57	150.9	2.00	172.5	2.28	129.4	1.71	107.8	1.43
	φ12	126.3		98.2		112.2		84.2		70.2	
10	φ8	269.8	4.37	209.9	3.40	239.8	3.88	179.9	2.91		
	φ12	158.2		123..1		140.7		105.5			
13	φ8	406.6	7.65	316.3	5.95	361.4	6.80	271.1	5.10		
	φ12	206.2		160.4		183.3		137.5			

附注:

1.对双桥式2×净-7.5 米和2×净-7米的桥,表中仅计入单桥数量;
2.明细表中3、4编号钢筋见图号36;
3.表中未计入铰缝的填缝砂浆,这部分砂浆用量见图号12--15。

装配式钢筋混凝土斜空心板桥上部构造 跨径:6,8,10,13米 斜度:10° 20° 30° 40°	汽车-超20/20级 挂车-120/100 2×净-7.5/7.0 净-9/7
一孔铰缝材料数量表	图号 38

I－I 截面（θ=20° 30° 40°）

II－II 截面

I－I 截面（θ=10°）

附注：

1. 本图尺寸除钢筋直径以毫米计外，其余均以厘米为单位。
2. 1号钢筋失效长度对称于墩中线布置，失效段采用涂沥青玻璃丝布裹紧的措施，做到钢筋与混凝土不粘接。
3. 施工时将相邻板锁定并塞紧端缝，先浇混凝土铺装层和铰缝，待强度达70%时，解除锁定，涂抹隔离层后再浇桥面连续混凝土。
4. 当采用纯混凝土铺装层时，将面层5厘米沥青混凝土改为3厘米的混凝土，这时沥青混凝土铺装层厚13厘米。
5. 1号钢筋间距一般为30厘米，如无法使间距定为30厘米时，可将间距在30厘米左右调整。
6. 桥面连续钢筋数量表见图号40。

装配式钢筋混凝土斜空心板桥上部构造，跨径：6 8 10 13米，斜度 10° 20° 30° 40°	汽车—超20/20级 挂车—120/100；2×净—7.5/7.0 净-9/7
桥面连续构造图	图号 39

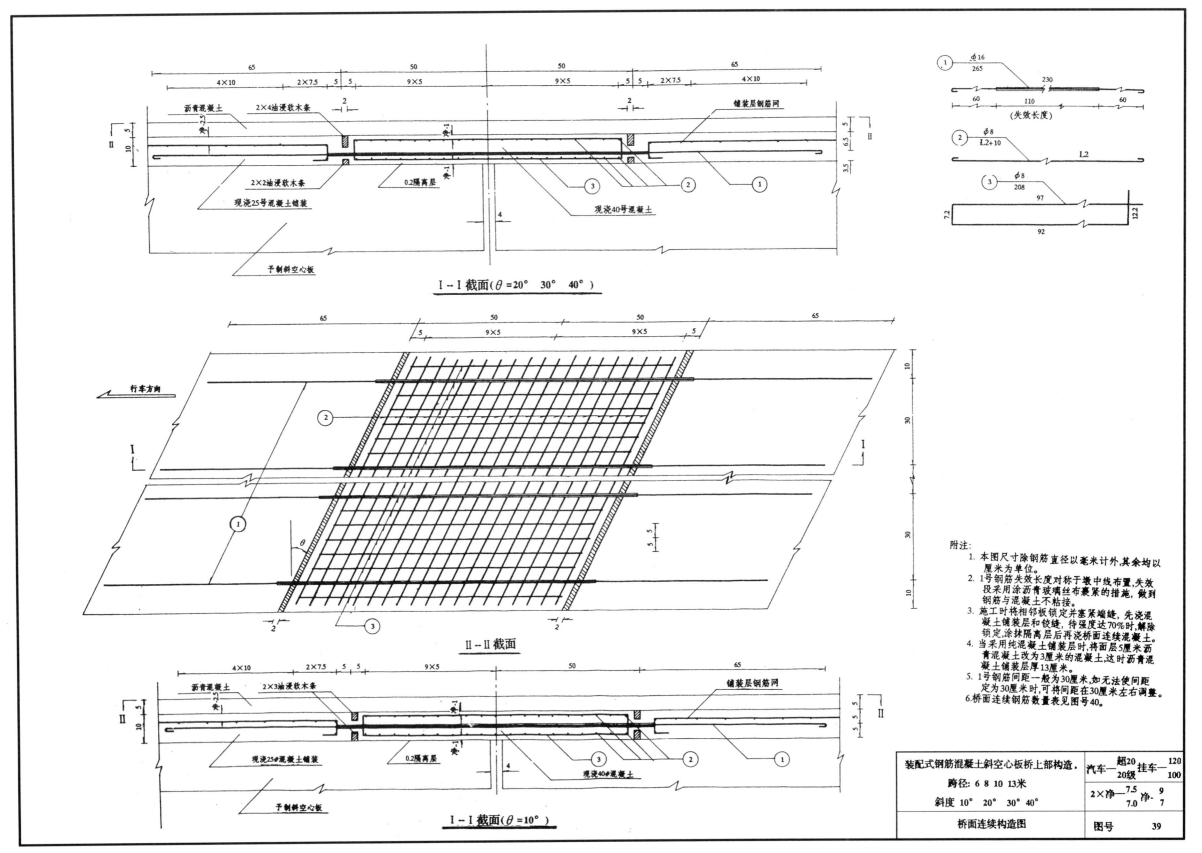

一道桥面连续钢筋明细表

斜度 θ	钢筋编号	钢筋直径 (mm)	2×净—7.5(计单桥) 净—9+2×1.5人行道			2×净—7.0 (计单桥)			净—9+2×1.0 人行道			净—7+2×1.0 人行道			净—9+安全带			净—7+安全带		
			一根长 (cm)	根数	总长 (m)	一根长 (cm)	根数	总长 (m)	一根长 (cm)	根数	总长 (m)	一根长 (cm)	根数	总长 (m)	一根长 (cm)	根数	总长 (m)	一根长 (cm)	根数	总长 (m)
10°	1	ϕ16	265	42	111.30	265	36	95.40	265	38	100.70	265	32	84.80	265	38	100.70	265	27	71.55
	2	ϕ8	1275	38	484.50	1098	38	417.24	1148	38	436.24	971	38	368.98	1164	38	442.32	808	38	307.04
	3	ϕ8	208	249	517.92	208	214	445.12	208	224	465.92	208	189	393.12	208	227	472.16	208	157	326.56
20°	1	ϕ16	265	42	111.30	265	36	95.40	265	38	100.70	265	32	84.80	265	38	100.70	265	27	71.55
	2	ϕ8	1336	38	507.68	1150	38	437.00	1203	38	457.14	1017	38	386.46	1219	38	463.22	846	38	321.48
	3	ϕ8	208	249	517.92	208	214	445.12	208	224	465.92	208	189	393.12	208	227	472.16	208	157	326.56
30°	1	ϕ16	265	42	111.30	265	36	95.40	265	38	100.70	265	32	84.80	265	38	100.70	265	27	71.55
	2	ϕ8	1449	38	550.62	1247	38	473.86	1304	38	495.52	1102	38	418.76	1322	38	502.36	918	38	348.84
	3	ϕ8	208	249	517.92	208	214	445.12	208	224	465.92	208	189	393.12	208	227	472.16	208	157	326.56
40°	1	ϕ16	265	42	111.30	265	36	95.40	265	38	100.70	265	32	84.80	265	38	100.70	265	27	71.55
	2	ϕ8	1637	38	622.06	1408	38	535.04	1473	38	559.74	1245	38	473.10	1493	38	567.34	1036	38	393.68
	3	ϕ8	208	249	517.92	208	214	445.12	208	224	476.92	208	189	393.12	208	227	472.16	208	157	326.56

一孔桥面连续钢材数量表

斜度 θ	钢筋直径 (mm)	2×净—7.5(计单桥) 净—9+2×1.5人行道			2×净—7.0 (计单桥)			净—9+2×1.0 人行道			净—7+2×1.0 人行道			净—9+安全带			净—7+安全带		
		总长 (m)	总重 (kg)	40号混凝土 (米^3)	总长 (m)	总重 (kg)	40号混凝土 (米^3)	总长 (m)	总重 (kg)	40号混凝土 (米^3)	总长 (m)	总重 (kg)	40号混凝土 (米^3)	总长 (m)	总重 (kg)	40号混凝土 (米^3)	总长 (m)	总重 (kg)	40号混凝土 (米^3)
10°	ϕ16	111.30	175.9	1.25	95.40	150.7	1.08	100.70	159.1	1.13	84.80	134.0	0.95	100.70	159.1	1.14	71.55	113.1	0.79
	ϕ8	1002.42	396.0		862.36	340.6		902.16	356.4		762.1	301.0		914.48	361.2		633.6	250.3	
20°	ϕ16	111.30	175.9	1.25	95.40	150.7	1.08	100.70	159.1	1.13	84.80	134.0	0.95	100.70	159.1	1.14	71.55	113.1	0.79
	ϕ8	1025.6	405.1		882.12	348.4		923.06	364.6		779.58	307.9		935.38	369.5		648.04	256.0	
30°	ϕ16	111.30	175.9	1.25	95.40	150.7	1.08	100.70	159.1	1.13	84.80	134.0	0.95	100.70	159.1	1.14	71.55	113.1	0.79
	ϕ8	1068.54	422.1		918.98	363.0		961.44	379.8		811.88	320.7		974.52	384.9		675.40	266.8	
40°	ϕ16	111.30	175.9	1.25	95.40	150.7	1.08	100.70	159.1	1.13	84.80	134.0	0.95	100.70	159.1	1.14	71.55	113.1	0.79
	ϕ8	1139.98	450.3		980.16	387.2		1025.66	405.1		866.22	342.2		1039.5	410.6		720.24	284.5	

附注:

1. 对双桥式2×净—7.5米和2×净—7.0米的桥,表中仅计入单桥数量。
2. 表中①、②、③编号钢筋请见图号39。

装配式钢筋混凝土斜空心板桥上部构造	汽车—超20/20级 挂车—120/100
跨径:6、8、10、13米,斜度:10° 20° 30° 40°	2×净—7.5/7.0 净—9/7
一道桥面连续材料数量表	图号 40

立面

平面

n值表

跨径 (m)	n
6	0
8	1
10	2
13	4

一孔外侧防撞护栏钢材数量表(计单桥)

编号	名称	规格 (mm)	单件重 (kg)	各跨件数 6M	8M	10M	13M	各跨总重 (kg) 6M	8M	10M	13M
1	钢管	φ80×4×2980	22.341	2	2	2		44.68	44.68	44.68	
1′		φ80×4×2480	18.593				2				37.19
2		φ80×4×1998	14.979		1	2	4		14.98	29.96	59.92
3	钢管	φ70×4×380	2.474	1	1	1	1	2.47	2.47	2.47	2.47
4	铸钢支承架	ZG25	14.257	3	4	5	7	42.77	57.03	71.29	99.80
5	预埋螺栓	M16×350	0.552	12	16	20	28	6.62	8.83	11.04	15.46
6	螺母	φ16	0.033	12	16	20	28	0.40	0.53	0.66	0.92
7	垫圈	φ16	0.013	12	16	20	28	0.16	0.21	0.26	0.36
8	预埋钢板	▭130×4×170	0.694	3	4	5	7	2.08	2.78	3.47	4.86
9	钢垫板	▭120×4×871	3.282	1	1	1	1	3.28	3.28	3.28	3.28
10	钢遮板	▭300×4×671	8.205	1	1	1	1	8.21	8.21	8.21	8.21
11	连接螺栓	M16×90	0.1695	1	1	1	1	0.17	0.17	0.17	0.17
12	预埋螺栓	M16×250	0.430	3	3	3	3	1.29	1.29	1.29	1.29

I—I

II—II

铸钢支承架大样

伸缩缝扶手大样

钢垫板

钢遮板

III—III

凹槽大样

预埋钢板

附注:

1. 本图尺寸除钢筋直径以毫米计外,其余均以厘米为单位。
2. 外露钢构件采用涂两道红丹一道面漆。
3. 螺栓5采用40硼钢或45号钢,螺母、垫圈为45号钢。
4. 桥面连续处做1厘米断缝。钢材表中未考虑桥面连续。
5. 桥台处护栏端头可根据桥台具体情况,参考桥跨内护栏型式自行设计。
6. 括弧内数字为跨径13米桥护栏尺寸。
7. 数量表中3号及9~12号构件仅计一道伸缩缝用量。

装配式钢筋混凝土斜空心板桥上部构造 跨径: 6、8、10、13米 斜度: 10° 20° 30° 40°	汽车—超20级 挂车—120 2×净—7.5 / 7.0
外侧防撞及防冲护栏构造图(一)	图号 41

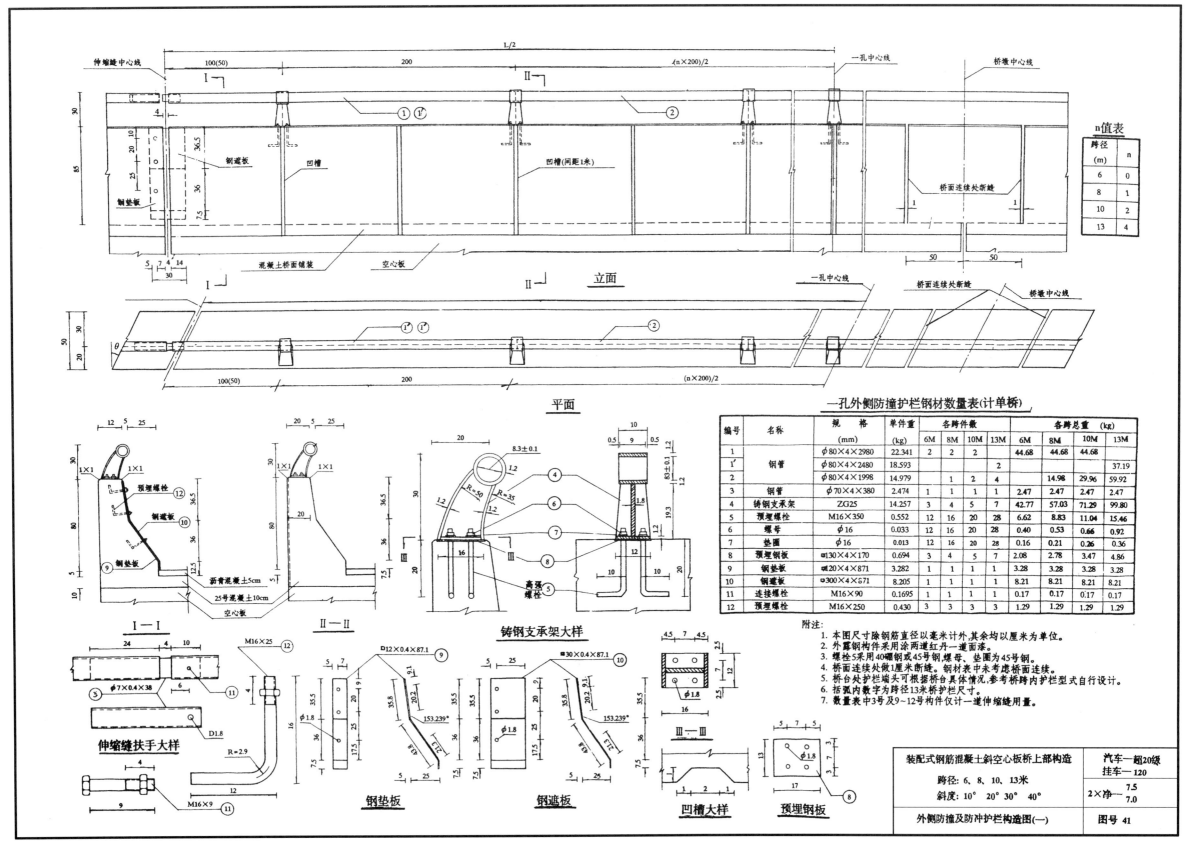

I—I

II—II

III—III

护栏侧面

尺寸表

跨径 L(m)	a	b	c	n
6	16.2	16.3	15	33
8	16.6	16.7	16.7	46
10	15	15	15	60
13	15	15	15	80

泄水管大样

一孔外侧防撞护栏钢筋、泄水管、混凝土数量表(计单桥)

斜度	编号	直径 (cm)	钢筋长度 (cm)	各跨根数				各跨钢筋总重 (kg)			
				6m	8m	10m	13m	6m	8m	10	13m
10°	1	ϕ12	76	40	53	67	87	141.01	186.84	236.20	306.71
	2	ϕ12	221	40	53	67	87				
	3	ϕ12	100	40	53	67	87				
	4	ϕ8	L-6	15	15	15	15	44.04	58.77	73.71	95.91
	5	ϕ8	56	40	53	67	87				
20°	1	ϕ12	77	40	53	67	87	142.44	188.73	238.58	309.80
	2	ϕ12	222	40	53	67	87				
	3	ϕ12	102	40	53	67	87				
	4	ϕ8	L-6	15	15	15	15	44.52	59.40	74.51	96.95
	5	ϕ8	59	40	53	67	87				
30°	1	ϕ12	80	40	53	67	87	144.92	192.02	242.74	315.20
	2	ϕ12	223	40	53	67	87				
	3	ϕ12	105	40	53	67	87				
	4	ϕ8	L-6	15	15	15	15	45.31	60.44	75.83	98.66
	5	ϕ8	64	40	53	67	87				
40°	1	ϕ12	84	40	53	67	87	149.18	197.67	249.88	324.48
	2	ϕ12	226	40	53	67	87				
	3	ϕ12	110	40	53	67	87				
	4	ϕ8	L-6	15	15	15	15	46.57	62.12	77.95	101.41
	5	ϕ8	72	40	53	67	87				
ϕ110×5×600泄水管数量				2	3	3	4	17.02	25.53	25.53	34.08
25号混凝土(m^3)								1.68	2.24	2.80	3.64

附注:

1. 本图尺寸除钢筋直径、泄水管以毫米计外,其余均以厘米为单位。
2. 1、2、3、5号钢筋平行于伸缩缝布置。
3. 护栏采用25号混凝土,与铺装层10cm厚25号混凝土一起现浇成型。护栏施工时应参照铺装层施工要求,采取相应措施,保证护栏与预制空心板形成整体。
4. 铺装层内的横桥向钢筋应伸入护栏内。
5. 当桥面纵坡>2%时,泄水管数量可斟减或不设,此时需加强桥头泄水设施。
6. 数量表中数量未考虑桥面连续情况。

装配式钢筋混凝土斜空心板桥上部构造 跨径:6、8、10、13米 斜度:10° 20° 30° 40°	汽车-超20级挂车—120 2×净—7.5/7.0
外侧防撞及防冲护栏构造图(二)	图号 42

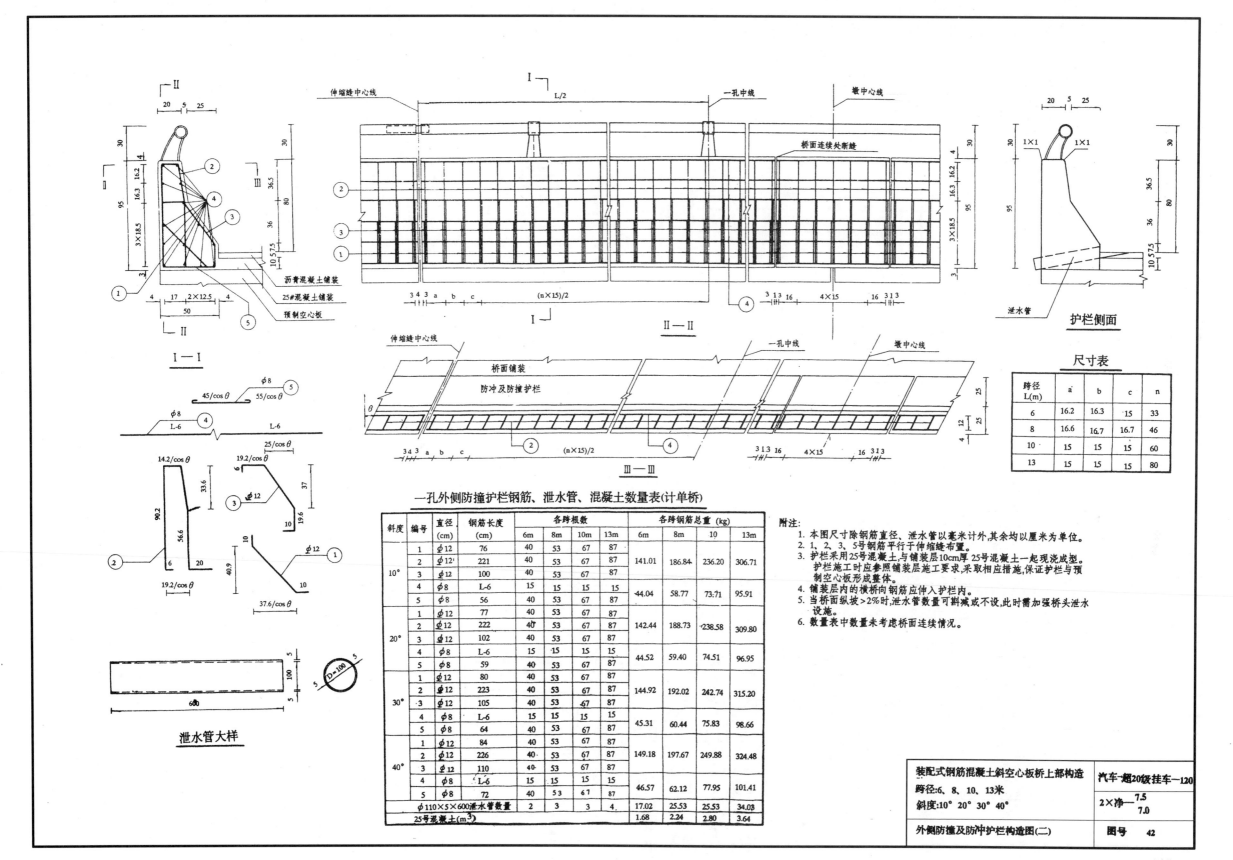

I—I

Ⅲ—Ⅲ

Ⅱ—Ⅱ (0.5米)

预埋钢板

立柱帽

一孔内侧防撞护栏钢材数量表（双桥）

编号	名称		规格 (mm)	单件重 (kg)	各跨件数 6m	8m	10m	13m	各跨总重 (kg) 6m	8m	10m	13m
1	钢管立柱		ϕ140×4.5×700	10.528	6	8	10	14	63.17	84.22	105.28	147.39
2	立柱帽		ϕ150×4.5×20	0.665	6	8	10	14	3.99	5.32	6.65	9.31
3	支承架		70×4.5×427	1.056	6	8	10	14	6.34	8.45	10.56	14.78
4	波形横梁	A	500×4×3160	49.612	2	2	2		99.22	99.22	99.22	
		B	500×4×2660	41.762				2				83.52
		C	500×4×2330	36.580		2	4	8		73.16	146.32	292.64
		D	500×4×3170	49.769	2	2	2		99.54	99.54	99.54	
		E	500×4×2670	41.919				2				83.84
5	固定螺栓组	螺栓	M20×220	0.6005	6	8	10	14	3.60	4.80	6.01	8.41
		螺母	AM20	0.0619	6	8	10	14	0.37	0.50	0.62	0.87
		垫圈	ϕ20	0.0239	12	16	20	28	0.29	0.38	0.48	0.67
6	连接螺栓组	螺栓	M16×30	0.0787	36	48	60	84	2.83	3.78	4.72	6.61
		螺母	AM16	0.0325	36	48	60	84	1.17	1.56	1.95	2.73
		垫圈	ϕ16	0.0134	72	96	120	168	0.96	1.29	1.61	2.25
7	预埋钢板		□180×10×180	2.543	6	8	10	14	15.26	20.34	25.43	35.60

一孔内侧防撞护栏钢筋混凝土数量表（双桥）

斜度	编号	直径	各跨长度 (cm) 6m	8m	10m	13m	各跨根数 6m	8m	10m	13m	各跨总长 (m) 6m	8m	10m	13m	各跨总重 (kg) 6m	8m	10m	13m
10°	8	ϕ16	70				12	16	20	28	8.40	11.20	14.00	19.60	13.26	17.67	22.09	30.93
	9	ϕ12	122				64	84	104	134	78.08	102.48	126.88	163.48	69.33	91.00	112.67	145.17
	10	ϕ8	595	795	995	1295	8				47.60	63.60	79.60	103.60	18.84	25.19	31.52	41.03
20°	8	ϕ16	70				12	16	20	28	8.40	11.20	14.00	19.60	13.26	17.67	22.09	30.93
	9	ϕ12	123				64	84	104	134	78.72	103.32	127.92	164.82	69.90	91.75	113.59	146.36
	10	ϕ8	595	795	995	1295	8				47.60	63.60	79.60	103.60	18.84	25.19	31.52	41.03
30°	8	ϕ16	70				12	16	20	28	8.40	11.20	14.00	19.60	13.26	17.67	22.09	30.93
	9	ϕ12	127				64	84	104	134	81.28	106.68	132.08	170.18	72.18	94.73	117.29	151.12
	10	ϕ8	595	795	995	1295	8				47.60	63.60	79.60	103.60	18.84	25.19	31.52	41.03
40°	8	ϕ16	70				12	16	20	28	8.40	11.20	14.00	19.60	13.26	17.67	22.09	30.93
	9	ϕ12	133				64	84	104	134	85.12	111.72	138.32	178.22	75.59	99.21	122.83	158.26
	10	ϕ8	595	795	995	1295	8				47.60	63.60	79.60	103.60	18.84	25.19	31.52	41.03
25号混凝土(m^3)															0.93	1.246	1.552	2.02

横梁 A(B)

横梁 C

横梁 D (E)

支承架

N、n、m及横梁型式表

跨径(L)	N	n	横梁型式	m
6m	0	2	A+D	29
8m	1	2	A+ C+D	39
10m	2	2	A+2C+D	49
13m	6	0	B+4C+E	64

附注：

1. 本图尺寸除注明外，余均以毫米为单位。
2. N1须与N7先行电焊牢固，N7均焊接两支ϕ16环形筋N9，且同N9一起埋入现浇混凝土内。
3. 空心板与10cm现浇铺装层之间，混凝土需凿毛，使其整体性完好。

装配式钢筋混凝土斜空心板桥上部构造 跨径：6、8、10、13米 斜度：10° 20° 30° 40°	汽车—20 超20 挂车—100 120 2×净—7.0 7.5
内侧防撞及防冲护栏构造图	图号 43

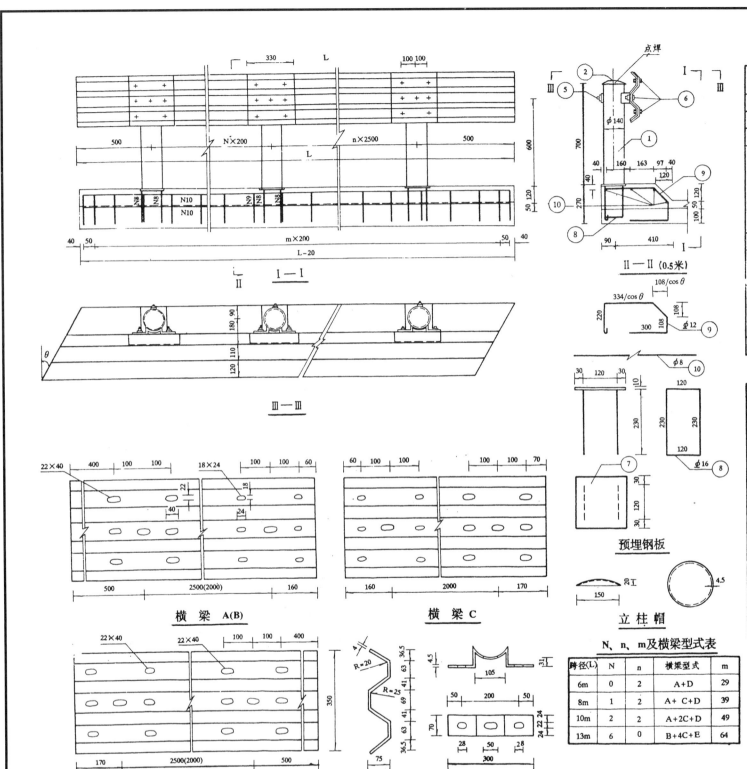

平 面

I — I

端块甲　　中 块　　端块乙

泄水管长度表

型式	A	B	C	D
长度 S(cm)	118	130	180	55

一孔泄水管数量表

跨径(m)	6	8	10	13
数量(个)	2	2	4	4

泄水管

悬挑长度a及b、c尺寸表

型式	人行道(安全带)宽b(m)	a (cm)	d (cm)	c (cm)
A	0.25	0	0	20
B	1.00(一)	12.5	2	80.5
C	1.00(二)	0	0	95
D	1.50	0	0	145

人行道板及安全带分隔n表

跨径(m)	6	8	10	13
n	1	2	3	4

人行道板及安全带分块尺寸表

人行道及安全宽度b	跨径 尺寸 / 斜度θ	L=6m 8m 10m					L=13m				
		lb	lb″	lb′	lB	lB′	lb	lb″	lb′	lB	lB′
0.25m	10°	200	7.05	22.05	162.95	37.05	216.66	7.05	22.05	179.61	37.05
	20°	200	14.56	29.56	155.44	44.56	216.66	14.56	29.56	172.10	44.56
	30°	200	23.09	38.09	146.91	53.09	216.66	23.09	38.09	163.57	53.09
	40°	200	33.56	48.56	136.44	63.56	216.66	33.56	48.56	153.10	63.56
1.00m	10°	200	20.28	35.28	149.72	50.28	216.66	20.28	35.28	166.38	50.28
	20°	200	41.86	56.86	128.14	71.86	216.66	41.86	56.86	144.80	71.86
	30°	200	66.40	81.40	103.60	96.40	216.66	66.40	81.40	120.26	96.40
	40°	200	96.50	111.50	73.50	126.50	216.66	96.50	111.50	90.16	126.50
1.50m	10°	200	29.09	44.09	140.91	59.09	216.66	29.09	44.09	157.57	59.09
	20°	200	60.06	75.06	109.94	90.06	216.66	60.06	75.06	126.60	90.06
	30°	200	95.26	110.26	74.74	125.26	216.66	95.26	110.26	91.40	125.26
	40°	200	138.45	153.45	31.55	168.45	216.66	138.45	153.45	48.21	168.45

注：$lb=200+[(L/200)-INT(l/200)]\times[200/INT(l/200)]$，$lb''=(b+15)tg\theta$，$lb'=lb''+15$，$lB=lb-lb''-30$，$lB'=lb-lB$。

附注：

1. 本图尺寸均以厘米为单位。
2. 本图包括四种跨径(L=6、8、10、13米)，四种型式(人行道宽b=1.00米，同时悬挑0.125米、及b=1.00米、b=1.50米、安全带b=0.25米均不悬挑)，四种斜度(θ=10° 20° 30° 40°)的人行道及安全带构造。
3. 泄水管用φ100毫米的铸铁(或钢管)制成。有设泄水管的人行道板及安全带和路缘石需预留孔洞。
4. 因安全带端块乙尺寸小，考虑施工预制方便，所以将安全带端块乙预制成实心。

装配式钢筋混凝土斜空心板桥上部构造 跨径:6、8、10、13米 斜度:10° 20° 30° 40°	汽车-超20、20 挂车-120、100 净—9，净—14
1.00米、1.50米人行道及0.25米安全带构造图	图号 44

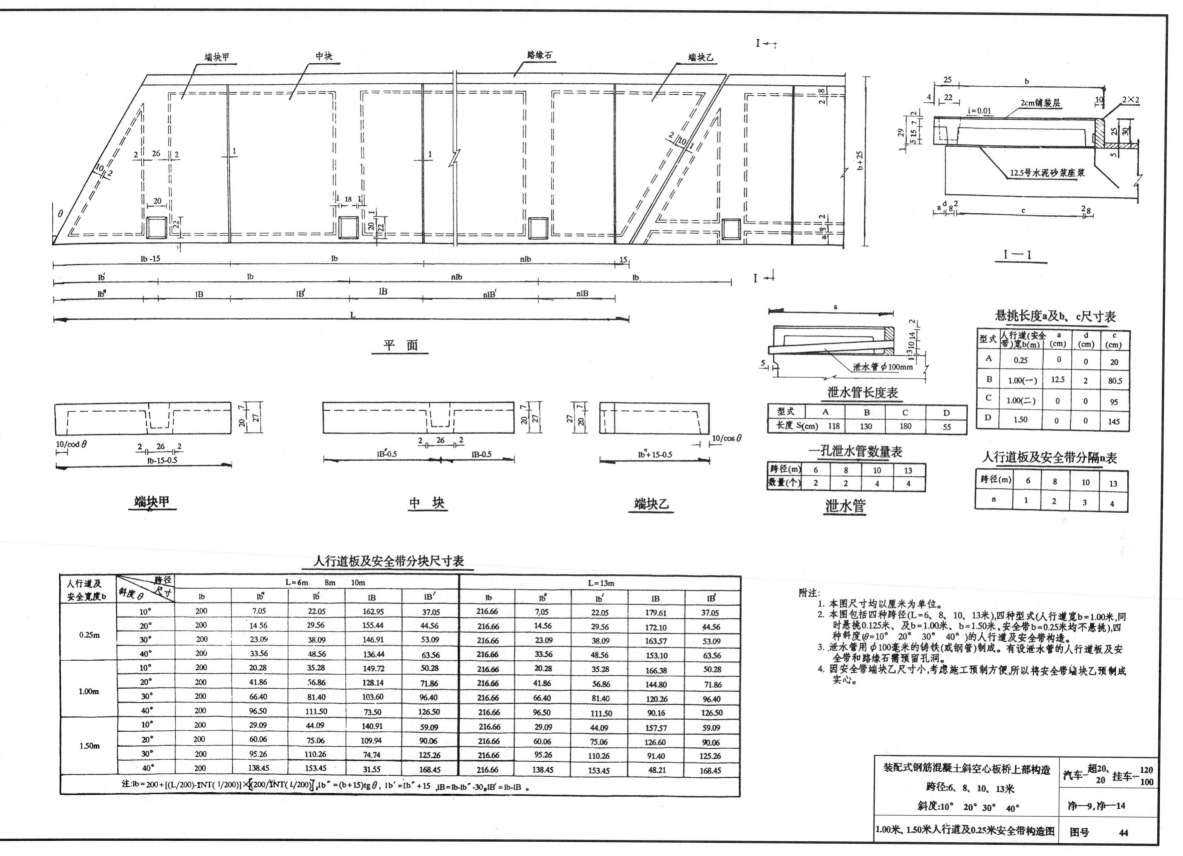

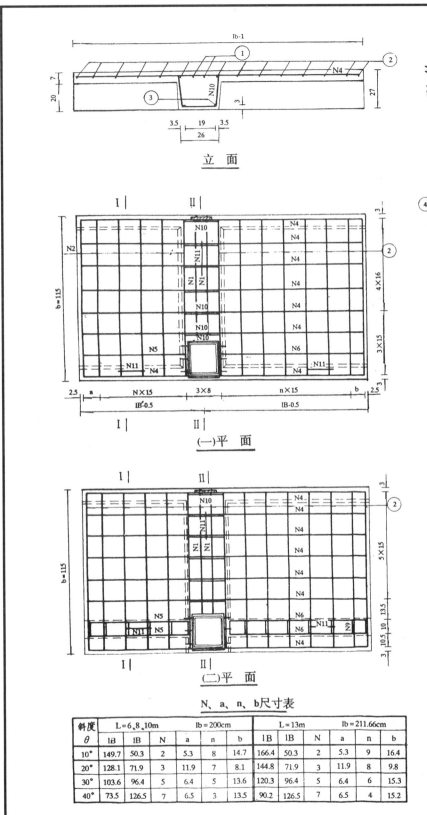

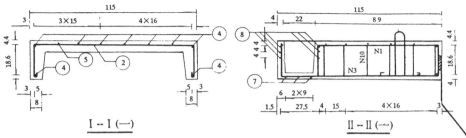

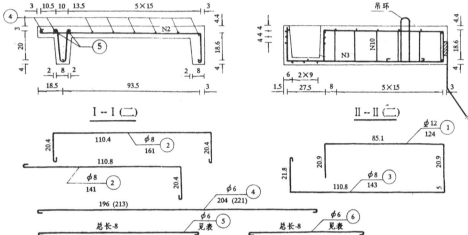

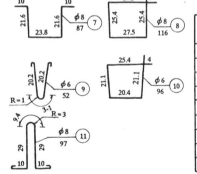

立 面

I -- I (一)

II -- II (一)

(一)平 面

I -- I (二)

II -- II (二)

(二)平 面

一块中块材料数量表

型式	规格	6、8、10m		13m	
		总长(m)	总重(kg)	总长(m)	总重(kg)
b=1.00m (一)	φ6	26.02	5.78	27.71	6.15
	φ8	34.4	13.62	36.01	14.26
	φ12	2.48	2.20	2.48	2.20
b=1.00m (二)	φ6	35.20	7.81	37.57	8.34
	φ8	31.60	12.51	33.01	13.07
	φ12	2.48	2.20	2.48	2.20
25号混凝土 (m^3)	(一)	0.278		0.297	
	(二)	0.281		0.301	

一块人行道中块钢筋明细表(一)

编号	直径	每根长度 (cm)	根数	共长 (m)
1	φ12	124	2	2.48
3	φ8	143	2	2.86
4	φ6	204	9	18.36
4′	φ6	221	9	19.89
7	φ8	87	3	2.61
8	φ8	116	3	3.48
9	φ6	52	14 (15)	7.28 (7.80)
10	φ6	96	6	5.76
11	φ8	97	3	2.91

一块人行道中块钢筋明细表(二)

型式	编号	直径	每根长度(cm)				根数	共长(m)			
			10°	20°	30°	40°		10°	20°	30°	40°
b=1.00 (一)	2	φ8		161			14(15)		22.54	(24.15)	
	5	φ6	45	67	91	122	1	0.45	0.67	0.91	1.22
	6	φ6	145	123	99	69	1	1.45	1.23	0.99	0.69
	6′	φ6	161	140	115	85	1	1.61	1.40	1.15	0.85
b=1.00 (二)	2	φ8		141			14(15)		19.74	(21.15)	
	5	φ6	45	67	91	122	2	0.90	1.34	1.82	2.44
	6	φ6		123	99	69	2	2.90	2.46	1.98	1.38
	6′	φ6	161	140	115	85	2	3.22	2.80	2.30	1.70

N、a、n、b尺寸表

斜度 θ	L=6、8、10m lB	lb=200cm lB	N	a	n	b	L=13m lB	lb=211.66cm lB	N	a	n	b
10°	149.7	50.3	2	5.3	8	14.7	166.4	50.3	2	5.3	9	16.4
20°	128.1	71.9	3	11.9	7	8.1	144.8	71.9	3	11.9	8	9.8
30°	103.6	96.4	5	6.4	5	13.6	120.3	96.4	5	6.4	6	15.3
40°	73.5	126.5	7	6.5	3	13.5	90.2	126.5	7	6.5	4	15.2

附注:

1. 本图尺寸除钢筋直径以毫米计外,其余均以厘米为单位。
2. 本图的1.00米 人行道板有两种形式,第一种型式是指无悬挑的型式,第二种型式是指悬挑12.5cm形式。
3. 图中4′、6′钢筋及括号内数字是用于跨径13米的块件。
4. 吊装时应注意做到三吊点同时受力,也可以用其它吊装方法。
5. N1钢筋兼为锚固筋,应与锚固钢板和N3钢筋焊接起来。钢筋与钢筋采用双面焊,焊缝长度为5d。钢筋与钢板焊缝长度为8cm,焊缝厚度为6cm,详见图号55中的大样图。

装配式钢筋混凝土斜空心板桥上部构造 跨径: 6 8 10 13米 斜度 10° 20° 30° 40°	汽车—20/超20 挂车—100/120 净—7/9
1.00米人行道板中块配筋图	图号 45

端块甲平面 (40°)

端块甲平面 (30°)

端块甲平面 (20°)

端块甲平面 (10°)

人行道端块甲钢筋明细表

斜度θ	编号	直径	每根长(cm)	根数	共长(m)
10° 20° 30° 40°	1	Φ12	124	2	2.48
	3	φ8	143	2	2.86
	6	φ8	87	3	2.61
	7	φ8	116	3	3.48
	8	φ6	96	6	5.76
	10	φ8	97	3	2.91
10°	2	φ8	161	11(12)	17.71(19.32)
	4i	φ6	161(177)	11	17.71(19.47)
	5	φ8	123	4	4.92
	9	φ6	64	8	5.12
20°	2	φ8	161	10(11)	16.10(17.71)
	2i	φ8	101	2	2.02
	4i	φ6	152(167)	11	16.72(18.37)
	5	φ8	128	4	5.12
	9	φ6	64	8	5.12
30°	2	φ8	161	8(9)	12.88(14.49)
	2i	φ8	97	3	2.91
	4i	φ6	140(156)	11	15.40(17.16)
	5	φ8	138	4	5.52
	9	φ6	64	9	5.76
40°	2	φ8	161	6(7)	9.66(11.27)
	2i	φ8	94	5	4.70
	4i	φ6	126(142)	11	13.86(15.62)
	5	φ8	155	4	6.20
	9	φ6	64	10	6.40

注:2i、4i钢筋长度均为平均值。括号中数字用于13米跨径。

一块端块甲材料数量表

斜度θ	直径	L=6、8、10m		L=13m	
		总长(m)	总重(kg)	总长(m)	总重(kg)
10°	Φ12	2.48	2.20	2.48	2.20
	φ8	3.49	13.62	36.30	14.34
	φ6	28.59	6.35	30.35	6.74
	25#混凝土(立方米)		0.266		0.283
20°	Φ12	2.48	2.20	2.48	2.20
	φ8	35.10	13.86	36.71	14.50
	φ6	27.60	6.13	29.25	6.49
	25#混凝土(立方米)		0.255		0.271
30°	Φ12	2.48	2.20	2.48	2.20
	φ8	33.12	13.08	34.73	13.72
	φ6	26.92	5.98	28.68	6.37
	25#混凝土(立方米)		0.243		0.262
40°	Φ12	2.48	2.20	2.48	2.20
	φ8	32.42	12.81	34.03	13.44
	φ6	26.02	5.78	27.78	6.17
	25号混凝土(立方米)		0.229		0.245

N4-i及N2-i钢筋长度表

跨径 L	斜度 θ	N4-i (cm)									N2-i (cm)				
		1	2	3	4	5	6	7	8	9	1	2	3	4	5
6m	10°	169.2	172.0	174.8	177.7	180.5	183.1	144.7	27.1	188.4					
8m	20°	148.0	153.9	159.7	165.5	171.3	176.8	123.1	45.1	187.7	116.3	86.1			
	30°	124.0	133.2	142.5	151.7	161.0	169.6	98.6	65.7	186.9	120.8	96.5	72.3		
10m	40°	94.3	107.7	121.1	134.6	148.0	160.6	68.5	90.7	185.8	127.4	110.7	94.0	77.3	60.7
13m	10°	185.9	188.7	191.5	194.4	197.2	199.8	161.4	27.1	205.7	127.4				
	20°	164.7	170.6	176.4	182.2	188.0	193.5	139.8	45.1	204.4	116.3	86.1			
	30°	140.7	149.9	159.2	168.4	177.7	186.3	115.3	65.7	203.6	120.8	96.5	72.3		
	40°	110.9	124.3	137.7	151.2	164.6	177.2	85.2	90.7	202.4	127.4	110.7	94.0	77.3	60.7

注:N4-1、N4-9各为两根。

lb lB n b尺寸表

斜度	L=6、8、10米			
	lb′	lB	n	b
10°	35.3	149.7	8	14.7
20°	56.9	128.1	7	8.1
30°	81.4	103.6	5	13.6
40°	111.5	73.5	3	13.5
斜度	13m			
	lb	lB	n	b
10°	35.3	166.4	9	16.4
20°	56.9	144.8	8	9.8
30°	81.4	120.3	6	15.3
40°	111.5	90.2	4	15.2

附注：1. 本图尺寸除钢筋直径以毫米计外，余均以厘米为单位。
2. 吊装时应注意做到3吊点同时受力，边可采用其他吊装方法。
3. N1钢筋兼为锚固筋，应与锚固钢板和N3钢筋焊接起来。焊缝要求样见45中附注5。
4. N2i钢筋如与其他钢筋相碰时，可略予弯折通过。

装配式钢筋混凝土斜空心板桥上部构造 跨径:6、8、10、13m 斜度:10°、20°、30°、40°	汽车—20/超20 挂车—100/120 净—9/7
1.00米人行道(一) 端块甲配筋图	图号 46

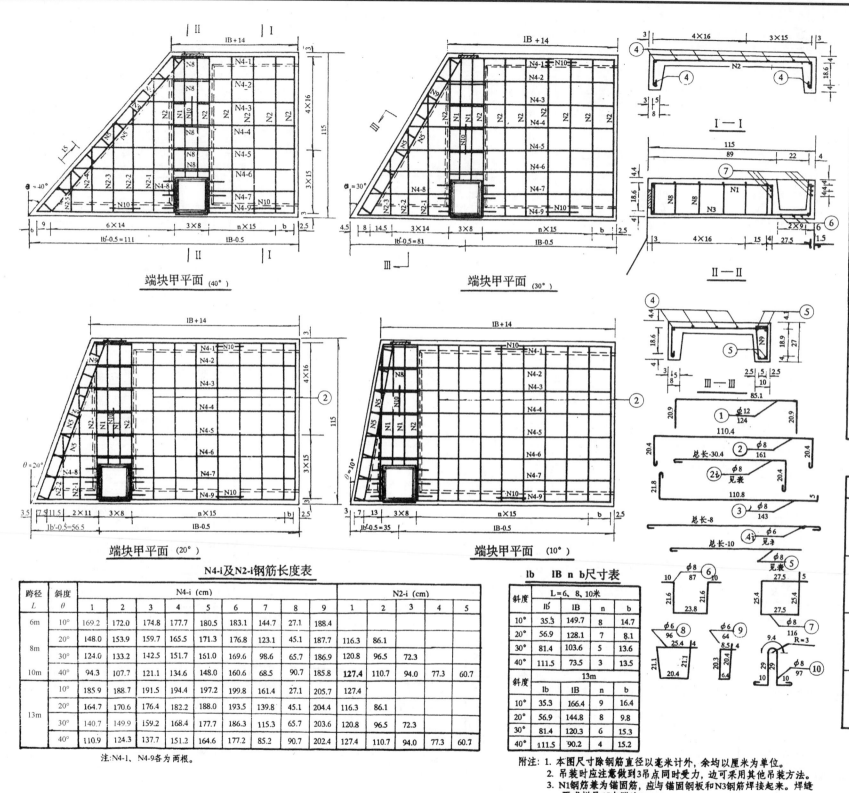

端块甲平面(40°)

端块甲平面(30°)

I—I

II—II

III—III

人行道端块甲钢筋明细表

斜度	编号	直径(mm)	每根长(cm)	根数	共长(m)
10° 20° 30° 40°	1	φ12	124	2	2.48
	3	φ8	143	2	2.86
	6	φ8	87	3	2.61
	7	φ8	116	3	3.48
	8	φ6	96	6	5.76
	11	φ8	97	3	2.91
10°	2	φ8	141	11(12)	15.51(16.92)
	4i	φ6	149.3(163.5)	13	19.41(21.26)
	5	φ8	123	4	4.92
	9	φ6	52	11(12)	5.72(6.24)
	10	φ6	64	8	5.12
20°	2	φ8	141	10(11)	14.10(15.51)
	2i	φ8	101	2	2.02
	4i	φ6	140.3(154.4)	13	18.24(20.07)
	5	φ8	128	4	5.12
	9	φ6	52	12(13)	6.24(6.76)
	10	φ6	64	8	5.12
30°	2	φ8	141	8(9)	11.28(12.69)
	2i	φ8	97	3	2.91
	4i	φ6	130.0(144.2)	13	16.90(18.75)
	5	φ8	138	4	5.52
	9	φ6	52	11(12)	5.72(6.24)
	10	φ6	64	9	5.76
40°	2	φ8	141	6(7)	8.46(9.87)
	2i	φ8	94	5	4.70
	4i	φ6	117.3(131.4)	13	15.25(17.08)
	5	φ8	155	4	6.20
	9	φ6	52	11(12)	5.72(6.24)
	10	φ6	64	10	6.40

注:2i、4i钢筋长度均为平均值,括号中数字用于13米跨径的。

一块端块甲材料数量表

斜度	直径(mm)	L=6、8、10米		L=13米	
		总长(m)	总重(kg)	总长(m)	总重(kg)
10°	φ12	2.48	2.20	2.48	2.20
	φ8	32.29	12.75	33.70	13.31
	φ6	36.01	7.99	38.38	8.52
	25#混凝土(m^3)		0.266	0.283	
20°	φ12	2.48	2.20	2.48	2.20
	φ8	33.10	13.07	34.51	13.63
	φ6	35.36	7.85	37.71	8.37
	25#混凝土(m^3)		0.255	0.271	
30°	φ12	2.48	2.20	2.48	2.20
	φ8	31.57	12.47	32.98	13.03
	φ6	34.14	7.58	36.51	8.11
	25#混凝土(m^3)		0.243	0.262	
40°	φ12	2.48	2.20	2.48	2.20
	φ8	31.22	12.33	32.63	12.89
	φ6	33.13	7.35	35.48	7.88
	25号混凝土(m^3)		0.229	0.245	

端块甲平面(20°)

端块甲平面(10°)

lb′、lB、n、b 尺寸表

斜度 θ	L=6、8、10m				L=13m			
	lb′	lB	n	b	lb′	lB	n	b
10°	35.3	149.7	8	14.7	35.3	166.4	9	16.4
20°	56.9	128.1	7	8.1	56.9	144.8	8	9.8
30°	81.4	103.6	5	13.6	81.4	120.3	6	15.3
40°	111.5	73.5	3	13.5	111.5	90.2	4	15.2

N2-i及N4-i钢筋长度表

跨径	斜度 θ	N2-i (cm)					N4-i(cm)										
		1	2	3	4	5	1	2	3	4	5	6	7	8	9	10	11
6m	10°						169.2	171.8	174.5	177.1	179.8	182.4	144.7	26.1	27.8	188.3	185.7
8m	20°	116.3	86.1				148.0	153.5	159.0	164.4	169.9	175.3	123.1	43.1	46.8	187.7	182.1
10m	30°	120.8	96.5	72.3			124.0	132.6	141.3	149.9	158.6	167.3	98.6	62.4	68.2	186.9	177.9
	40°	127.4	110.7	94.0	77.3	60.7	94.3	106.9	119.4	132.0	144.6	157.2	68.5	86.0	94.4	185.8	172.7
13m	10°						185.9	188.5	191.2	193.8	196.5	199.1	161.4	26.1	27.8	205.2	202.4
	20°	116.3	86.1				164.7	170.2	175.7	181.1	186.6	192.0	139.8	43.1	46.8	204.4	198.8
	30°	120.8	96.5	72.3			140.7	149.3	158.0	166.6	175.3	184.0	115.3	62.4	68.2	203.6	194.6
	40°	127.4	110.7	94.0	77.3	60.3	110.9	123.5	136.1	148.7	161.3	173.9	85.2	86.0	94.4	202.4	189.4

注:N4-1,N4-7各有两根

附注:

1. 本图尺寸除钢筋直径以毫米计外,余均以厘米为单位。
2. 吊装时应注意做到3吊点同时受力,也可采用其他吊装方法。
3. N1钢筋兼为锚固筋,应与锚固钢板和N3钢筋焊接起来,焊接要求详见图号45中附注5。
4. N2i钢筋如与其他钢筋相碰时,可略予弯折通过。

装配式钢筋混凝土斜空心板桥上部构造 跨径: 6、8、10、13米 斜度: 10° 20° 30° 40°	汽车—20/超20 挂车—100/120 净—7/9
1.00米人行道(二)端块甲配筋图	图号 47

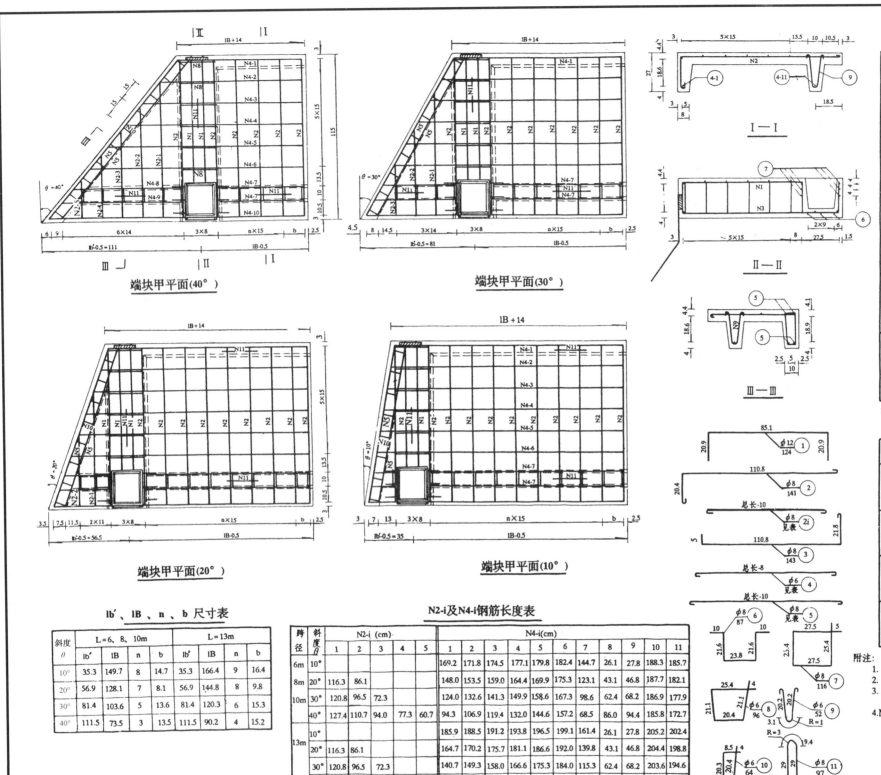

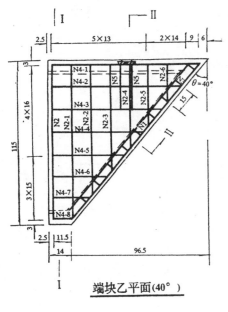

端块乙平面(40°)

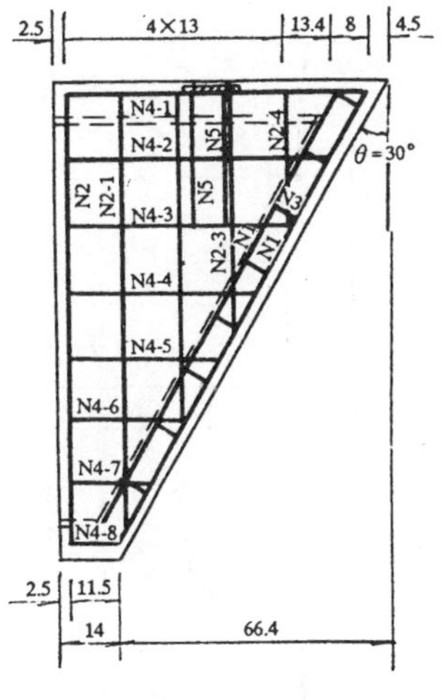

端块乙平面(30°)

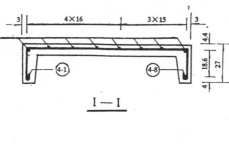

I—I

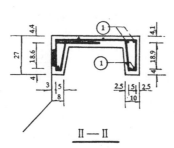

II—II

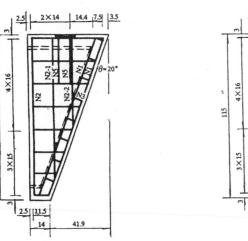

端块乙平面(20°)

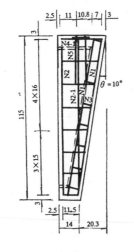

端块乙平面(10°)

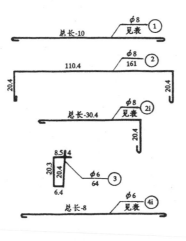

人行道端块乙钢筋明细表

斜度 θ	编号	直径 (mm)	每根长 (cm)	根数	共长 (m)	斜度 θ	编号	直径 (mm)	每根长 (cm)	根数	共长 (m)
10°	1	φ8	123	4	4.92	30°	1	φ8	138	4	5.52
	2	φ8	161	1	1.61		2	φ8	161	1	1.61
	2i	φ8	157	1	1.57		2i	φ8	124	4	4.96
	3	φ6	64	8	5.12		3	φ6	64	9	5.76
	4i	φ6	29	10	2.90		4i	φ6	51.5	10	5.15
	5	φ12	76	2	1.52		5	φ12	76	2	1.52
20°	1	φ8	128	4	5.12	40°	1	φ8	155	4	6.20
	2	φ8	161	1	1.61		2	φ8	161	1	1.61
	2i	φ8	132	2	2.64		2	φ8	120	6	7.20
	3	φ6	64	8	5.12		3	φ6	64	10	6.40
	4i	φ6	39.6	10	3.96		4	φ6	66	10	6.6
	5	φ12	76	2	1.52		5	φ12	76	2	1.52

一块端块乙材料数量表

斜度 θ	直径 (mm)	总长 (m)	总重 (kg)	斜度 θ	直径 (mm)	总长 (m)	总重 (kg)
10°	φ8	8.1	3.20	30°	φ8	12.09	4.78
	φ6	8.02	1.78		φ6	10.91	2.42
	φ12	1.52	1.35		φ12	1.52	1.35
	25号混凝土(m^3)		0.050		25号混凝土(m^3)		0.079
20°	φ8	9.37	3.70	40°	φ8	15.01	5.93
	φ6	9.08	2.02		φ6	13.00	2.89
	φ12	1.52	1.35		φ12	1.52	1.35
	25号混凝土(m^3)		0.063		25号混凝土(m^3)		0.100

一孔桥人行道端块乙材料数量表

跨径L	斜度 θ	块数	钢筋 (kg) φ12	钢筋 (kg) φ8	钢筋 (kg) φ6	25#混凝土 (m^3)
6m	10°	2	2.70	6.4	3.56	0.100
8m	20°	2	2.70	7.4	4.04	0.126
10m	30°	2	2.70	9.56	4.84	0.158
13m	40°	2	2.7	11.86	5.78	0.200

N2i及N4钢筋长度表

斜度 θ	N2i 1	N2i 2	N2i 3	N2i 4	N2i 5	N2i 6	N4 1	N4 2	N4 3	N4 4	N4 5	N4 6	N4 7	N4 8
10°	156.7						38.5	35.9	33.1	30.2	27.4	24.8	22.1	19.5
20°	151.8	113					59.6	53.8	48.0	42.1	36.3	30.9	25.4	19.9
30°	157.5	135	112.5	90.0			83.3	74.1	64.8	55.6	46.3	37.7	29.0	20.4
40°	159.1	143.6	128.1	112.6	97.1	80.5	112.2	98.8	85.4	72.0	58.5	45.9	33.4	20.6

注:N4-1、N4-8、各有两根。

附注:
1. 本图尺寸除钢筋直径以毫米计外,其余均以厘米为单位。
2. 端块乙也可与中块连成一体。
3. N5钢筋为锚固筋,应与锚固钢板焊接起来。焊接缝要求详见图号45中附注5。
4. N2i钢筋如与其他钢筋相碰时,可略予弯折通过。

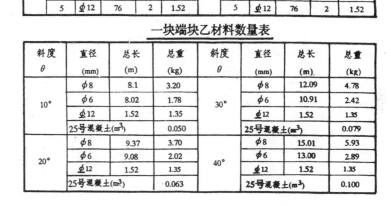

装配式钢筋混凝土斜空心板桥上部构造	汽车—超20/20级 挂车—120/100
跨径: 6 8 10 13米 斜度: 10° 20° 30° 40°	净—7/9
1.00米人行道(一)端块乙配筋图	图号 48

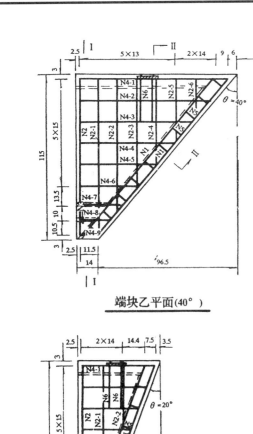

端块乙平面(40°)

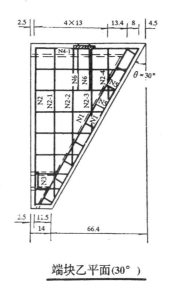

端块乙平面(30°)

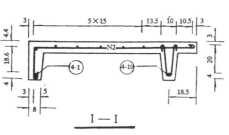

I—I

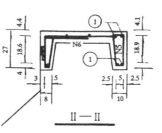

II—II

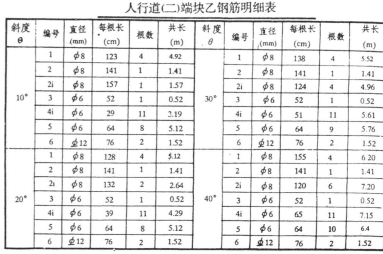

端块乙平面(20°)

端块乙平面(10°)

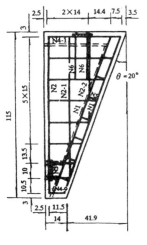

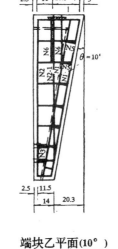

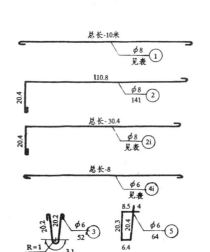

人行道(二)端块乙钢筋明细表

斜度 θ	编号	直径 (mm)	每根长 (cm)	根数	共长 (m)	斜度 θ	编号	直径 (mm)	每根长 (cm)	根数	共长 (m)
10°	1	φ8	123	4	4.92	30°	1	φ8	138	4	5.52
	2	φ8	141	1	1.41		2	φ8	141	1	1.41
	2i	φ8	157	1	1.57		2i	φ8	124	4	4.96
	3	φ6	52	1	0.52		3	φ6	52	1	0.52
	4i	φ6	29	11	3.19		4i	φ6	51	11	5.61
	5	φ6	64	8	5.12		5	φ6	64	9	5.76
	6	φ12	76	2	1.52		6	φ12	76	2	1.52
20°	1	φ8	128	4	5.12	40°	1	φ8	155	4	6.20
	2	φ8	141	1	1.41		2	φ8	141	1	1.41
	2i	φ8	132	2	2.64		2i	φ8	120	6	7.20
	3	φ6	52	1	0.52		3	φ6	52	1	0.52
	4i	φ6	39	11	4.29		4i	φ6	65	11	7.15
	5	φ6	64	8	5.12		5	φ6	64	10	6.4
	6	φ12	76	2	1.52		6	φ12	76	2	1.52

一块端块乙材料数量表

斜度 θ	直径 (mm)	总长 (m)	总重 (kg)	斜度 θ	直径 (mm)	总长 (m)	总重 (kg)
10°	φ8	7.90	3.12	30°	φ8	11.89	4.70
	φ6	8.83	1.96		φ6	11.89	2.64
	φ12	1.52	1.35		φ12	1.52	1.35
	25#混凝土(m^3)0.050				25#混凝土(m^3)0.079		
20°	φ8	9.17	3.62	40°	φ8	14.81	5.85
	φ6	9.93	2.20		φ6	14.07	3.12
	φ12	1.52	1.35		φ12	1.52	1.35
	25#混凝土(m^3)		0.063		25#混凝土(m^3)		0.100

一孔端块乙材料数量表

跨径 L	斜度 θ	块数	钢筋 (kg) φ12	钢筋 (kg) φ8	钢筋 (kg) φ6	25号混凝土
6m	10°	2	2.70	6.24	3.92	0.100
8m	20°	2	2.70	7.24	4.40	0.126
10m	30°	2	2.70	9.40	5.28	0.158
13m	40°	2	2.70	11.70	6.24	0.200

N2i及N4i钢筋长度表

斜度 θ	N2i 1	N2i 2	N2i 3	N2i 4	N2i 5	N2i 6	N4i 1	N4i 2	N4i 3	N4i 4	N4i 5	N4i 6	N4i 7	N4i 8	N4i 9	N4i 10
10°	156.7						38.7	36.1	33.4	30.8	28.1	25.5	23.1	21.4	19.5	22.2
20°	151.8	113					59.6	54.1	48.7	43.2	37.8	32.3	27.4	23.8	19.93	25.6
30°	157.5	135	112.5	90.1			83.1	74.5	65.8	57.1	48.5	39.8	32.2	26.4	20.4	29.3
40°	159.1	143.6	128.1	112.6	97.1	80.5	112.3	99.7	87.1	74.5	61.9	49.3	38.0	29.6	20.8	33.8

注:N4-1有两根。

附注:
1. 本图除钢筋直径以毫米计外,其余均厘米为单位。
2. 端块乙若与中块连接成一体尚可。
3. N6钢筋为锚固筋应与锚固钢板焊接起来,焊缝要求详见图号45中附注5。
4. N2i钢筋如与其他钢筋相碰时,可略予弯折通过。

装配式钢筋混凝土斜空心板桥上部构造 跨径:6 8 10 13米 斜度:10° 20° 30° 40°	汽车—超20/20级 挂车—120/100 净—9 净—14	
1.00米人行道(二)端块乙配筋图	图号 49	

立 面

I -- I

II -- II

平 面

VI -- VI

III -- III

锚固筋大样

一块人行道中块钢筋明细表

表(一)

编号	直径 (mm)	每根长度(cm)	根数	共长(m)
1	ϕ12	174	2	3.48
2	ϕ8	211	14(15)	29.54 (31.65)
3	ϕ8	193	2	3.86
4	ϕ6	204 (221)	13	26.52 (28.73)
7	ϕ8	87	3	2.61
8	ϕ8	116	3	3.48
9	ϕ6	96	10	9.60
10	ϕ8	97	3	2.91

一块人行道中块钢筋明细表

表(二)

编号	直径	每根长度(cm)				根数	共长(m)			
		10°	20°	30°	40°		10°	20°	30°	40°
5	ϕ6	54	85	120	163	1	0.54	0.85	1.20	1.63
6	ϕ6	136	105	70	27	1	1.36	1.05	0.70	0.27
6′	ϕ6	153	122	86	43	1	1.53	1.22	0.86	0.43

一块中块材料数量表

规格		L=6m 8m 10m		L=13m	
		总长(m)	总重(kg)	总长(m)	总重(kg)
ϕ12		3.48	3.09	3.48	3.09
ϕ8		42.4	16.79	44.51	17.63
ϕ6		38.02	8.44	40.39	8.97
25号混凝土(m^3)	人行道块件		0.375		0.401

Nanb尺寸表

斜角 \ 跨径	L=6m 8m 10m 1b=200cm						L=13m 1b=216.66cm					
	1B	1B′	N	a	n	b	1B	1B′	N	a	n	b
10°	140.9	59.1	2	14.1	8	5.9	157.6	59.1	2	14.1	9	7.6
20°	109.9	90.1	4	15.1	6	4.9	126.6	90.1	4	15.1	7	6.6
30°	74.7	125.3	7	5.3	3	14.7	91.4	125.3	7	5.3	4	16.4
40°	31.6	168.4	10	3.4	0	16.6	48.2	168.5	2	3.5	1	18.2

注： N=1NT(1B′-0.5)-2.5-121/15　　a=余数×15

n=1NT(1B-0.5)-2.5-121/15　　b=余数×15

附注:

1、本图尺寸除钢筋直径以毫米计外,其余均以厘米为单位;
2、图中括号内数字及6′钢筋是用于13米跨径的;
3、吊装时应注意做到三吊点同时受力,也可采用其它吊装方法;
4、N1钢筋兼为锚固筋，应与锚固钢板和N3钢筋焊接起来。钢筋与钢筋采用双面焊,焊缝长度为5d。钢筋与钢板的焊缝长度为8厘米,焊缝厚度为6毫米。

装配式钢筋混凝土斜空心板桥上部构造 跨径: 6m 8m 10 13m、斜度: 10° 20° 30° 40°	汽车-超20/20级 挂车-120/100 净-7/9
1.5米人行道板中块配筋图	图号 50

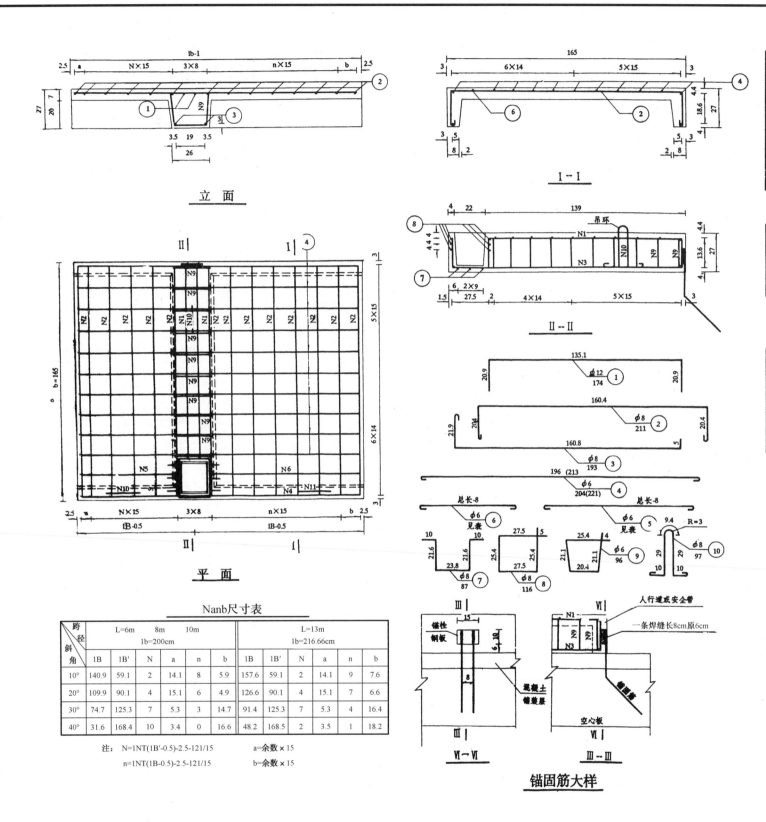

端块甲平面(40°)

端块甲平面(30°)

端块甲平面(20°)

端块甲平面(10°)

I—I

II—II

III—III

人行道端块甲钢筋明细表

斜度	编号	直径(mm)	每根长(cm)	根数	共长(m)
10° 20° 30° 40°	1	Φ12	174	2	3.48
	3	φ8	193	2	3.86
	6	φ8	87	3	2.61
	7	φ8	116	3	3.48
	8	φ6	96	10	9.60
	10	φ8	97	3	2.91
10°	2	φ8	211	11(12)	23.21(25.32)
	2i	φ8	140	1	1.40
	4i	φ6	162(178)	15	24.30(26.70)
	5	φ8	174	4	6.96
	9	φ6	64	11	7.04
20°	2	φ8	211	9(10)	18.99(21.10)
	2i	φ8	126	3	3.78
	4i	φ6	148(163)	15	22.20(24.45)
	5	φ8	182	4	7.28
	9	φ6	64	12	7.68
30°	2	φ8	211	6(7)	12.66(14.77)
	2i	φ8	120	5	6.00
	4i	φ6	131(147)	15	19.65(22.05)
	5	φ8	196	4	7.84
	9	φ6	64	13	8.32
40°	2	φ8	211	3(4)	6.33(8.44)
	2i	φ8	119	8	9.52
	4i	φ6	111(127)	15	16.65(19.05)
	5	φ8	220	4	8.80
	9	φ6	64	14	3.96

注:2i、4i钢筋长度为平均值,括号内数字用于13米跨径。

一块端块甲材料数量表

斜度	直径(mm)	L=6、8、10m		L=13m	
		总长(m)	总重(kg)	总长(m)	总重(kg)
10°	Φ12	3.48	3.09	3.48	3.09
	φ8	44.43	17.59	46.54	18.43
	φ6	40.94	9.09	43.34	9.62
	25#混凝土(m^3)		0.364		0.390
20°	Φ12	3.48	3.09	3.48	3.09
	φ8	42.91	16.99	45.02	17.83
	φ6	39.48	8.76	41.73	9.26
	25#混凝土(m^3)		0.342		0.368
30°	Φ12	3.48	3.09	3.48	3.09
	φ8	39.36	15.59	41.47	16.42
	φ6	37.57	8.34	39.97	8.87
	25#混凝土(m^3)		0.319		0.344
40°	Φ12	3.48	3.09	3.48	3.09
	φ8	37.51	14.85	39.62	15.69
	φ6	35.21	7.82	37.61	8.35
	25号混凝土(m^3)		0.291		0.316

lb′、lB、n、b尺寸表

跨径	斜度	lb′	lB	n	b
6m 8m 10m	10°	44.1	140.9	8	5.9
	20°	75.1	109.9	6	4.9
	30°	110.3	74.7	3	14.7
	40°	153.5	31.6	0	16.6
13m	10°	44.1	157.6	9	7.6
	20°	75.1	126.6	7	6.6
	30°	110.3	91.4	4	16.4
	40°	153.5	48.2	1	18.2

N4—i钢筋长度表

跨径	斜度	1	2	3	4	5	6	7	8	9	10	11	12	13
6m 8m 10m	10°	160.4	163.0	165.7	168.3	171.0	173.6	176.1	178.5	181.0	183.5	135.9	36.1	188.4
	20°	129.8	135.3	140.8	146.2	151.7	157.1	162.2	167.3	172.4	177.5	104.9	63.7	187.7
	30°	95.1	103.7	112.4	121.0	129.7	138.4	1464	154.5	162.6	170.7	69.7	95.1	186.8
	40°	52.4	65.0	77.5	90.1	102.7	115.3	127.1	138.8	150.6	162.3	26.6	133.5	185.8
13m	10°	177.1	179.7	182.4	185.0	187.7	190.3	192.8	195.2	197.7	200.2	152.6	36.1	205.1
	20°	146.5	152.0	157.5	162.9	168.4	173.8	178.9	184.0	189.1	194.2	121.6	63.7	204.4
	30°	111.8	120.4	129.1	137.7	146.4	155.1	163.1	171.2	179.3	187.4	86.4	95.1	203.5
	40°	69.0	81.6	94.1	106.7	119.3	131.9	143.7	155.4	167.2	178.9	43.2	133.55	202.4

注:N4-1、N4-13各有两

N2-i钢筋长度表

斜度	1	2	3	4	5	6	7	8
10°	139.7							
20°	161.7	126.0	90.2					
30°	170.6	144.1	119.9	95.6	71.4			
40°	177.5	160.8	144.1	127.4	110.7	94.0	77.4	60.7

附注:

1. 本图尺寸除钢筋直径以毫米计外，其余均以厘米为单位。
2. 吊装时应注意做到三吊点同时受力也可采用其他吊装方法。
3. N1钢筋兼为锚固筋，应与锚固钢板和N3钢筋焊接起来。焊接要求详见图号45中附注5。
4. N2i钢筋如其他钢筋相碰时，可略予弯折通过。

装配式钢筋混凝土斜空心板桥上部构造 跨径：6、8、10、13米 斜度：10° 20° 30° 40°	汽车—20 超20 挂车—100 120 净—7 9
1.50米人行道端块甲配筋图	图号 51

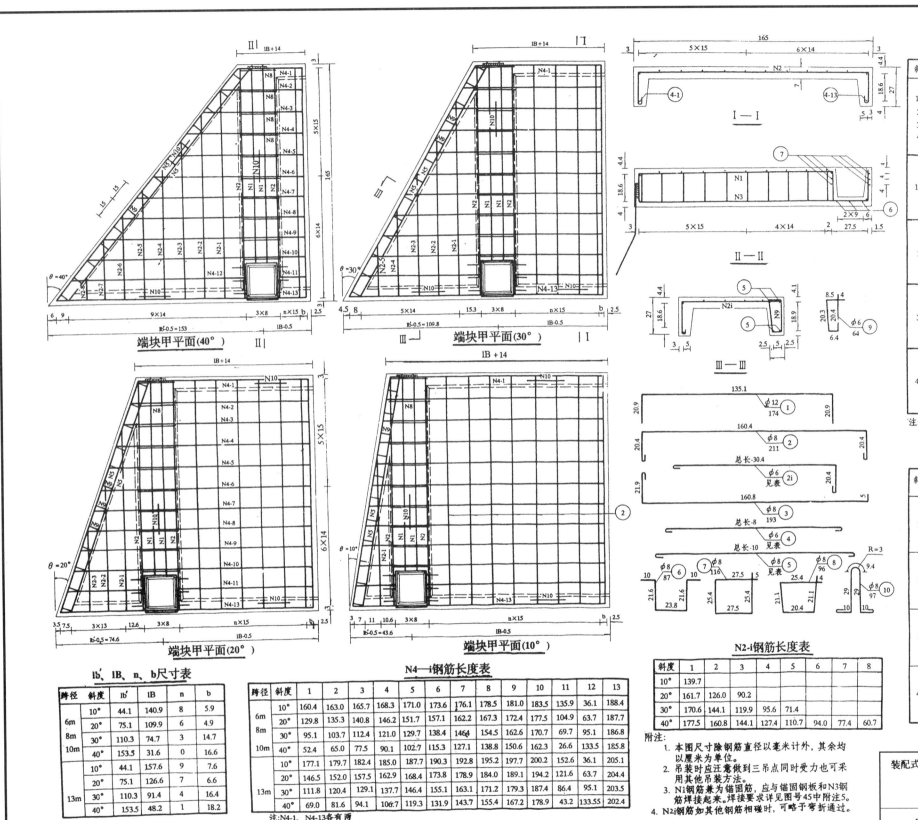

端块乙平面（40°）

端块乙平面（30°）

I — I

II — II

端块乙平面（20°）

端块乙平面（10°）

人行道端块乙钢筋明细表

斜度 θ	编号	直径 (mm)	每根长 (cm)	根数	共长 (m)	斜度 θ	编号	直径 (mm)	每根长 (cm)	根数	共长 (m)
10°	1	φ8	174	4	6.96	30°	1	φ8	196	4	7.84
	2	φ8	211	1	2.11		2	φ8	211	1	2.11
	2i	φ8	164	2	3.28		2i	φ8	131	6	7.86
	3	φ6	64	11	7.04		3	φ6	64	13	8.32
	4	φ6	33	14	4.62		4	φ6	66	14	9.24
	5	φ12	76	2	1.52		5	φ12	76	2	1.52
20°	1	φ8	182	4	7.28	40°	1	φ8	220	4	8.80
	2	φ8	211	1	2.11		2	φ8	211	1	2.11
	2i	φ8	139	3	4.17		2i	φ8	126	9	11.34
	3	φ6	64	12	7.68		3	φ6	64	14	8.96
	4	φ6	49	14	6.86		4	φ6	87	14	12.18
	5	φ12	76	2	1.52		5	φ12	76	2	1.52

一块端块乙材料表

斜度 θ	直径 (mm)	总长(m)	总重(kg)	斜度 θ	直径 (mm)	总长(m)	总重(kg)
10°	φ8	12.35	4.89	30°	φ8	17.81	7.05
	φ6	11.66	2.59		φ6	17.56	3.90
	φ12	1.52	1.35		φ12	1.52	1.35
	25#混凝土 (m^3)		0.076		25#混凝土 (m^3)		0.131
20°	φ8	13.56	5.37	40°	φ8	22.25	8.81
	φ6	14.54	3.23		φ6	21.14	4.69
	φ12	1.52	1.35		φ12	1.52	1.35
	25号混凝土 (m^3)		0.101		25#混凝土 (m^3)		0.169

一孔端块乙材料数量表

跨径	斜度 θ	块数	钢筋(kg)			25#混凝土 (m^3)
			φ12	φ8	φ6	
6m	10°	2	2.70	9.78	5.18	0.152
8m	20°	2	2.70	10.74	6.46	0.202
10m	30°	2	2.70	14.10	7.80	0.262
13m	40°	2	2.70	17.62	9.38	0.338

附注:
1、本图尺寸除钢筋直径以毫米计外,其余均以厘米为单位;
2、端块乙若与中块连接一体尚可;
3、N5钢筋为锚固筋应与锚固钢板焊接起来,焊缝要求详见图号45中附注5;
4、N2i钢筋如与其他钢筋相碰时,可略予弯折通过。

N1、N2—i及N4—i钢筋长度表

斜度 θ	N1	N2-i									N4-i											
		1	2	3	4	5	6	7	8	9	1	2	3	4	5	6	7	8	9	10	11	12
10°	174	193.0	135.2								47.7	45.1	42.4	39.8	37.1	34.5	31.9	29.4	26.4	24.4	22.0	19.5
20°	182	179.8	138.6	97.4							78.2	72.7	67.3	61.8	56.4	50.9	45.4	40.3	35.2	30.1	25.0	19.9
30°	196	188.0	165.4	142.9	120.4	96.2	71.9				112.7	104.1	95.4	86.7	78.1	69.4	60.8	52.7	44.6	36.5	28.4	20.4
40°	220	189.4	173.9	158.4	142.8	127.4	110.7	94.0	77.3	60.7	155.1	142.5	129.9	117.3	104.7	92.1	79.5	67.8	56.0	44.3	32.5	20.8

注:N4-1,N4-12 各有两根

装配式钢筋混凝土斜空心板桥上部构造 跨径 6m 8m 10m 13m 斜度: 10° 20° 30° 40°	汽车—20 超20 挂车—100 120 净—7 9
1.5米人行道端块乙配筋图	图号 52

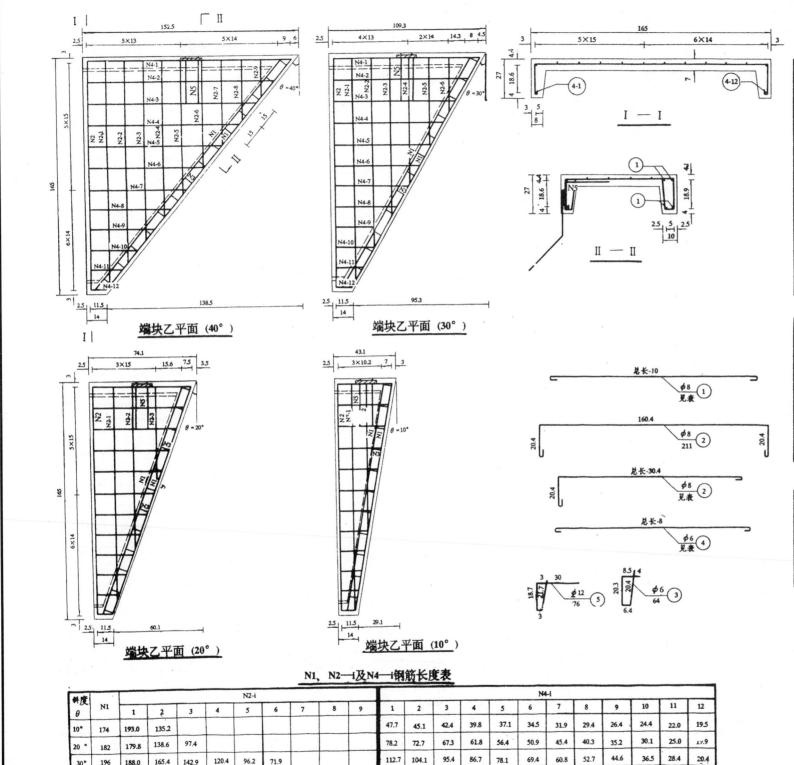

一块安全带中块钢筋明细表

表(1)

编号	直径	每根长度 (cm)	根数	共长 (m)
1	ϕ12	52	2	1.04
2	ϕ8	86	14 (15)	1.64 (12.90
3	ϕ8	67	2	1.34
4	ϕ6	204 (221)	5	10.20 (11.05)
7	ϕ8	87	3	2.61
8	ϕ8	116	3	3.48
9	ϕ8	97	3	2.91

一块安全带中块钢筋明细表

表(2)

编号	直径	每根长度(cm)				根数	共长 (m)			
		10°	20°	30°	40°		10°	20°	30°	40°
5	ϕ6	32	40	48	59	1	0.32	0.40	0.48	0.59
6	ϕ6	158	158	142	131	1	1.58	1.50	1.42	1.31
6'	ϕ6	175	167	159	148	1	1.75	1.67	1.59	1.48

一块安全带中块材料数量表

规格	L=6米、8米、10米		L=13米	
	总长 (m)	总重(kg)	总长 (m)	总重(kg)
ϕ8	22.88	8.84	23.26	9.19
ϕ6	12.1	2.69	13.12	2.91
25号混凝土(m^3)		0.128		0.138

一块端块乙材料数量表

斜度 θ	直径	总长 (m)	总重 (kg)	斜度 θ	直径	总长 (m)	总重 (kg)
10°	ϕ8	1.86	0.73	30°	ϕ8	2.42	0.96
	ϕ6	3.16	0.70		ϕ6	3.76	0.83
	ϕ12	1.48	1.31		ϕ12	1.48	1.31
	25号混凝土(m^3)		0.019		25号混凝土(m^3)		0.028
20°	ϕ8	1.90	0.75	40°	8ϕ	2.52	1.00
	ϕ6	3.44	0.76		ϕ6	4.16	0.92
	ϕ12	1.48	1.31		ϕ12	1.48	1.31
	25号混凝土(m^3)		0.023		25号混凝土(m^3)		0.033

N,a,n,b尺寸表

跨径 L	斜度 θ	lb	lB	lB'	N	a	n	b
6M 8M 10M	10°	200	163.0	37.1	1	7.1	9	13.0
	20°		155.4	44.6	1	14.6	9	5.4
	30°		146.9	53.1	2	8.1	8	11.9
	40°		136.4	63.6	3	3.6	7	16.4
13m	10°	216.66	179.6	37.1	1	7.1	10	14.6
	20°		172.1	44.6	1	14.6	10	7.1
	30°		163.6	53.1	2	8.1	9	13.6
	40°		153.1	63.6	3	3.6	8	18.1

N11,N12-i钢筋长度表

斜度 θ	N11	N12-i			
		1	2	3	4
10°	47	85.1	81.2	77.3	73,0
20°	49	98.6	90.6	82.6	73.9
30°	52	114.0	101.3	88.6	74.7
40°	57	132.6	114.1	95.7	75.3

S长度表

斜度θ	12-1	12-2	12-3	12-4
10°	16.1	14.2	12.2	10.1
20°	22.9	18.9	14.9	10.5
30°	30.6	24.3	17.9	10.95
40°	39.9	30.7	21.4	11.4

一块安全带端块乙钢筋明细表

斜度	编号	直径	每根长 (cm)	根数	共长 (m)
10°	10	ϕ8	46	2	0.92
	11	ϕ8	47	2	0.94
	12	ϕ6	平均79	4	3.16
	13	ϕ12	74	2	1.48
20°	10	ϕ8	46	2	0.92
	11	ϕ8	49	2	0.98
	12	ϕ6	平均86	4	3.44
	13	ϕ12	74	2	1.48
30°	10	ϕ8	46	3	1.38
	11	ϕ8	52	2	1.04
	12	ϕ6	平均94	4	3.76
	13	ϕ12	74	2	1.48
40°	10	ϕ8	46	3	1.38
	11	ϕ8	57	2	1.14
	12	ϕ6	平均104	4	4.16
	13	ϕ12	74	2	1.48

附注:

1. 本图尺寸除钢筋直径以毫米计外,其余均以厘米为单位.
2. 吊装时应注意做到三吊点同时受力,也可采用其他吊装方法.
3. 端块乙若与中块连成一体尚可.
4. 括号内数字与6′钢筋是用于13米跨径的.
5. N1为锚固钢筋,应与锚固钢　板焊接起来,另外N1还与N3焊接起来,焊缝要求详见图号45中附注5.

装配式钢筋混凝土斜空心板桥上部构造 跨径: 6、8、10、13米 斜度: 10° 20° 30° 40°	汽车—20/超20 挂车—120/100 净—7/9
0.25米安全带中块及端块乙配筋图	图号 53

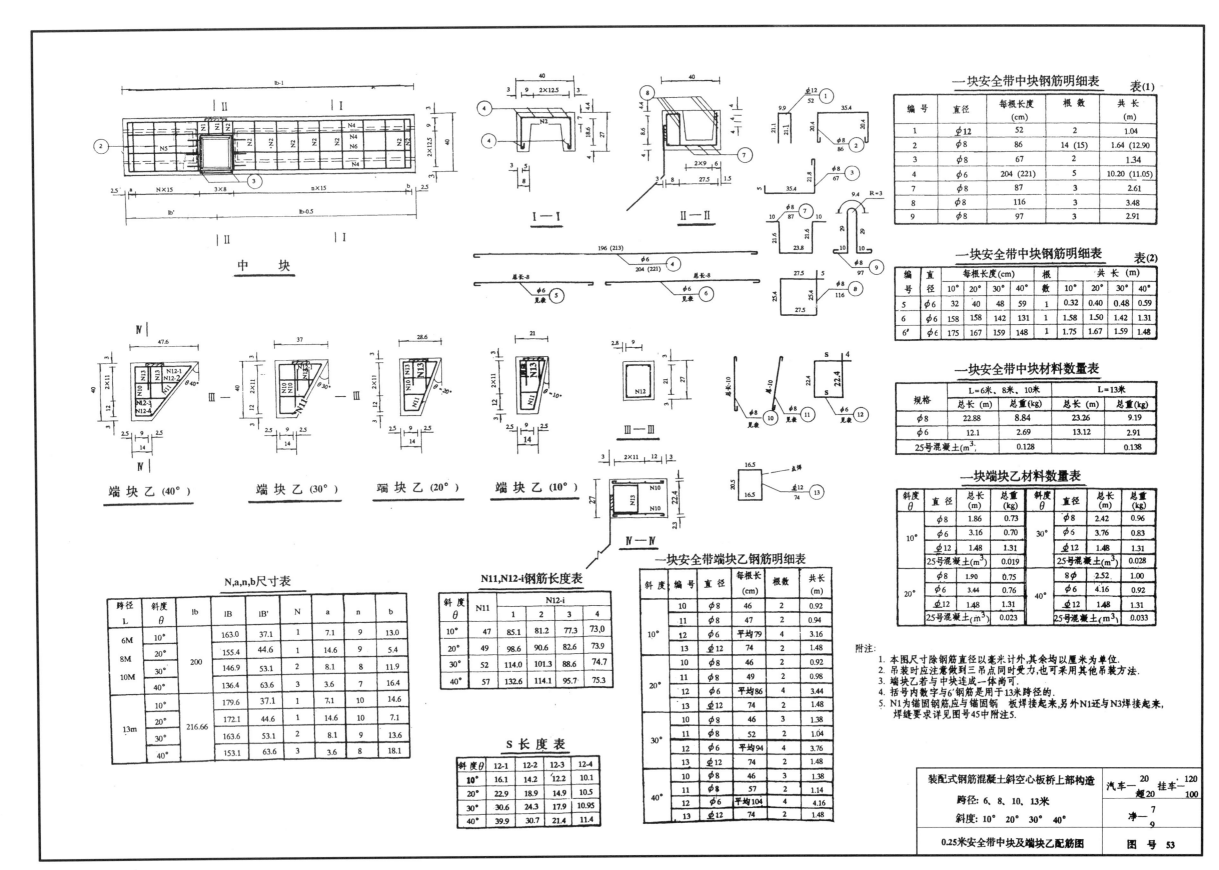

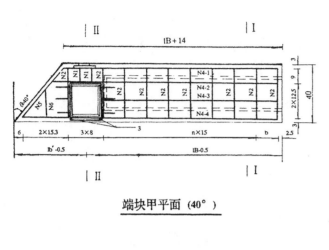

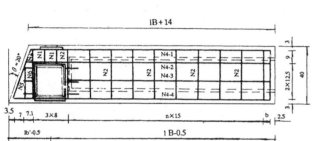

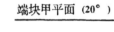

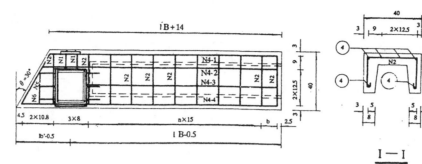

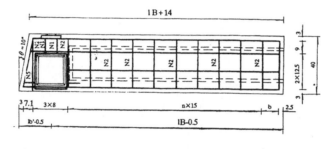

端块甲平面（40°）

端块甲平面（30°）

I—I

II--II

端块甲平面（20°）

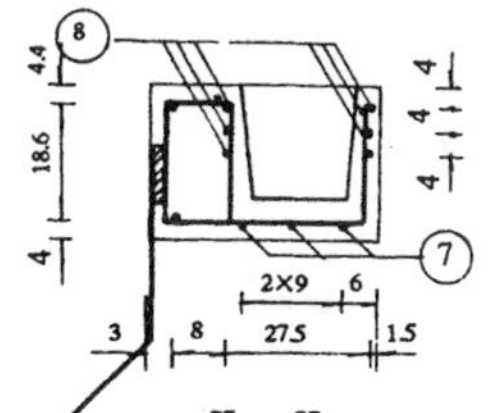

端块甲平面（10°）

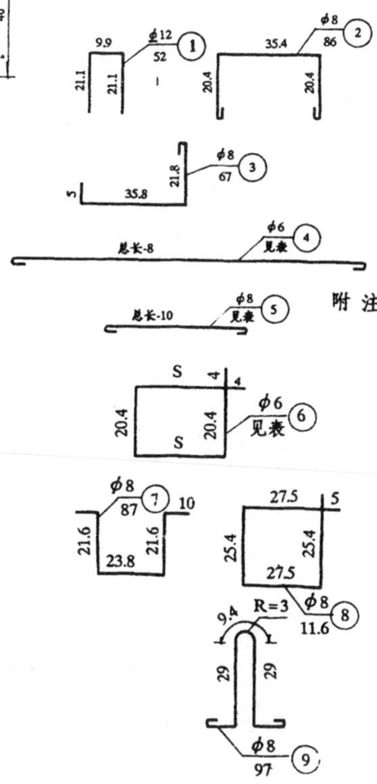

安全带端块甲钢筋明细表

斜度	编号	直径	每根长(cm)	根数	共长(m)
10° 20° 30° 40°	1	ϕ12	52	2	1.04
	3	ϕ8	67	2	1.34
	7	ϕ8	87	3	2.61
	8	ϕ8	116	3	3.48
	9	ϕ8	97	3	2.91
10°	2	ϕ8	86	12（13）	10.32（11.18）
	4	ϕ6	平均180（197）	6	10.8(11.82)
	5	ϕ8	37	2	0.74
20°	2	ϕ8	86	12（13）	10.32（11.18）
	4	ϕ6	平均176（193）	6	10.56（11.58）
	5	ϕ8	39	2	0.78
	6	ϕ6	95	1	0.95
30°	2	ϕ8	86	11（12）	9.46（10.32）
	4	ϕ6	平均170(187)	6	10.20（11.22）
	5	ϕ8	42	2	0.84
	6	ϕ6	93	1	0.93
40°	2	ϕ8	86	10（12）	8.6(10.32)
	4	ϕ6	平均614(180)	6	9.84（10.80）
	5	ϕ8	47	2	0.94
	6	ϕ6	92	1	0.92

S长度表

斜度	20°	30°	40°
S (cm)	23.2	22.1	21.6

附注:

1. 本图尺寸除钢筋直径以毫米计外,其余均以厘米为单位.
2. 吊装时应注意做到三吊点同时受力,也可采用其他吊装方法.
3. N1为锚固钢筋,应以锚固钢板焊接起来,另外N1还与N3焊接起来,焊缝要求详见图号45中附注5.

lb' lB n b 尺寸表

斜度	L=6、8、10米				L=15米			
	lb'	lB	n	b	lb'	lB	n	b
10°	22.1	162.9	9	12.4	22.1	179.6	10	14.6
20°	29.6	155.4	9	4.9	29.6	172.1	10	7.1
30°	38.1	146.9	8	11.4	38.1	163.6	9	13.6
40°	48.6	136.4	7	15.9	48.6	153.1	9	3.1

N4钢筋尺寸表

斜度	L=6、8、10米				L=13米			
	4-1	4-2	4-3	4-4	4-1	4-2	4-3	4-4
10°	182.4	184.0	157.9	186.8	199.1	200.7	174.6	205.1
20°	175.3	178.6	150.4	187.7	192.0	195.3	167.1	204.4
30°	167.3	172.5	41.9	186.9	184.0	189.2	158.6	203.6
40°	157.2	164.7	131.4	185.7	173.9	181.4	148.1	202.4

注：N4–1，N4–4各有两根

一块安全带端块甲材料数量表

斜度 θ	直径	L=6、8、10m		L=13m	
		总长(m)	总重(kg)	总长(m)	总重(kg)
10°	ϕ8	21.40	8.45	22.26	8.79
	ϕ6	10.8	2.40	11.82	2.62
	ϕ12	1.04	0.92	1.04	0.92
	25号混凝土(m^3)		0.143		0.145
20°	ϕ8	21.44	8.47	22.30	8.81
	ϕ6	11.51	2.56	12.53	2.78
	ϕ12	1.04	0.92	1.04	0.92
	25号混凝土(m^3)		0.143		0.144
30°	ϕ8	20.64	8.15	21.50	8.49
	ϕ6	11.13	2.47	12.15	2.70
	ϕ12	1.04	0.92	1.04	0.92
	25号混凝土(m^3)		0.142		0.143
40°	ϕ8	19.88	7.85	21.60	8.53
	ϕ6	10.76	2.39	11.72	2.60.
	ϕ12	1.04	0.92	1.04	0.92
	25号混凝土(m^3)		0.141		0.142

装配式钢筋混凝土斜空心板桥上部构造 跨径：6、8、10、13米 斜度：10° 20° 30° 40°	汽车—20/超20 挂车—120/100 净—7/9
0.25米安全带端块甲配筋图	图号 54

人行道或安全带截面

锚固筋大样

钢板位置图中11、12尺寸表

人行道及安全带宽度(m)	斜度	L=6、8、10m		L=13m	
		L1	L2	L1	L2
0.25	10°	174.0	11.0	190.6	11.0
	20°	170.2	14.8	187.0	14.8
	30°	165.9	19.0	182.6	19.0
	40°	160.7	24.3	177.4	24.3
1.00	10°	167.3	17.6	184.0	17.6
	20°	156.5	28.4	173.2	28.4
	30°	144.3	40.7	161.0	40.7
	40°	129.3	55.8	146.0	55.8
1.50	10°	162.9	22.0	179.6	22.0
	20°	147.4	37.5	164.1	37.5
	30°	129.8	55.1	146.5	55.1
	40°	108.3	76.7	124.9	76.7

注:l1= lB+(lb″+15)/2,l2=(lb″+15)/2,lB、lb″见图44

板及安全带上钢板位置(纵向)

一孔人行道板上锚固钢材料表

跨径(m)	编号	直径或截面	每根长度(cm)	数量(根)	共长(m)	单位重(kg/m)	共重(kg)
6	1	ϕ12	68	16	10.88	0.888	9.66
	2	□100×12×150	15	8	1.20	9.42	11.30
8	1	ϕ12	68	20	13.60	0.888	12.08
	2	□100×12×150	15	10	1.50	9.42	14.13
10	1	ϕ12	68	24	16.32	0.888	14.49
	2	□100×12×150	15	12	1.80	9.42	16.96
13	1	ϕ12	68	28	19.04	0.888	16.91
	2	□100×12×150	15	14	2.10	9.42	19.78

附注:

1. 本图尺寸除注明外,均以厘米为单位。
2. N1钢筋须预埋在空心板内,注意按正确位置埋入。
3. 人行道或安全带块件就位后立即进行锚固焊接。
4. 路缘石断缝位置应与人行道板或安全带的断缝位置一致,断缝宽度为1厘米。

装配式钢筋混凝土斜空心板桥上部构造 跨径:6、8、10、13米 斜度:10° 20° 30° 40°	汽车—20 超20 挂车—100 120 净—7 9
人行道及安全带锚固构造图	图号 55

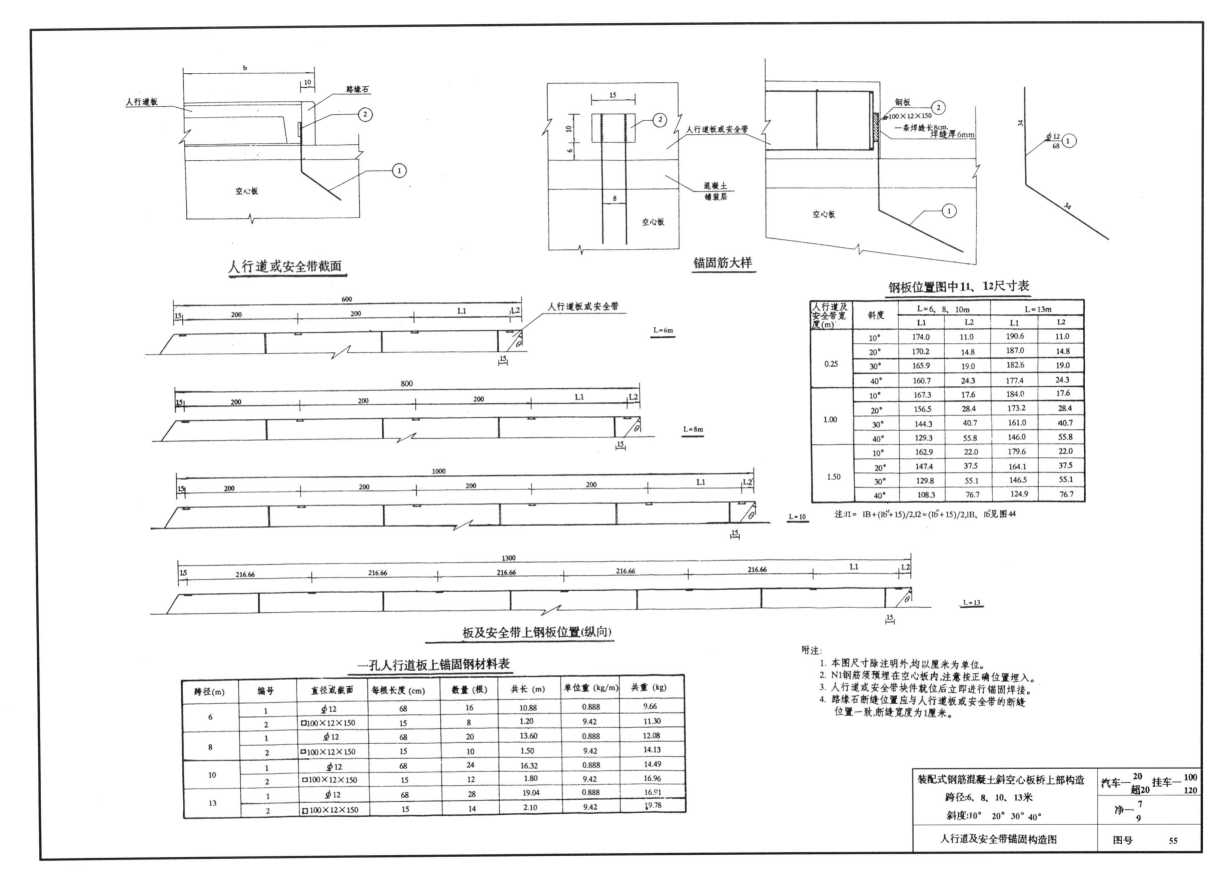

一块件材料数量表

项目	钢筋									20#混凝土(m³)	
	编号	直径	长度 (cm)	跨径6、8、10米			跨径13 M			跨径 6.8.10m	跨径 13m
				根数	共长(m)	总重(kg)	根数	共长(m)	总重(kg)		
栏杆柱	1	ϕ10	311	2	6.22	3.84	2	6.22	3.84	0.040	0.040
	2	ϕ6	64	8	5.12	1.14	8	5.12	1.14		
扶手	3	ϕ8	200(217)	4	8.00	3.16	4	8.68	3.43	0.023	0.025
	4	ϕ6	40	14	5.60	1.24	15	6.00	1.33		
栏杆栅	3	ϕ8	200(217)	4	8.00	3.16	4	8.68	3.13	0.064	0.07
	5	ϕ6	166	12	19.92	4.42	13	21.58	4.79		
	6	ϕ6	11	36	3.96	0.88	39	4.29	0.95		
混凝土花饰										0.002	

一孔桥块件材料数量表

项目 / 跨径(m)	栏杆柱 (根)	扶手 (根)	栏杆栅 (片)	混凝土花饰 (个)
6	6	4	4	4
8	8	6	6	6
10	10	8	8	8
13	12	10	10	10

一孔栏杆材料数量表

跨径(m)	钢筋 (kg)			20#混凝土 (m³)
	ϕ6	ϕ8	ϕ10	
6	32.68	25.28	23.04	0.596
8	48.06	37.92	30.72	0.854
10	63.32	50.56	38.40	1.112
13	84.38	68.60	46.08	1.450

附注：
1. 本图尺寸除钢筋直径以毫米计外，其余均以厘米为单位。
2. 括号内的数字用于13米跨径的。
3. 安装混凝土花饰时，下边的槽应座浆，上边的槽需抹钢砂浆。上、下边凹槽尺寸分别19×7×1.5厘米及15×7×1.5厘米。
4. 本图栏杆适用于桥上及桥墩上，桥台处的栏杆构造，请参照本图自行设计。

装配式钢筋混凝土斜空心板桥上部构造 跨径：6、8、10、13米 斜度：10° 20° 30° 40°	汽车—超20 / 20级 挂车—120 / 100 净—7 / 9
栏杆构造图	图号 56

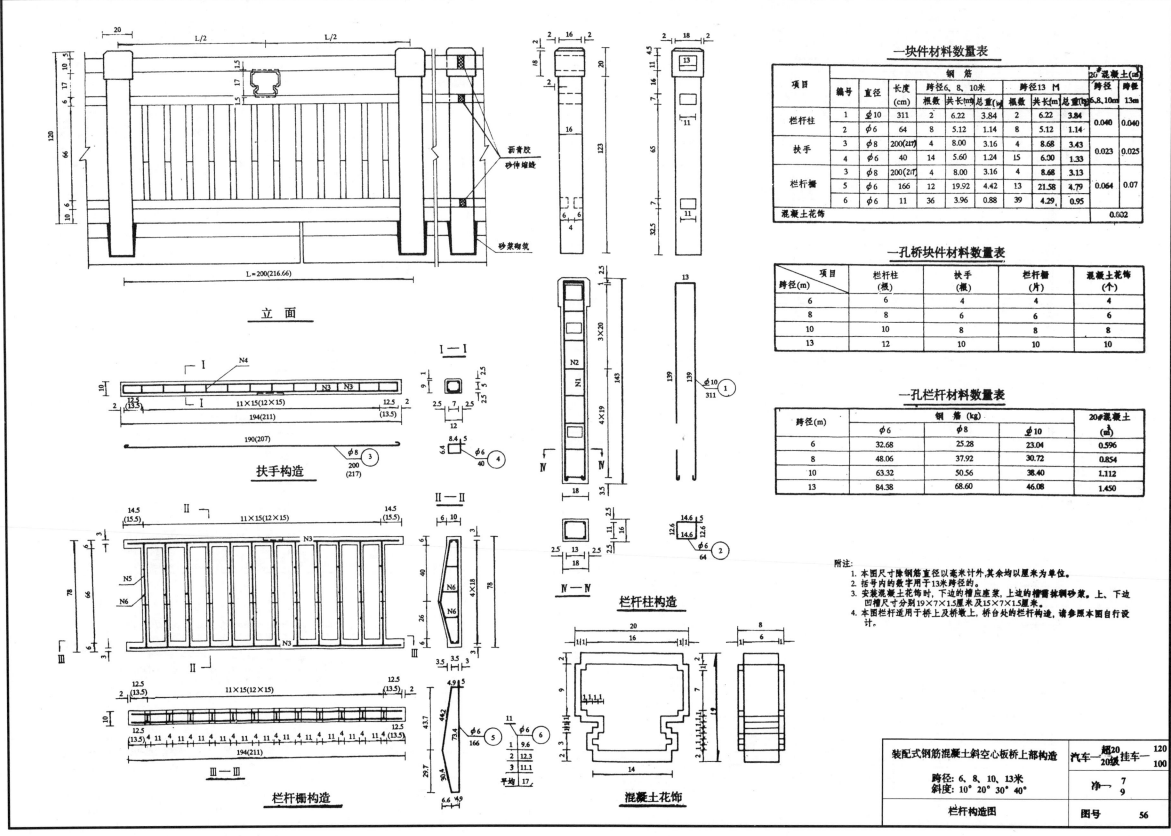

横截面示意图

行车道块件预留锚栓孔位置图

锚栓孔大样

抗震挡块

一块挡块钢筋明细表

型式	斜度 θ	编号	直径	长度 (cm)	根数	共长 (m)
A	10° ~40°	1	φ15	43	3/2	1.29/0.86
		2	φ16	46	3/2	1.38/0.92
	10°	3/3′	φ8	(平均)185.6/145.6	3	5.57/4.37
	20°			(平均)188.6/148.6		5.66/4.46
	30°			(平均)194.1/154.1		5.82/4.62
	40°			(平均)203.4/163.4		6.10/4.90
B	10° ~40°	1	φ16	48	3/2	1.44/0.96
		2	φ16	50	3/2	1.50/1.00
	10°	3/3′	φ8	(平均)186/146	3	5.58/4.38
	20°			(平均)189/149		5.67/4.47
	30°			(平均)194.6/154.6		5.84/4.64
	40°			(平均)203.9/163.9		6.12/4.92
C	10° ~40°	1	φ16	53	3/2	1.59/1.06
		2	φ16	55	3/2	1.65/1.10
	10°	3/3′	φ8	(平均)186.2/146.2	4	7.45/5.85
	20°			(平均)189.3/149.3		7.57/5.97
	30°			(平均)194.9/154.9		7.80/6.20
	40°			(平均)204.3/164.3		8.17/6.57
D	10° ~40°	1	φ16	56	3/2	1.68/1.12
		2	φ16	58	3/2	1.74/1.16
	10°	3/3′	φ8	(平均)186.4/146.4	4	7.46/5.86
	20°			(平均)189.4/149.4		7.58/5.98
	30°			(平均)195/155		7.80/6.20
	40°			(平均)204.4/164.4		8.18/6.58

一块挡块材料数量表

型式	直径	总长(m)				总重(kg)				25#混凝土 (m^3)
		10°	20°	30°	40°	10°	20°	30°	40°	
A	φ16	2.67/1.78				4.21/2.81				0.036
	φ8	5.57/4.37	5.66/4.46	5.82/4.62	6.10/4.90	2.20/1.73	2.24/1.76	2.30/1.82	2.41/1.94	0.024
B	φ16	2.94/1.96				4.64/3.09				0.046
	φ8	5.58/4.38	5.67/4.47	5.84/4.64	6.12/4.92	2.20/1.73	2.24/1.77	2.31/1.83	2.42/1.94	0.031
C	φ16	3.24/2.16				5.11/3.41				0.057
	φ8	7.45/5.85	7.57/5.97	7.80/6.20	8.17/6.57	2.94/2.31	2.99/2.36	3.08/2.45	3.23/2.60	0.038
D	φ16	3.42/2.28				5.40/3.60				0.063
	φ8	7.46/5.86	7.58/5.98	7.80/6.20	8.18/6.58	2.95/2.31	2.99/2.36	3.08/2.45	3.23/2.60	0.042

附注:
1. 本图尺寸除钢筋直径以毫米计外,其余均以厘米为单位。
2. 表中分子、分母数量分别为墩与台的数量。
3. 横向抗震挡块待行车块件安装完毕后,立模现浇,N1、N2钢筋需预埋在墩、台帽中。
4. 须留锚栓孔时,如孔与板内主筋相遇,可将主筋绕孔通过。
5. 横截面示意图中抗震锚栓位置为顺桥向投影。

跨径与挡块型式

跨径(m)	挡块型式
6	A (H=17cm)
8	B (H=22cm)
10	C (H=27cm)
13	D (H=30cm)

N3钢筋a值表

斜度	3-1	A		B		C			D		
		3-2	3-3	3-2	3-3	3-2	3-3	3-4	3-2	3-3	3-4
10°	27.0	31.2	35.4	31.4	35.8	30.0	33.0	36.0	30.1	33.1	36.2
20°	28.3	32.7	37.1	32.9	37.5	31.5	34.6	37.8	31.5	34.7	37.9
30°	30.7	35.5	40.2	35.7	40.7	34.1	37.6	41.0	34.2	37.6	41.1
40°	34.7	40.1	45.5	40.4	46.0	38.6	42.5	46.3	38.6	42.6	46.5

装配式钢筋混凝土斜空心板桥上部构造 跨径: 6、8、10、13米 斜度: 10° 20° 30° 40°	汽车—20/超20级 挂车—100/120 2×净—7.5/7.0 净—9/7	
抗震设施构造图	图号:	57

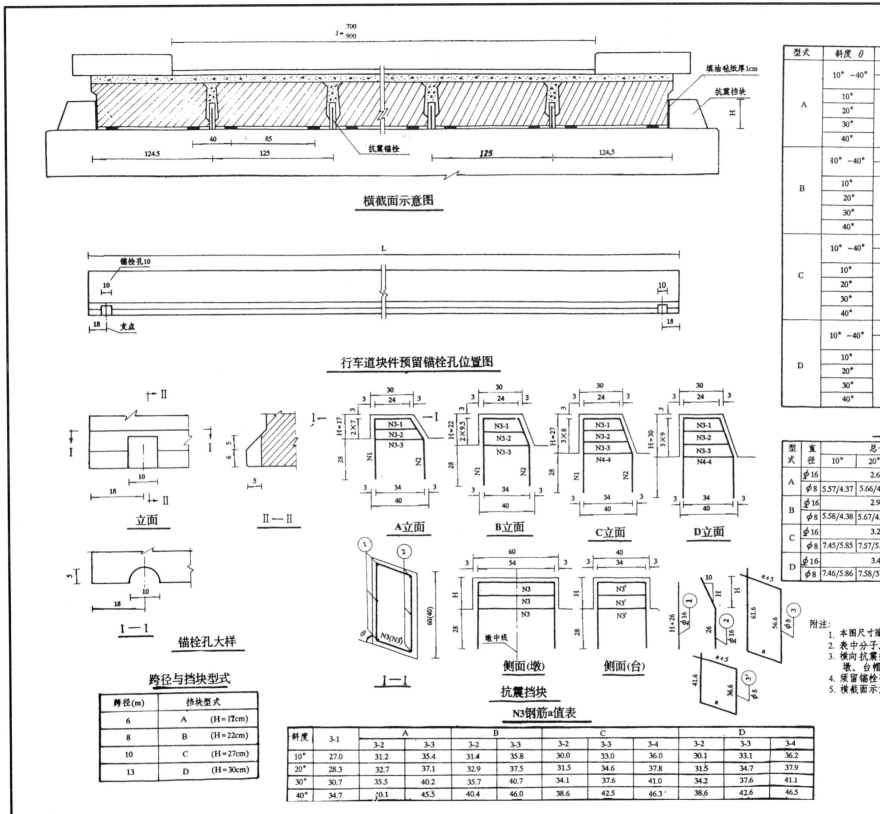

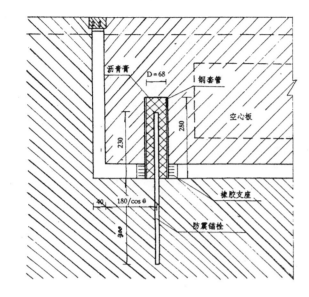

纵截面

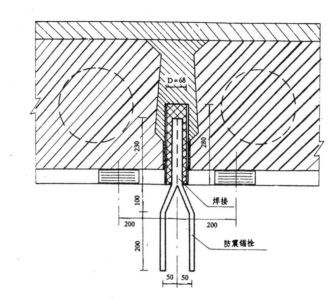

横截面

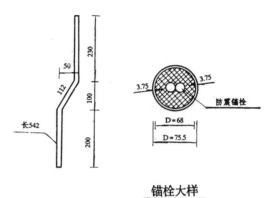

锚栓大样

每个防震锚栓材料数量表

跨径 (m)	锚栓（钢筋）		钢套管重量 (kg)	合计 (kg)
	直径 (mm)	重量 (kg)		
6	ϕ16	1.71	1.86	3.57
8	ϕ16	1.71	1.86	3.57
10	ϕ18	2.17	1.86	4.03
13	ϕ20	2.67	1.86	4.53

每孔防震锚栓材料数量表

跨径 (m)	2×净-7.5(计单桥)		2×净-7.0(计单桥)		净-9+2×1.00米		净-9+2×1.50米	
	锚栓数(个)	用钢量(kg)	锚栓数(个)	用钢量(kg)	锚栓数(个)	用钢量(kg)	锚栓数(个)	用钢量(kg)
6	18	64.26	14	49.98	16	57.12	18	64.26
8	18	64.26	14	49.98	16	57.12	18	64.26
10	18	72.54	14	56.42	16	64.48	18	72.54
13	18	81.54	14	63.42	16	72.48	18	81.54

跨径 (m)	净-7+2×1.00m		小桥：净-9+安全带		小桥：净-7+安全带	
	锚栓数(个)	用钢量(kg)	锚栓数(个)	用钢量(kg)	锚栓数(个)	用钢量(kg)
6	12	42.84	16	57.12	10	35.70
8	12	42.84	16	57.12	10	35.70
10	12	48.36				
13	12	54.36				

附注：
1. 本图尺寸除注明外，其余均以毫米计。
2. 沥青膏由沥青中渗入20%废轮胎细粉制成。

装配式钢筋混凝土斜空心板桥上部构造 跨径：6、8、10、13米 斜度：10° 20° 30° 40°	汽车—超20/20级 挂车—120/100 2×净—7.5/7.0 净—9/7
防震锚栓构造图	图号. 58

橡胶支座型号使用表

跨径(cm) \ 连孔数(孔)	2	3	4	单孔或不连孔
600	A	B	C	A
800	E	F		D
1000	E	F		D
1300	E	F		D

单孔橡胶支座数量表

桥面净空	数量（块）
2×净-7.5米	80
2×净-7米	64
净-9+2×1.00米人行道	36
净-9+2×1.50米人行道	40
净-7+2×1.00米人行道	28
净-9+安全带	36
净-7+安全带	24

附注：1、本图尺寸除注明者外,其余均以毫米计;
2、温度为-25℃-60℃地区宜使用氯丁橡胶,-35℃-60℃地区宜使用天然橡胶,-40℃-60℃地区宜使用三元乙丙橡胶;
3、橡胶支座容许最大温差为±35℃,其他技术性能应符合JT3132.2-88"公路桥梁板式橡胶支座技术条件"的规定;
4、本图参照交通部"公路桥梁圆形板式橡胶支座规格系列:征求意见稿设计;
5、本图橡胶支座系按水平安装情况下设计。如支座倾斜安装则应另外验算由于支座倾斜而产生的剪力变形及所需要的橡胶层厚度。
6、要保证支座与墩台及板紧密贴合,板底面和墩台顶面应清洁平整,不许沾有油污。

装配式钢筋混凝土斜空心板桥上部构造 跨径:6,8,10,13米　斜度:10°,20°,30°,40°	汽车—超20/20级　挂车—120/100 2×净—7.5/7.0　净—9/7
橡胶支座构造示意图	图号 59

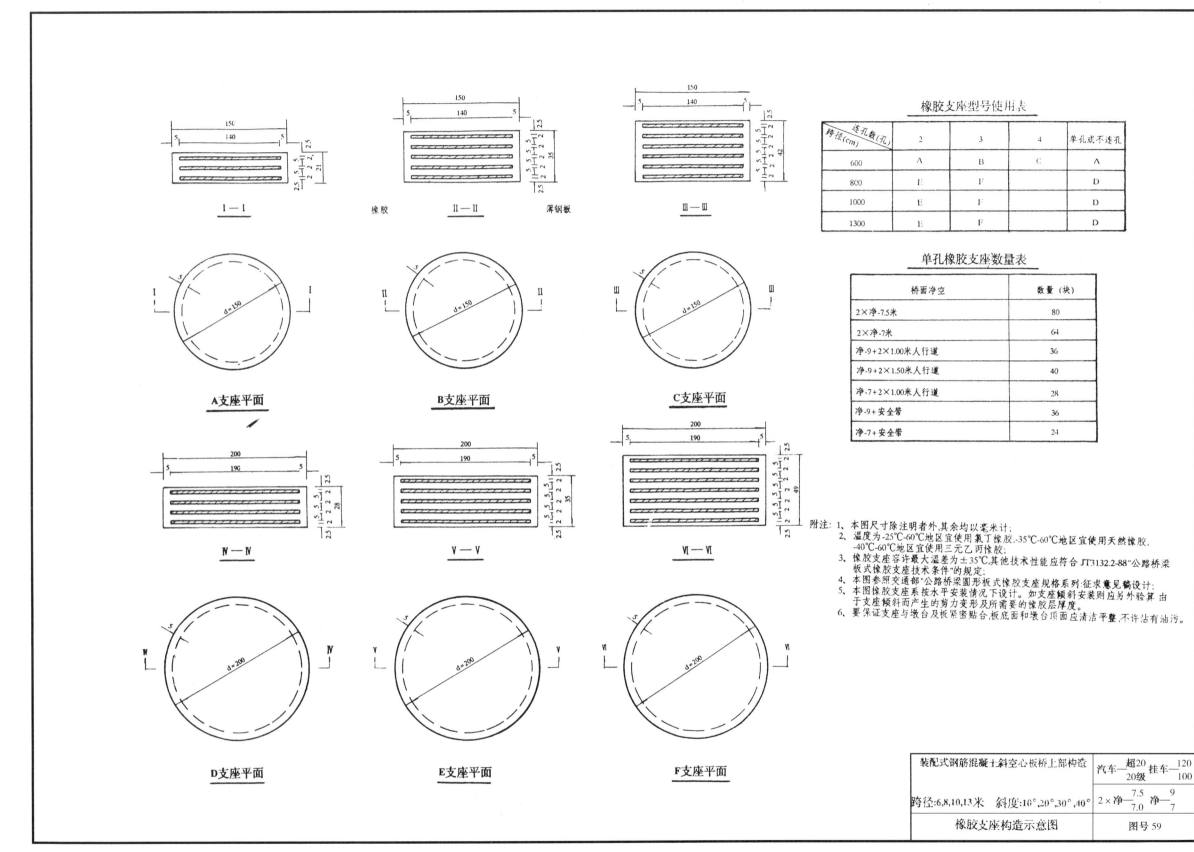